STIMMEN ZU DIESEM BUCH

»Rich hat die Fähigkeit, Menschen ganz zwanglos mit der Botschaft Jesu in Kontakt zu bringen, Kirchenbesucher und Kirchenferne, sowohl Errettete als auch Sünder gleichermaßen zu erreichen. Er ist ein generationeller Denker, Planer und Autor und ein phänomenaler Pastor. Die Freundschaft mit Gott durch Christus ist eine einfache und doch zutiefst wichtige Grundlage, die den Kern unseres Glaubens ausmacht. *Freund der Sünder* ist inspirierend, regt zum Nachdenken an und entfaltet das Thema Freundschaft mit Jesus auf erfrischende und transformierende Art.«

Brian Houston, Gründer und globaler Senior-Pastor von Hillsong Church

»Rich Wilkerson jr. hat mein Leben mit Christus durch sein neues Buch *Freund der Sünder* bereichert und vertieft. Christen wird heutzutage zwar schnell das Etikett angeheftet, verurteilend zu sein, aber dieses Buch zeigt, wie Jesus als ein Freund der Ausgestoßenen gelebt hat, und gibt dir eine Strategie, wie du dein Leben auf die gleiche Weise leben kannst.«

Mark Batterson, Pastor und *New-York-Times*-Bestsellerautor

»Die meisten Menschen kennen einige Fakten und Informationen über Jesus: Zimmermann, Lehrer, Wundertäter. Aber in welcher Weise wir ihn persönlich kennen, das macht den Unterschied. Das neue Buch von Rich Wilkerson jr. *Freund der Sünder* wird dich herausfordern, einen Schritt zurückzutreten, deine Herangehensweise in Frage zu stellen und anzufangen, Beziehung einer routinierten Religion vorzuziehen.«

Steven Furtick, Pastor der Elevation Church und *New-York-Times*-Bestsellerautor

»*Freund der Sünder* hebt eine Kernwahrheit hervor, die diese Welt hören muss – dass wir aus dem Rahmen unserer Normalität ausbrechen und es wagen müssen, uns denen zu nähern, die wir nicht verstehen. Pastor Rich hebt dies wunderschön hervor und ermutigt uns, dort zu beginnen, wo Menschen gerade stehen, nicht dort, wo wir sie gern hätten. Dieses Buch wird die Art und Weise, wie du andere liebst, für immer verändern.«

Lysa TerKeurst, *New-York-Times*-Bestsellerautorin und Vorsitzende von Proverbs 31 Ministries

FREUND DER SÜNDER

Warum Jesus Beziehung wichtiger ist als Perfektion

RICH WILKERSON JR.

Grace today Verlag

Aus dem Amerikanischen von Thilo Niepel.

Die Deutsche Nationalbibliothek verzeichnet diese Publikation in der Deutschen Nationalbibliografie; detaillierte bibliografische Daten sind im Internet über http://dnb.dnb.de abrufbar.

Umschlaggestaltung: Thomas Nelson
Corporate Design: Gabriel Walther – www.gabrielwalther.com
Lektorat: Gabriele Kohlmann
Satz: Grace today Verlag
Druck: CPI – Clausen & Bosse, Leck
Printed in Germany

1. Auflage 2019

Paperback: ISBN 978-3-95933-116-6, Bestellnummer 372116
E-Book: ISBN 978-3-95933-117-3, Bestellnummer 372117

www.gracetoday.de

Für meinen erstgeborenen Sohn,
unser Wunder in Bewegung.
Du bist mein tapferer Junge.
Du warst das Warten wert.

INHALT

EINLEITUNG

Ich hatte als Kind eigentlich keinen Spitznamen – bis zur Highschool war ich Richie und danach nur noch Rich. Es gab jedoch eine Ausnahme. Auf dem hoffnungslosen Schlachtfeld, das Völkerball an der Junior-Highschool war, habe ich mir einen Spitznamen verdient, auf den ich immer noch ziemlich stolz bin: *Richie Randale.*

Das war nicht nur ein Spitzname. Das war eher ein Alter Ego. Sogar eine Superkraft. Wenn das Spiel begann, war ich immer noch ruhig, cool, zuvorkommend. Aber sobald der Wettkampf ein bestimmtes Niveau erreichte, rastete etwas in mir aus. Meine Freunde konnten den Moment, wenn es so weit war, genau erkennen. »Passt auf, Richie Randale ist wieder da!«

Meine Augen verengten sich dann. Meine Sinne wurden schärfer. Jede Spur von Humor oder Menschlichkeit verschwand. Ich war eine Maschine, ein Überlebenskämpfer, ein Profi. Auf einmal konnte ich jeden Ball fangen, der in meine Richtung flog, und ihn mit wahnsinniger Präzision und Schnelligkeit zurückwerfen. Meine Gegner konnten nur noch davonhinken, lädiert und geschlagen.

Um ehrlich zu sein: Zeit und Wunschdenken haben die Legende von Richie Randale wohl etwas übertrieben. Aber mein Spitzname sagte etwas über mich aus, darüber, wie die Leute mich sahen. Das ist der springende Punkt bei Spitznamen. Wie die Leute dich nennen, sagt viel darüber aus, wie sie dich wahrnehmen. Und manchmal kann ihre Wahrnehmung sehr aufschlussreich sein.

Jesus wurde mit vielen Namen belegt. Er tat nichts anderes, als Menschen zu helfen und sie zu lieben, trotzdem hatte er seine

Mobber und Kritiker. Viele der religiösen Führer seinerzeit waren neidisch auf seinen Erfolg und hatten Angst, er würde den Status quo stören. Sie wollten ihn in den Augen der Öffentlichkeit diskreditieren, also sagten sie allerlei verrückte Dinge über ihn. Sie flüsterten, dass er ein uneheliches Kind sei. Sie beschuldigten ihn, besessen zu sein. Sie denunzierten ihn bei den römischen Behörden als Aufrührer, eine Bedrohung für die öffentliche Ruhe und Ordnung.

Jesus verdiente den Hass nicht, aber wie sich herausstellte, war einer ihrer Spitznamen für ihn wahr. Sie nannten ihn einen »Freund der Zöllner und Sünder« (Lk 7,34 SLT). Ihrer Auffassung nach war das eine der schwersten Anklagen, die man sich vorstellen kann. Jesus gab sich mit schlechten Menschen ab, deshalb muss er selbst auch schlecht sein. Das war ihre Logik.

Aber für Jesus war die Bezeichnung *Freund der Sünder* ein Zeichen des Erfolgs, keine Quelle der Scham. Ich kann mir vorstellen, wie er lächelte, als er den Ausdruck das erste Mal hörte. »Freund der Sünder? Ich nehme das als Kompliment an.« Warum? Weil es die genaue Definition seines Auftrags war.

Ich kann nicht aufhören, darüber nachzudenken, was der Spitzname Jesu für mich bedeutet, für meine Freunde und für die Menschheit heute. Welche Art von Gott bezeichnet sich selbst als Freund der Sünder? »Richter der Sünder« würde mir einleuchten; sogar »Erlöser der Sünder« könnte ich glauben. Aber *Freund*? Ernsthaft?

Das Ziel dieses Buches ist es, die Auswirkungen dieses Konzepts auf dich und mich zu entdecken. Freundschaft ist Gott viel wichtiger, als uns oft bewusst ist. Wir neigen dazu, zu denken, dass er auf Leistung, Reinheit und Perfektion höchsten Wert legt, und wir nehmen an, dass die Beziehung letztendlich die Belohnung für diese Dinge ist. Mit anderen Worten, je mehr wir wie Jesus werden, desto enger wird unsere Beziehung zu ihm sein. Eigentlich funktioniert es andersherum. Je näher wir Jesus kommen, desto mehr werden wir wie er. Beziehung kommt zuerst; Veränderung kommt später. Daher der Untertitel dieses Buches: *Warum Jesus Beziehung wichtiger ist als Perfektion.*

Leider bringen viele Menschen, die sich selbst als Christen und Anhänger Jesu betrachten, die Reihenfolge durcheinander. Wir versuchen oft, Menschen zu *korrigieren*, bevor wir uns mit Menschen *verbinden.* Jesus nicht. Wenn wir über sein Leben lesen und seinen Lehren lauschen, sehen wir immer wieder einen Mann, der keine Mühen scheute, sich mit Menschen anzufreunden, die von der Gesellschaft geächtet, beschimpft und abgelehnt wurden. Viele dieser Menschen wurden schließlich weltberühmte Leiter in der christlichen Kirche. Einige von ihnen wurden zu Autoren des Neuen Testaments. Manche von ihnen gaben ihr Leben für Jesus. Was ist passiert? Was hat sie so stark verändert? Sie waren Freunde Jesu, und ihr Leben wurde unweigerlich und unwiderruflich verändert.

Dieses Buch ist in drei Teile untergliedert. Teil 1, Christus, beschreibt Jesus und seine Botschaft der Gnade. Dies ist die Grundlage für alles, denn erst wenn wir verstehen, wie verschwenderisch seine Gnade ist – und wie sehr wir sie alle brauchen –, werden wir auch verstehen, warum er ein Freund der Sünder sein kann. Teil 2, Kultur, beschreibt Gottes Herz der Liebe für die Welt. Gott ist vernarrt in verlorene Menschen, und diese Leidenschaft treibt seine Initiative an, die Verlorenen zu finden und ihnen zu helfen. Teil 3, Gemeinde, handelt von der Mission eines jeden, der ein Freund Jesu geworden ist, die Liebe Jesu mit einer bedürftigen Welt zu teilen. Dies ist die logische Konsequenz, wenn die Botschaft der Gnade Jesu und das Herz Gottes für die Verlorenen wirklich verstanden werden. Wenn wir erkennen, wie viel Gott für uns getan hat und wie sehr er die Welt liebt, werden wir feststellen, wie sich unser Herz und unser Leben für leidende Menschen öffnen.

Oscar Wilde, der berühmte Dramatiker des neunzehnten Jahrhunderts, schrieb einmal: »Jeder Heilige hat eine Vergangenheit, und jeder Sünder hat eine Zukunft.«[1] Mit anderen Worten, selbst der beste Mensch braucht Demut, und auch die schlimmste Person hat Hoffnung. Gott interessiert sich für jeden, egal, wo derjenige sich auf seiner Reise befindet: geistlich reif oder suchend, glaubend oder im Zweifel, religiös oder einfach neugierig. Wir alle brauchen ihn, und wir alle können ihn finden. Ob wir uns selbst als Heilige oder als Sünder betrachten, Jesus möchte unser Freund sein. Werfen wir einen Blick darauf, was das bedeutet.

1 Oscar Wilde, *A Woman of No Importance* (dt.: *Eine Frau ohne Bedeutung*), III. Akt, 1893.

TEIL 1

CHRISTUS: DER SKANDAL DES EVANGELIUMS

Ich bin schon seit einigen Jahren Pastor und Prediger, aber in gewisser Hinsicht fühle ich mich, als würde ich gerade erst anfangen, die Botschaft von Jesus zu verstehen. Es ist nicht so, dass sie zu komplex wäre, das ist sie nicht. Sie steht nur so sehr im Gegensatz zu unserer Kultur, ist so kontraintuitiv, dass sie manchmal schwer zu glauben ist.

In diesem Abschnitt werden wir der Botschaft Jesu auf den Grund gehen. Manchmal verwenden wir das Wort *Evangelium*, das einfach »gute Nachricht« bedeutet, um auf diese Botschaft zu verweisen. Was ist das Evangelium? Was hat Jesus gelehrt? Und was bedeutet das für uns?

Du hast vielleicht bereits einige Antworten auf diese Fragen. Und wahrscheinlich haben diese Antworten viel mit Moral und Verhalten zu tun, mit gut und schlecht, Sünde und Heiligkeit, richtig und falsch.

Das ist Teil seiner Botschaft, aber es ist nicht alles. *Und es ist nicht der wichtigste Teil.* Ich möchte dich einladen, dich zu öffnen und dieses Buch mit einer unvoreingenommenen Haltung zu lesen. Ich denke, du wirst auf diesen Seiten einen anderen Jesus entdecken, einen Jesus, der die Art, wie du Gott, dich selbst und andere siehst, radikal verändern wird.

Du bist vielleicht nicht sicher, was du eigentlich über Jesus glaubst. Das ist auch in Ordnung. Du musst nicht an eine bestimmte Sache glauben oder dich auf eine bestimmte Weise verhalten, um von Jesus willkommen geheißen zu werden. Komm, wie du bist, denn er nimmt dich so an, wie du bist. Das ist die Schönheit des Evangeliums. Wenn du über die Botschaft der Gnade, Liebe und Freundschaft von Jesus liest, so denke ich, wirst du mehr über ihn erfahren, als du dir jemals vorgestellt hast.

Jesus nennt uns Freunde, aber nicht aufgrund dessen, wer wir sind oder was wir getan haben, sondern aufgrund dessen, wer er ist. Er ist der Freund aller Menschen, und er lädt uns in die Freundschaft mit ihm ein.

KAPITEL 1

ENTGANGENE BOTSCHAFT

Vor ein paar Jahren überraschte mich meine Frau DawnCheré mit einem besonderen Geschenk zu meinem siebenundzwanzigsten Geburtstag. Doch bevor ich diese Geschichte erzähle, lass mich vorwegsagen, dass DawnCheré Überraschungen liebt. Sie mag es, überrascht zu *werden*, aber sie liebt es noch mehr, Überraschungen für andere zu *planen*.

Ich hingegen hasse es, überrascht zu werden. Tief in mir hege ich ein zwanghaftes Bedürfnis, die Kontrolle zu haben. Ich habe gern einen klaren Plan. Überraschungen sind also nicht mein Ding.

Aber wie dem auch sei, DawnCheré kam von der Arbeit nach Hause und reichte mir eine Schachtel. »Babe, ich habe das beste Geschenk für dich!« Sie war sichtlich aufgeregt.

Ich sagte: »Was – hast du dich etwa selbst eingepackt, Mädel?«

Sie ignorierte mich, was eine ihrer geistlichen Gaben ist. »Öffne die Schachtel. Du wirst es lieben!«

Ich wickelte die Schachtel aus und öffnete sie. Darin befand sich ein Stück Papier, das sie gestaltet und bedruckt hatte. Darauf stand: »In zwei Wochen werde ich dich auf das Konzert von Kings of Leon im Bank Atlantic Center mitnehmen.«

Ich war völlig von den Socken. Das ist eine unserer Lieblingsbands und ich konnte es kaum erwarten, sie live zu sehen. Endlich – eine Überraschung, über die ich mich freuen konnte!

In den nächsten zwei Wochen haben wir getan, was Menschen tun, wenn sie etwas sehnlich erwarten. Wir sprachen jeden Tag darüber. »Elf Tage noch bis zu den Kings!« Wir erzählten unseren Freunden davon, und wir bestanden darauf, dass sie so taten, als freuten sie sich wahnsinnig für uns. Wir sangen ihre Lieder. »*You know that I could use somebody*« (Du weißt, dass ich jemanden gebrauchen könnte).

Endlich war der Tag da. DawnCheré hatte den Abend sorgfältig arrangiert und geplant. Vor dem Konzert führte sie mich in unser mexikanisches Lieblingsrestaurant zum Abendessen aus. Wir hatten beschlossen, das Vorprogramm auszulassen, und sie hatte zeitlich alles perfekt abgestimmt, sodass wir von unserem romantischen Abendessen direkt in die Arena gehen konnten, genau rechtzeitig für den Hauptact.

Das Abendessen war zauberhaft. Wir lachten und genossen unser Beisammensein, während wir Tacos, Salsa und Pommes aßen. Als es gegen 20 Uhr ging, wussten wir, dass wir losfahren mussten, um es rechtzeitig zu schaffen. Auf der Fahrt zum Veranstaltungsort spielten wir Songs von Kings of Leon im Autoradio ab und sangen jede Liedzeile aus vollem Hals mit. Wir flirteten miteinander. Es lag so viel Liebe in der Luft. Das würde der schönste Abend aller Zeiten werden. Unsere Erwartungen hatten sich ins Unermessliche gesteigert, als wir die Autobahn verließen und uns dem Parkplatz des Bank Atlantic Centers näherten.

Zu unserer Überraschung lag der Parkplatz verlassen da. Mein erster Gedanke war: *Wow, ich dachte, diese Band hätte eine größere Fangemeinde.*

DawnCheré sagte: »Ich denke, da stimmt was nicht.«

»Nein, das wird großartig!« Ich bin kein Mensch, der so schnell aufgibt. »Lass uns das Auto parken und reingehen.«

Wir stiegen aus und gingen den ganzen Weg bis zu den Türen des Bank Atlantic Centers – und unsere Befürchtungen wurden bestätigt. Es war keiner da. Die Lobby war verlassen, die Türen waren verschlossen und die Lichter waren aus.

Also sagte ich: »Babe, lass mich mal die Karten sehen.«

DawnCheré war nicht gerade kooperativ. »Ich weiß, was darauf steht. Konzert um 19.30 Uhr im Bank Atlantic Center.«

»Mädel, lass mich einfach mal auf die Karten schauen.«

Sie gab mir die Karten und ich las sie. Und dann schrie ich fast: »Da steht nicht Bank *Atlantic* Center. Da steht Bank *United* Center! Wir sind in Fort Lauderdale und das Konzert ist in Coral Gables. Das ist eine Stunde entfernt! Das schaffen wir nie rechtzeitig.«

DawnCheré fing an zu weinen. »Das ist die schlimmste Überraschung aller Zeiten«, flüsterte sie. »Ich habe alles ruiniert.«

Ich antwortete: »Hör auf zu weinen! Du kannst an meinem Geburtstag nicht weinen. Das ist meine Party.« In Wirklichkeit habe ich das nicht gesagt. So unsensibel bin ich nicht. Ich sagte ihr, wie sehr ich ihre Bemühungen schätze, und ich glaube, ich log, was meine Freude über ihre Überraschungen betrifft. Natürlich haben wir das Konzert an diesem Abend verpasst. Wir haben die Band immer noch nicht live gesehen. Aber immerhin war es ein denkwürdiger Abend – wenn auch aus den falschen Gründen. Am Ende haben wir gelacht und eine Erinnerung daraus gemacht. Bis heute ist es eine unserer Lieblingsgeschichten, um sie anderen Paaren zu erzählen.

Ist dir jemals bei etwas die Botschaft entgangen? Hast du jemals den Hauptpunkt übersehen? Bank Atlantic Center ... Bank United Center. Sie klingen so ähnlich und sind doch so verschieden. Für DawnCheré und mich führte das Versäumen der Botschaft nur dazu, ein Konzert zu verpassen. Aber wenn es darum geht, Jesus zu folgen, sind die Konsequenzen viel weitreichender.

Jesus kam mit einer ganz bestimmten Botschaft auf die Erde. Seine Lehren, seine Wunder, seine Reaktionen auf Menschen, sein Tod und seine Auferstehung kommunizieren alle eine wichtige Kernaussage. Aber es ist nur allzu leicht, sie zu übersehen. Dies kann den Besten von uns passieren – und ist es wohl auch schon. Selbst wohlmeinenden, gutherzigen und geistlich gesinnten Menschen kann sie entgehen. Wir könnten einen Teil der Botschaft haben, wir könnten eine Variante der Botschaft haben, aber uns fehlt das Hauptthema.

Es ist nur leider so, dass wir irgendwo enden, wo Gott uns nie haben wollte, wenn uns seine Botschaft zu lange entgeht, und das Ergebnis wird uns nicht gefallen. Ich stelle fest, dass viele Menschen geistlich verwirrt und erschöpft sind, aber nicht weil das Christsein an sich schwerfällt oder weil Gott ein Tyrann ist, sondern weil ihnen bisher entgangen ist, mit welcher Botschaft Jesus eigentlich kam.

Manche Leute glauben, Jesus sei gekommen, um über gute Werke zu predigen. Sie denken, Ziel seines Lebens sei gewesen, uns dazu zu bringen, besser zu reden, besser zu handeln, besser zu *sein*. Jesus nachzufolgen dreht sich demnach um Verhaltensänderung. Es geht darum, sich selbst und diejenigen um einen herum in Ordnung zu bringen, nicht unbedingt in dieser Reihenfolge.

Andere glauben, Jesus sei gekommen, um eine Religion für einen geschlossenen Verein der Superheiligen zu gründen. Sein Ziel war es demzufolge, dass ein Haufen abnormal selbstdisziplinierter (und gleichermaßen selbstgerechter) Menschen zusammenkommen, sich selbst Gemeinde nennen und die Tage fortan damit verbringen würde, das Urteil über eine sündige Welt zu sprechen.

Wieder andere denken, dass Jesus nur ein Philosoph war. Er war ein guter Mann, ein inspirierender Lehrer. Er verdiente nicht, was mit ihm passiert ist. »Ein Jammer, dass er das Establishment gegen sich aufbrachte«, sagen sie traurig. »Es ist immer das Gleiche. Nur die Guten sterben jung.«

Manche denken, dass das Leben Jesu ein Protest gegen das Böse war. Sein Martyrium war demnach seine Botschaft. Sein Leben und sein Tod waren ein Vermächtnis und eine Inspiration, mehr aber nicht. Die Liste der Meinungen geht weiter. Einige Leute sagen, er war ein Rebell, ein Fanatiker, der das römische Imperium stürzen wollte und versagte. Manche sagen, er war ein apokalyptischer Prophet, der glaubte und verkündete, das Ende der Welt stehe unmittelbar bevor. Andere sagen, er war wahnsinnig, ein Betrüger oder ein Lügner.

Je mehr ich die Geschichten über Jesus lese und auf seine Worte höre, desto überzeugter bin ich, dass diese und ähnliche Ansichten die Wahrheit verfehlen. Jesus kam nicht lediglich zum Zweck einer Verhaltensänderung. Er kam nicht, um einen religiösen Club oder eine Clique zu gründen. Er kam nicht bloß als Philosoph oder Märtyrer oder als Lebensberater. Jesu Botschaft ist weitaus einfacher und gleichzeitig weitaus kraftvoller als irgendeine dieser Vorstellungen.

Zu erkunden, wer Jesus ist und warum er gekommen ist, ist das zentrale Anliegen dieses Buches. Ich will mir die Botschaft, wegen der Jesus gekommen ist, nicht entgehen lassen, und ich bin mir sicher, dass du es auch nicht willst. Wenn er der ist, der er behauptete zu sein – und er sagte, dass er Gott ist –, dann ist es nur logisch, dass wir sichergehen wollen, seine Botschaft richtig zu verstehen. Was wollte er uns mitteilen, während er dreieinhalb Jahre lang ein winziges Land im Nahen Osten durchwanderte? Warum hat er Menschen geheilt? Menschen vergeben? Leute aufgerufen, ihm nachzufolgen? Warum ist er gestorben und wieder auferstanden? Und wie sollten wir auf der Grundlage all dessen heute, zweitausend Jahre später, unser Leben führen?

Vielleicht bist du dir nicht ganz sicher, was den Anspruch Jesu angeht, Gott zu sein. In deinem Kopf haben die Geschworenen ihr Urteil, ob seine Worte und Lehren in deinem Leben Bedeutung haben sollten, noch nicht gefällt. Das ist okay. Das stört mich kein bisschen. Wir sind alle auf einer Reise, Gott, das Leben und uns selbst kennenzulernen. Keiner von uns hat alle Antworten, ich am allerwenigsten. Aber auch wenn du dir nicht sicher bist, wo du in Bezug auf Jesus oder die Bibel stehst, würden die meisten von uns dem zustimmen, dass Jesus ein Leben führte, das aus irgendeinem Grund Auswirkungen hatte wie kein zweites.

Aus irgendeinem Grund teilte seine Geburt die menschliche Chronologie in zwei Hälften.

Aus irgendeinem Grund hallen seine Lehren und seine Geschichte im menschlichen Herzen wider.

Aus irgendeinem Grund schreiben Millionen von Menschen aus allen Nationen in jedem Jahrhundert positive Veränderungen in ihrem Leben ihm zu.

Aus irgendeinem Grund beten Menschen in seinem Namen und berichten immer wieder von Antworten auf ihre Gebete.

Aus irgendeinem Grund sind seine Lehren und Prinzipien so sehr Teil unseres Denkens, dass wir ihn oft zitieren und es nicht einmal merken.

Also, was war seine Botschaft? Und für wen ist sie? Die Antwort könnte dich überraschen. Und sie könnte bleibende Auswirkungen auf dein Leben haben.

Jesus und der Gangster

Um die Frage zu beantworten, möchte ich eine kleine Geschichte im Matthäusevangelium betrachten. Die Evangelien – Matthäus, Markus, Lukas und Johannes – sind voll von Geschichten, die ein Bild von Jesus malen sollen. Sie zeigen in ungeschminkten, überzeugenden Einzelheiten einen Mann, der von einer Botschaft verzehrt wird.

Eine der aufschlussreichsten Geschichten ist die, in der Matthäus, ein Mann, der früher als Levi bekannt war, Jesus begegnet. Diese kurze Geschichte verrät viel über Jesu Botschaft und Auftrag.

Bevor ich auf die Geschichte eingehe, kurz etwas anderes. Du wunderst dich vielleicht, warum dieser Typ zwei Namen hat. Einer meiner Lieblingsfilme als Kind hieß *3 Ninja Kids*. Die Handlung drehte sich um drei Kinder, deren Großvater ein Ninja war. Er trainierte sie und gab ihnen Ninja-Namen. Samuel, Jeffrey und Michael wurden Rocky, Colt und Tum Tum. Ich weiß nicht, warum der letzte so einen lahmen Namen bekam, aber diese Kinder waren toll. Sie konnten erwachsene Leute verprügeln. Ich wollte immer einen Ninja-Namen.

Matthäus war eindeutig kein Ninja. Aber sein Beruf erforderte einen nicht-hebräischen Namen. Er wurde als Jude mit dem Namen Levi geboren. Irgendwann jedoch wurde er unter dem griechischen Namen Matthäus bekannt. Sein Name und seine Identität waren, genau wie bei den drei Ninjas, untrennbar miteinander verbunden. Dafür gab es einen wichtigen Grund, auf den ich gleich eingehen werde.

Später im Leben wurde aus Matthäus ein unglaublicher Typ. Er war einer von den zwölf Jüngern Jesu und einer der Autoren des Neuen Testaments. Er schrieb das Evangelium, das seinen Namen trägt, weshalb er den meisten von uns bekannt ist.

Viel früher jedoch, bevor er Jesus traf, war er kein netter Mensch. Eigentlich ist das eine Untertreibung. Matthäus war der Bösewicht schlechthin. Er war nicht einfach nur ein übler Typ – er war ein richtiger Verbrecher. Er war unverhohlen und vorsätzlich böse und dafür berüchtigt. Er war der Typ Mensch, vor dem Eltern ihre Kinder warnten und bei dem sie die Straßenseite wechselten, um ihm aus dem Weg zu gehen.

Bevor er Jesus traf, war Matthäus ein Steuereintreiber. Okay, das hat dir beim Lesen jetzt wahrscheinlich nicht den Atem verschlagen oder dich rot werden lassen – bei jedem, der in jener Epoche und Kultur gelebt hat, wäre das jedoch der Fall gewesen. Damals war ein Zöllner nicht das Toga tragende Gegenstück zu einem Finanzbeamten. Er war eher wie ein Mafiaboss, ein Gangster. Matthäus, der Steuereintreiber, war ein Mann, mit dem nicht zu spaßen war. Er war ein Mobster alter Schule. Er war wie alle drei *Der-Pate*-Filme in einer Person.

Zu jener Zeit war Rom die vorherrschende Super-Weltmacht, und Israel war eines der Länder, die sie erobert hatten. Die römische Armee war berüchtigt für ihre Brutalität und Grausamkeit. Zahlreiche historische Berichte belegen, dass Rom andere Städte plünderte. Oft wurden viele der Männer getötet, die Frauen vergewaltigt und die Kinder versklavt. Die Geschichte berichtet von Fällen, in denen die Armee die Straßen mit Menschen säumte, die sterbend an Kreuzen hingen, damit jeder, schon bevor er die Stadt betrat, die Macht und Stärke des römischen Reiches erkennen würde.

Nach der Eroberung eines neuen Territoriums wurde der dortigen Bevölkerung von der römischen Regierung in der Regel Steuern auferlegt. Genau da kam Matthäus ins Spiel. Seine Aufgabe war es, Steuern von seinem eigenen Volk einzutreiben, um sie Rom zu geben. Anders gesagt, er verriet sein Volk für einen Gehaltsscheck. Und hier ist der Clou: Steuereintreiber mussten eine bestimmte Summe Geld an Rom abführen, aber sie konnten alles behalten, was sie darüber hinaus eintrieben. Sie durften – man rechnete sogar damit – Geld von ihren eigenen Leuten erpressen, um ihre Taschen zu füllen. Sie waren Verräter, Diebe und Schläger. Es ist kein Wunder, dass sie von ihren eigenen Leuten so massiv gehasst wurden.

Dies war der Grund, warum Matthäus unter seinem griechischen Namen bekannt war. Griechisch war die hauptsächlich gesprochene Sprache, also wäre Levi nicht der kulturell annehmbarste Name für die Römer gewesen. Matthäus war in die Nation Israel hineingeboren worden, Gottes auserwähltes Volk – aber das kümmerte ihn nicht. Ihn interessierten Geld, Macht und Bekanntheit. Anstatt Levi, der Jude, zu sein, nahm er eine neue Identität an: Matthäus, der Steuereintreiber. Matthäus, der Verräter. Matthäus, der Erpresser. Indem er für Rom arbeitete, hatte Matthäus seinem jüdischen Erbe den Rücken gekehrt.

Um das Ganze etwas plastischer zu machen, stell dir vor, dass eine fremde Macht dein Land angegriffen hat. Zuerst töten, vergewaltigen, inhaftieren oder versklaven sie deine Familie und deine Freunde. Dann fangen sie an, dein Leben mit eiserner Faust zu beherrschen. Um dem Ganzen die Krone aufzusetzen, verhängen sie eine erdrückende Steuer; und um die Steuer einzutreiben, engagieren sie deinen Nachbarn. Plötzlich ist der Typ, mit dem du in deinem Garten Steaks gegrillt hast, dein Feind. Jetzt verwendet er alles, was er über dich weiß, gegen dich. Mit der vollen Unterstützung der erobernden Nation nimmt er von dir und deiner Familie, was er will. Schließlich kannst du deine Kinder kaum noch ernähren, während er in seiner Auffahrt einen Ferrari geparkt hat.

Sag mir: Ist das eine gute Person? Ist das jemand, mit dem du abhängen willst? Ist das jemand, mit dem du gern zusammen in die Gemeinde gehst? Ist das jemand, dem du irgendetwas Wertgeschätztes anvertrauen würdest?

Ich auch nicht. Deshalb ist es so erstaunlich, dass Jesus sich mit Leuten wie Matthäus anfreundete. Er redete nicht nur mit ihnen; er liebte sie, er berief sie, er veränderte sie und er machte sie zu einem Teil seiner Geschichte. Es ist unglaublich.

So beschrieb Matthäus seine Begegnung mit Jesus. Wie ein wahrer Pate sprach er von sich selbst in der dritten Person:

> *Als Jesus die Straße entlangging, sah er Matthäus in seiner Zollstation sitzen. »Komm mit und folge mir nach«, sagte er zu ihm. Und Matthäus stand auf und folgte ihm nach. Am selben Abend lud Matthäus Jesus und seine Jünger zum Abendessen ein. Einige andere Steuereintreiber und viele stadtbekannte Sünder waren ebenfalls eingeladen. Die Pharisäer waren empört. »Wie kommt euer Meister dazu, mit solchem Abschaum zu essen?«, fragten sie seine Jünger. Als Jesus es hörte, antwortete er: »Die Gesunden brauchen keinen Arzt – wohl aber die Kranken.« Und er fügte hinzu: »Nun geht und denkt einmal darüber nach, was mit dem Wort in der Schrift gemeint ist: ›Ich will, dass ihr barmherzig seid; eure Opfer will ich nicht.‹ Denn ich bin für die Sünder gekommen und nicht für die, die meinen, sie seien schon gut genug.« – Matthäus 9,9–13*

Beachte, dass Jesus Matthäus keinen Antrag zum Ausfüllen gegeben hat. Er hat ihm keine dreimonatige Probezeit auferlegt. Er nötigte ihm kein falsches Versprechen ab, nie wieder Geld zu erpressen. Er führte ihn nicht einmal in ein Übergabegebet. Jesus sagte einfach: »Komm mit und folge mir nach« (V. 9).

Echt jetzt, Jesus? müssen die Leute gedacht haben. *Was qualifiziert diesen Gangster, dein Jünger zu sein?* In ihren Köpfen war das Jüdischsein die einzige Chance auf Errettung. Matthäus, der Möchtegern-Römer, war ein Sünder wie aus dem Lehrbuch, der Inbegriff des Bösen, ein Paradebeispiel für Menschen, über die der Messias eines Tages Gericht halten würde.

Doch Jesus berief ihn. Und Matthäus folgte ihm. Einfach so.

Wir lesen das manchmal so schnell und beiläufig, aber wenn man innehält und darüber nachdenkt, wer dieser Mann war, erkennt man erst die ganze Tragweite. Sieh dir die Reaktionen der Menschen damals an. »Wie kommt euer Meister dazu, mit solchem Abschaum zu essen?«, fragten sie (V. 11). Das ist wahrscheinlich die geglättete, jugendfreie Version dessen, was sie tatsächlich gesagt haben.

Heute, wenn eine Berühmtheit oder eine in der Öffentlichkeit stehende Person über Jesus spricht, gibt es oft einen sofortigen Dämpfer von religiösen Menschen. »Was könnte er schon über Jesus wissen? Hast du seine Musikvideos gesehen? Außerdem ist er schon in seiner dritten Ehe! Und jeder weiß, dass er Drogen nimmt. Er kann unmöglich Gott kennen.« Oft zitieren sie sogar Bibelverse, die ihre abwertende Haltung zu unterstützen scheinen – Verse über Frucht, über Heiligkeit und gewöhnlich über die Hölle.

Ich widerspreche diesen Versen gewiss nicht. Und ich verstehe die Notwendigkeit von Heiligkeit. Mein Vollzeitjob besteht immerhin darin, den Menschen verstehen zu helfen, wie man die Bibel auf das eigene Leben anwenden kann, also sichert mir die Existenz von Sünde meinen Arbeitsplatz. Kleiner Scherz – aber mein Punkt ist ernstgemeint. Wenn wir Jesus wirklich folgen wollen, müssen wir seine Botschaft und sein Herz verstehen.

Jesus suchte einen bekannten Verbrecher auf und freundete sich mit ihm an. Dann nahm er ihn in seine Kerngruppe von Anhängern auf. Wenn das unserer Weltanschauung widerspricht, brauchen wir eine neue Sicht der Dinge.

Die Botschaft

Seien wir ehrlich. Manchmal machen wir es Menschen zu schwer, Jesus zu folgen. Wir vergessen, dass Glaube eine Reise ist, und auf dieser Reise sind wir alle an verschiedenen Orten. Wir können nicht erwarten, dass eine Person, die gerade anfängt, Jesus zu folgen, den Glauben, die Handlungen oder das Vokabular von jemandem hat, der schon jahrelang in Beziehung mit Jesus steht. Gott tut es gewiss nicht.

Vor einiger Zeit kam jemand in der Gemeinde zu mir, nachdem ich mit dem Predigen fertig war. Er hatte erst vor kurzem begonnen, an den Gottesdiensten teilzunehmen, und war sichtlich begeistert über das, was er an diesem Abend gehört hatte. Er rief laut: »Scheiße, war das geil, Alter! Was du predigst, finde ich verdammt gut! « Er sprach, wie ihm der Schnabel gewachsen war.

Es war das beste Kompliment aller Zeiten. Mir gefiel es super. Vor allem der Teil, dass er gar nicht begriff, was er da tat. Warum sollte er auch? Er wusste nicht, dass man sich in der Kirche normalerweise nicht so ausdrückt. Er wusste nur, dass Gott real war und er dabei war, seine Welt zu verändern.

Religion neigt dazu, nach äußeren Zeichen Ausschau zu halten, dass wir qualifiziert sind, Gott zu folgen, aber Jesus zerstört dieses Muster immer wieder. Er wartet nicht erst darauf, dass wir uns zurechtbringen oder unserem bisherigen Lebensstil abschwören. Er findet uns dort, wo wir sind, und beruft uns, ihm zu folgen. Es sind keine Bewerbung oder bestimmte Qualifikationen erforderlich. Deshalb denke ich, dass Matthäus' Geschichte eine perfekte Veranschaulichung der Botschaft Jesu ist.

Er wartet nicht erst darauf, dass wir uns zurechtbringen oder unserem bisherigen Lebensstil abschwören. Er findet uns dort, wo wir sind, und beruft uns, ihm zu folgen.

Was war also Jesu Botschaft? Sie war nicht, dass gute Leute in den Himmel kommen. Sie war nicht, dass schlechte Menschen gerichtet werden. So etwas ist ein billiger Abklatsch seiner Botschaft.

Die Botschaft von Jesus war *Gnade*. Sie war Errettung für alle, die an ihn glaubten. Sie war Barmherzigkeit und Erbarmen und Vergebung für alle, die auf ihn vertrauten. Und ich werde noch weiter gehen. Jesus war die Verkörperung und der Inbegriff der Gnade. Mit anderen Worten, Jesus *selbst* ist die Botschaft. Jesus ist ihr Sinn und Zweck. Die Botschaft ist nicht nur Dogma oder Lehre. Es geht nicht um Verhaltensänderung. Die Botschaft lautet, dass in Jesus Gnade und Vergebung verfügbar sind, egal, wer du bist oder wie sehr du es vermasselt hast.

Deshalb kam Jesus in körperlicher, greifbarer, menschlicher Form auf die Erde. Er kam nicht nur, um uns von der Gnade zu *erzählen*, sondern um gut dreiunddreißig Jahre lang buchstäblich Gnade zu *sein*. Sein Leben war seine Botschaft und seine Botschaft gibt Leben. Je mehr wir Jesus folgen, desto mehr sehen wir unser Leben durch Gottes Liebe und Gnade definiert und verwandelt.

Jesu Leben ist die Botschaft der Gnade. Es ist eine Botschaft bedingungsloser und unendlicher Annahme durch Gott, basierend auf seiner Gnade und empfangen durch den Glauben an Jesus. Ich habe entdeckt, dass es eine Sache ist, der Gnade zuzustimmen oder sogar Verse über Gnade zu rezitieren, aber eine ganz andere ist es, sie wirklich zu verstehen und zu leben. Ganz ehrlich, an dem Punkt neigen wir dazu, die Botschaft am wenigsten zu begreifen. Am Sonntag hören wir die Gnade, leben dann aber von Montag bis Samstag mit dem Gesetz und mit Schuld- und Verdammnisgefühlen.

Wer Jesus ist und warum er auf die Erde kam, ist die beste Nachricht, die die Welt je gehört hat. Es sind keine schweren Nachrichten, schlechte Nachrichten, komplizierte Nachrichten oder beängstigende Nachrichten. Es sind *gute* Nachrichten. Die Botschaft von Jesus ist eine der Hoffnung, der Freude, des Friedens und der Freiheit.

Wenn Jesus unsere Botschaft ist, erkennen wir, dass jeder ein Kandidat ist, um von Gott berufen zu werden. Anstatt auf dem gegenwärtigen Verhalten der Menschen herumzureiten, erkennen wir an, dass wir alle gleichermaßen qualifiziert – oder besser gesagt: gleichermaßen *un*qualifiziert – sind, Anhänger und Jünger zu sein.

Matthäus hatte das im Zusammenhang mit Jesus verstanden. Als er eine Party für Jesus veranstaltete, standen »viele Zolleinnehmer und andere Leute mit schlechtem Ruf« auf der Gästeliste (V. 10 HFA). Dies war nicht die typische Gefolgschaft eines jüdischen Lehrers. Ich kann mir vorstellen, wie Matthäus alle seine Freunde anruft: »Du musst diesen Jesus kennenlernen. Er hat mich angenommen. Er hat an mich geglaubt. Er hat mich geliebt. Er hat mich befreit. Er hat mich verändert.« Er wollte, dass sie alle Jesus kennenlernen.

Christen fragen mich oft, wie ich mit bestimmten Menschen befreundet sein kann, die sich nicht an ihre Definition eines christlichen Lebensstils halten. »Das ist einfach«, erwidere ich normalerweise. »Weil Jesus es war.«

Einige von ihnen kapieren es. Doch andere entgegnen ein wenig defensiv: »Klar, Jesus hat mit solchen Leuten herumgehangen, aber doch nur um sie zu erretten. Sie taten Buße und folgten ihm dann.«

»Stimmt nicht«, sage ich dann. »Viele haben es getan. Doch viele auch nicht. Wenn es um den Glauben geht, ist jeder auf seiner eigenen Reise. Aber man braucht trotzdem Freunde auf dem Weg.«

In Matthäus' Bericht lesen wir nicht, dass die Gäste erst einer Predigt zuhören mussten, um Jesus zu treffen. Wir sehen nur, dass sie zusammen aßen und tranken. Wir wissen nicht, was er gesagt hat, aber wir wissen, dass er sie gesucht, Zeit mit ihnen verbracht und eine Beziehung zu ihnen entwickelt hat.

Wir neigen dazu, unsere Liebe abhängig davon zu dosieren, was wir zurückbekommen. Wir sind bereit, Zeit mit Menschen zu verbringen und sie zu lieben, solange Hoffnung besteht, dass sie sich ändern. Nicht Jesus. Er hat niemanden abgeschrieben. Er hielt es nicht für eine Zeitverschwendung, in Menschen zu investieren, die möglicherweise niemals reagieren. Freundschaft war kein Mittel zum Zweck, sondern ein Selbstzweck.

Ist es dir je in den Sinn gekommen, dass Jesus ja Gott ist und daher wusste, wer ihn letztendlich ablehnen oder empfangen würde? Er heilte Hände, die Menschen verletzen würden. Er stellte Füße wieder her, die in die Sünde zurücklaufen würden. Er öffnete Augen, die begehren würden. Warum? Weil Jesus jeden liebt. Er liebt tief und bedingungslos. Jesus bleibt konsequent derselbe, auch wenn wir inkonsequent sind. Er liebt, auch wenn wir hassen. Er ist treu, auch wenn wir treulos sind.

Bei der Botschaft Jesu geht es nicht um Religion, sondern um Beziehung. Jesus ging auf die Party – nicht um die Party auf sich wirken zu lassen, sondern um selbst auf der Party zu wirken, denn er liebte die Partygänger. Er ging hin, um Menschen die Liebe Gottes zu zeigen, die sie vielleicht nicht wollten oder glaubten oder annehmen konnten – zumindest für den Augenblick. Wer beurteilt letztlich, wo es sich »lohnt«? Nicht wir, das ist sicher. Nur Gott weiß, was in den Herzen der Menschen vor sich geht.

Den Pharisäer im Inneren finden

Für religiöse Menschen ist es sehr schwierig, Freunde von Sündern zu sein, weil die Religion kontrollieren, beeindrucken und anpassen will. Religion losgelöst von Beziehung ist mehr auf äußeres Verhalten als auf innere Veränderung bedacht. Sie schätzt Leistung und Perfektion.

Die Pharisäer waren der Maßstab der Heiligkeit in der Zeit Jesu. Sie waren auch arrogant und gemein, zumindest im Allgemeinen. Anstatt Barmherzigkeit zu zeigen und Menschen zu Gott zu führen, verurteilten und entmutigten sie die Menschen. Jesus konfrontierte sie regelmäßig mit ihrer verurteilenden Haltung und benutzte dabei meist Begriffe wie »blinde Narren«, »Schlangen« und »Heuchler« (Mt 23,16–33). Kein Wunder, dass sie keine seiner Fans waren.

Das Verrückte ist, sie wollten gar nicht so sein. Sie dachten, sie würden Gott gefallen. Sie arbeiteten hart daran, die Sünde in sich selbst und in den Menschen um sie herum zu beseitigen. Leider entging ihnen dabei die Botschaft Jesu ganz und gar.

Die Pharisäer waren von Jesus enttäuscht, weil er ein Rabbi sein sollte, aber mit Heiden herumhing. Kriminelle in Wirklichkeit. Sie dachten, es gehe darum, Sünde zu vermeiden, aber Jesus hatte die Angewohnheit, Sünder aufzuspüren. Also begannen sie die

Frage zu stellen: »Warum bist du ein Freund von solch schrecklichen, furchtbaren Sündern?«

Jesu Antwort war brillant, wird aber oft falsch interpretiert. Er antwortete: » Nicht die Gesunden brauchen den Arzt, sondern die Kranken. Ich bin nicht gekommen, um Gerechte zu rufen, sondern Sünder.« (Mt 2,17 NEÜ).

Wenn du schon eine Weile in die Kirche gehst, hast du wahrscheinlich dieses Zitat gehört. Es ist auch in den anderen Evangelien aufgezeichnet. Ich denke, die meisten Leute würden zustimmen, dass dies eine edle, mitfühlende, altruistische Geisteshaltung ist. Meine Vermutung ist, dass sogar die Pharisäer sie geschätzt haben. Ich denke, es hat ihre Bedenken zerstreut. Wahrscheinlich sagten sie sich: *Oh, das ergibt Sinn. Er versucht diesen armen, fehlgeleiteten Seelen zu helfen. Er möchte ihnen ihre Fehler aufzeigen, damit sie ihr Verhalten ändern können. Er ist genau wie wir: Ein guter Mensch, der schlechten Menschen hilft, besser zu sein.*

Aber worum es wirklich ging, war ihnen völlig entgangen. Und ehrlich gesagt, passiert uns das auch oft. Abgesehen von Jesus gibt es keinen »guten Menschen«. Es gibt keinen Unterschied zwischen gerechten Menschen und ungerechten Menschen oder zwischen gesunden Menschen und kranken Menschen. Ohne die Gnade Jesu gibt es nur eine Kategorie: Sünder. Krank. Ungerecht. Tot, um genau zu sein.

Jesus versuchte seine Botschaft zu vermitteln, doch vielen Menschen ist sie entgangen. Er sagte, dass er gekommen sei, um alle zu retten, aber nur diejenigen, die ihr Heilsbedürfnis erkennen, werden auch gerettet werden.

Ich kann mir vorstellen, wie diese Pharisäer zufrieden mit seiner Antwort davongingen, vielleicht sogar arroganter als zuvor. Sie fühlten sich wahrscheinlich in ihrer selbsterklärten Güte gerechtfertigt, zuversichtlich, dass sie zu einer anderen Kategorie gehörten als die »Kranken« und »Sünder«.

Wenn uns die Botschaft von Jesus entgeht, werden wir durch unsere guten Werke, unsere Religion und unsere Eigenbemühungen geblendet. Wir denken, dass es Bereiche in unserem Leben gibt, die unabhängig von der Gnade gerecht sind. Das Evangelium Jesu führt nicht zur Arroganz des eigenen Ichs – es führt zur Einwilligung gegenüber Jesus. Es führt zur Demut und zur Abhängigkeit von Gott.

Es ist so einfach, über die Pharisäer zu urteilen. Sie erscheinen uns wie fiktive Disney-Charaktere. Ich stelle mir immer Dschafar aus *Aladdin* vor, wenn ich das Wort *Pharisäer* lese. Und dennoch, von Zeit zu Zeit denke ich, dass in jedem von uns ein Pharisäer steckt. Ich weiß, dass in mir einer ist. Ich erkenne seine egoistischen Züge, wann immer ich denke, dass ich besser bin als jemand anderes; wenn ich meine Sünde mit der Sünde eines anderen vergleiche; wenn ich denke, dass meine moralischen Grundsätze Gott beeindrucken; oder wenn ich denke, dass ich in Gottes Augen mit weniger Schmutz kämpfe als eine andere Person.

Immer wenn ich denke, dass ich mich von Levi, dem Steuereintreiber, unterscheide, laufe ich Gefahr, die Jesus-Botschaft zu verpassen. Seine Botschaft ist keine politische Botschaft. Es ist keine Botschaft über soziale Gerechtigkeit. Es ist keine wirtschaftsbezogene Botschaft. Es ist keine Botschaft über die Gleichberechtigung der Geschlechter. Es ist keine umweltpolitische Botschaft. Die Jesus-Botschaft lautet, dass wir alle krank geboren werden, aber Jesus gekommen ist, um uns zu heilen. Wir sind Sünder, aber er kam, um uns zur Umkehr aufzurufen. In ihm ist Gnade und Vollkommenheit und Leben.

Der Apostel Paulus beschrieb einen Besuch, den er der Gemeinde in Korinth abstattete, folgendermaßen: »Ich habe nicht versucht, euch mit geschliffenen Reden und der neuesten Philosophie zu beeindrucken. Ich habe es bewusst schlicht und einfach gehalten: zuerst Jesus und wer er ist; dann Jesus und was er getan hat – Jesus als Gekreuzigten« (1Kor 2,1 MSG). Mit anderen Worten, alles, was Paulus ihnen gepredigt hatte, konnte in Jesus und seinem Werk am Kreuz zusammengefasst werden. Das ist alles, was zählt; mehr braucht es nicht.

Die Botschaft von Jesus lautet, dass wir alle krank geboren werden, aber Jesus gekommen ist, um uns zu heilen.

Wenn es darum geht, Jesus zu folgen – besonders im Kontext von Gemeinde und im Zusammensein mit anderen Menschen, die ebenfalls Christen sind – ist es so einfach, unsere Botschaft zu vermischen. Warum? Weil Gnade für Menschen nicht der Standard ist. Wir müssen diese Art zu leben, erst erlernen. Standardmäßig sind wir auf Pharisäer eingestellt. Das bedeutet, Menschen auf Grundlage äußerer Handlungen zu bewerten, zu klassifizieren und zu beurteilen.

Gnade jedoch schafft gleiche Bedingungen für alle. Die Gnade erinnert uns daran, dass wir alle gleichermaßen schlecht sind. Wir sind sozusagen alle Steuereintreiber. Aber hier ist die gute Nachricht: *Wir sind auch alle Freunde Jesu.* Wenn er der Freund der Sünder ist, und wenn wir Sünder sind, dann ist er unser Freund. Nicht, weil wir es uns verdient hätten. Nicht, weil wir darum gebeten hätten. Sondern weil Gott die Welt liebt und seinen Sohn Jesus gesandt hat, um die Welt zu retten.

Äußere Handlungen und ein veränderter Lebensstil sind wichtig. Sünde schadet uns schließlich. Sie beraubt uns unserer Menschlichkeit und nimmt uns unsere Würde. Wir wurden geschaffen, um besser als so zu leben.

Heiligkeit ist jedoch das Ergebnis der Errettung, nicht der Weg dorthin. Besseres Verhalten ist ein Nebenprodukt des Werkes Jesu – und nicht einmal das wichtigste. Liebe, Friede, Freude, Freiheit und andere innere Veränderungen sind weitaus wichtiger, als weniger zu fluchen oder eine Kokainsucht loszuwerden. Aber wenn wir die wahre Botschaft übersehen, fangen wir an zu denken, dass Handlungen und Verhalten das Ziel sind.

Wir können es uns nicht leisten, uns in den Auswirkungen zu verlieren. Wir können die Reihenfolge nicht umkehren. Wir müssen völlig vereinnahmt sein vom Zweck und Ziel des Lebens selbst – Jesus. Uns selbst oder andere dazu zu bringen, Dinge für Jesus zu tun, ist niemals das Ziel. Das Ziel ist, Jesus zu kennen. Unser Vertrauen in das zu setzen, was er für uns am Kreuz getan hat. Zu Gott, dem Schöpfer unserer Seelen, zurückzukehren und unser Zuhause in ihm zu finden.

Wenn wir Jesus begegnen, werden wir zweifelsohne eine tiefgreifende Veränderung unseres Lebens erfahren. Matthäus ließ alles zurück, um Jesus nachzufolgen. So etwas bewirkt das Evangelium. Die logische Konsequenz einer echten Begegnung mit Jesus ist die innere und äußere Verwandlung. Deine Prioritäten ändern sich. Deine Werte ändern sich. Dein Freundeskreis ändert sich.

Auch wenn die Begegnung mit Jesus zu einer gewaltigen Lebensveränderung führt, liegt der Schwerpunkt nicht darauf, wie hart wir daran arbeiten müssen, diese Veränderung zu bewirken. Der Schwerpunkt liegt auf Jesus. Wenn wir ihm folgen, werden wir Schritte unternehmen und Entscheidungen treffen, die wir alleine wahrscheinlich nie gewagt hätten.

Ich erinnere mich an einige Male in meiner Jugend, als ich eindeutige, persönliche Begegnungen mit Jesus hatte. Ich wusste, dass er echt war, ich wusste, dass er mit mir sprach, und ich wusste, dass ich antworten wollte. Das waren lebensverändernde Momente. Ich erinnere mich, dass ich leidenschaftlich gebetet habe: »Jesus, nimm alles von mir. Wohin du mich auch rufst, dort gehe ich hin. Alles, was ich habe, gehört dir. Bitte mich, was du willst … ich gehöre dir!« Es ist einfach, diese Gebete als Jugendlicher zu beten, weil man nicht viel zu verlieren hat. Selbst wenn du dein Leben auf dem Missionsfeld in Afrika verbringst, scheint das ein Upgrade zu sein, wenn du ein Zimmer mit deinem jüngeren Bruder teilst. Doch je älter wir werden, desto stärker neigen wir zur Zurückhaltung.

Nicht so bei der Botschaft Jesu. Sie erzeugt eine Kühnheit wie nichts anderes. Matthäus, der Steuereintreiber, war nie in der Kirche oder in einem theologischen Seminar gewesen, aber er hatte eine Begegnung mit Jesus und ließ daraufhin sofort seinen Lebensstil hinter sich und ging mit voller Kraft den Dingen Gottes entgegen. Jesus zu folgen führt nicht zu einem gefahrloseren Leben. Es führt zu Risiken, Opfern und Veränderungen – und doch ist es das befriedigendste Leben, das man sich vorstellen kann.

Wenn wir erkennen, dass er unser Freund ist, weil er es sein will und nicht weil wir es verdienen, ändert sich alles.

Wenn wir die Freundschaft mit Jesus wichtiger schätzen als unser Verhalten und wenn wir erkennen, dass er unser Freund ist, weil er es sein will und nicht weil wir es verdienen, ändert sich alles. Das ist die Kraft, die darin liegt, die Botschaft Jesu zu verstehen. Wir werden feststellen, wie wir von innen heraus wachsen und uns verändern. Plötzlich sieht das Leben anders aus.

Depressionen sind unserer Freude nicht gewachsen.

Abhängigkeiten sind nicht unsere Identität.

Versuchungen können überwunden werden.

Die Sünde hat keine Macht.

Der Sieg ist in Reichweite.

Die Zukunft ist voller Potenzial.

Wer wärst du in Matthäus' Geschichte? Heiliger oder Sünder? Pharisäer oder Freund? »Superheilig« oder völlig verkorkst? Unabhängig davon, wer du bist oder was du getan hast, ist Gottes Herz dasselbe: Er liebt dich. Genau jetzt, genau hier, so wie du bist. Wie für Matthäus ist Jesus auch dein Freund. Er ruft dich auf, ihn kennenzulernen, in ihm zu ruhen und ihm zu folgen. Wirst du dich darauf einlassen?

KAPITEL 2

MEHR ALS HOSEN

Nachdem wir verheiratet waren, konnten DawnCheré und ich ein paar Jahre lang keine Kinder bekommen; das waren Umstände, aus denen wir nie ein Geheimnis gemacht haben. Aber Gott hat wirklich ein Wunder vollbracht, und wir sind überglücklich, sehr bald einen kleinen Jungen in unsere Familie aufnehmen zu können. Jetzt, da wir in froher Erwartung sind, denken unsere Freunde, dass sie uns mental vorbereiten müssen, indem sie uns Horrorgeschichten über ihre eigenen kleinen Kinder erzählen – aber trotzdem sind wir sehr gespannt auf die Zukunft.

Da wir aber so lange keine eigenen Kinder hatten, bin ich über dreißig Jahre alt und weiß immer noch sehr wenig über sie. Alle unsere Freunde haben Kinder und Babys, und ich bin der unbeholfene Typ. Ich werde schon nervös, wenn ich ein Baby nur halte. Das ist so viel Verantwortung.

Ich traf neulich eine Freundin, die zum ersten Mal Mutter geworden war. Sie hatte ihr Kleines bei sich und ich sagte: »Sie ist so süß! Wie alt ist sie?«

Sie antwortete: »Danke! Sie ist 22 Monate alt.«

Mein Gesicht zeigte keinerlei Reaktion. Sie hätte mir genauso gut das Gewicht ihres Babys in Tonnen oder dessen Größe in Parsec nennen können. Es sagte mir einfach nichts. Ich bin sicher, dass die Eltern da draußen wissend genickt und angefangen hätten, Ratschläge für ein 22 Monate altes Kleinkind zu geben. Ich nicht. Ich fing bloß an zu errechnen, wie viele Monate alt ich bin, und fragte mich, ab wann es gesellschaftlich akzeptabel ist, die Monate unter den Tisch fallen zu lassen und aufs nächste volle Jahr zu runden.

Das schlimmste Problem an meiner mangelnden Erfahrung als Elternteil besteht darin, dass ich davon ausgehe, dass ein Kind, sobald man sich ansatzweise mit ihm unterhalten kann, zwar ein winziger, aber im Grunde voll funktionsfähiger Erwachsener ist. Wenn ein Kind meinen Namen aussprechen kann, ist es für mich selbstverständlich, dass es kochen, putzen und sich allein anziehen kann.

Vor ein paar Jahren traf sich die Großfamilie meiner Mutter auf Hawaii zu einer Familienzusammenkunft. Auf mütterlicher Seite habe ich vierzehn Cousins. Die meisten von ihnen sind in den Dreißigern, verheiratet und haben Kinder, also tummelten sich überall winzige Menschlein auf dem Boden. Insgesamt waren wir dreiundvierzig Leute. Das Ganze war ein kaum vorstellbarer Tumult. Wie eine Abrissbirne sind wir in Maui eingefallen und haben es sieben Tage lang in Beschlag genommen. Vom Strand über den Pool bis zu Luaus und späten Abendessen mit denjenigen, die wir am meisten lieben, war diese Woche vollgepackt mit Erinnerungen.

Die Erwachsenen wurden auf einen wechselnden Plan für den Babysitterdienst gesetzt. Das schloss mich ein, was mir nichts ausmachte, weil ich mich gerne als den lustigen, leicht verrückten Onkel betrachte. Und ich wollte dafür sorgen, dass diese Kinder mich auch so sahen. Der Heldenonkel, das war ich.

In meiner ersten Schicht ging ich mit einigen von ihnen auf den Spielplatz. Ich hatte etwa zehn Cousins zweiten Grades oder

Nichten und Neffen – oder was auch immer sie sind – um mich herum, als eine Frau vorbeikam, die Stieleis verteilte. Sie fragte, ob wir welches wollten.

Ich sagte: »Und ob wir Eis wollen!«

Wir schleckten unser Eis, während wir zurück zum Pool gingen.

Die nicht diensthabenden Eltern waren dabei, sich zu entspannen, bis eine der Mütter uns sah und fragte: »Rich, woher hast du das Eis?«

Ich antwortete unschuldig: »Ich weiß nicht, irgendeine Frau hat es uns gegeben.«

»Rich!« – mein Cousin schimpfte mich aus. »Du darfst den Kindern nicht beibringen, Dinge von Fremden anzunehmen.« Ich schätze, diese Regel hatte ich vergessen.

Ehrlich gesagt kann ich mir vorstellen, der erste Babysitter in der Geschichte der Menschheit zu sein, der gemeinsam *mit* den Kindern entführt würde. Ein alter klappriger Lieferwagen würde neben uns halten und irgendein zwielichtiger Typ sagen: »Hey, ich kann mein Kätzchen nicht finden. Wollt ihr mir helfen?«

Und ich würde voller Begeisterung sagen: »Leute, kommt schon! Wir müssen diese Katze finden. Steigt in den Wagen!«

Das sähe mir ähnlich.

Gegen Ende unserer Reise war ich für die Poolaufsicht eingeteilt und gab vor, Rettungsschwimmer für einen Haufen vier- und fünfjähriger Hooligans zu sein. Zu behaupten, dass sie meine Nerven strapaziert haben, wäre eine Untertreibung. Insbesondere mein vierjähriger Cousin zweiten Grades, Levi, hat mich terrorisiert. Er machte komische Geräusche und piesackte mich, um mich irgendwie zum Reagieren zu bringen.

Ich sagte ein wenig knurrend: »Chill mal, Alter.« Ich war dreißig und er war vier, aber so rede ich. Keine Ahnung, ob er mich verstand. In diesem Kindesalter ist es schwer zu sagen, ob der Wahnsinn von dämonischer Besessenheit oder von zu viel Zucker herrührt. Er beruhigte sich jedenfalls nicht. Er hörte einfach nicht auf. Ich sagte immer wieder: »Hey, ohne Spaß, Mann, hör auf. Ernsthaft, hör auf damit.« Ich habe sogar dieses »Ich zähle jetzt bis drei«-Ding gemacht, das meine Mutter immer machte.

Meine Geduld und Diplomatie brachten mich jedoch keinen Schritt weiter, und schließlich hatte ich genug. Ich packte ihn und warf ihn in den Pool. Das hatte ich nicht geplant. Ich hatte offensichtlich nicht darüber nachgedacht. Ich tat es einfach. Das Kind brauchte eine Lektion.

Seine Mutter saß neben mir. Sie hat noch zwei andere Kinder, also ist Levi das dritte Kind. Eltern eines dritten Kindes erkennst du sofort: Sie sind durch nichts zu erschüttern. Sie hat sich nicht einmal von ihrem bequemen Stuhl bewegt. Sie sagte nur: »Rich, er kann nicht schwimmen.«

»Was?«, schrie ich. Sofort sprang ich ins Wasser, um ihn zu retten. Ich fühlte mich wie Mitch Buchannon aus *Baywatch.* Ich packte ihn und zog ihn aus dem Wasser. Er hatte einen Ausdruck von Schrecken und Hass im Gesicht. Er ist nie wirklich in Gefahr gewesen, aber das wusste er nicht. Er wusste nur, dass der Typ, der auf ihn aufpassen sollte, ihn in den Pool geworfen hatte, und er war wütend auf mich. Das war's dann mit dem Heldenonkel-Status.

Bist du jemals jemandem begegnet, der nicht wusste, wie man sich richtig entschuldigt? Tja, das wäre dann wohl ich gewesen. Ich murmelte: »Hey, Bro, tut mir leid, aber weißt du, du hattest das verdient. Du hättest dich nicht mit mir anlegen sollen.« Das arme Kind wird fürs Leben gezeichnet sein. Doch schließlich vergab er mir und es stellte sich heraus, dass ich sein Lieblings-Babysitter bin. Ich denke, das Ganze hat uns wohl zusammengeschweißt.

Rückblickend kam es zu der Krise, weil ich seine Fähigkeiten überschätzte. Ich dachte, weil er gut reden kann, kann er auch gut schwimmen. Und er dachte, weil ich wie ein Erwachsener aussah, wäre ich verantwortungsbewusst und weise. Da lagen wir wohl beide falsch.

Es ist ein einfaches Beispiel dafür, wie leicht es passieren kann, dass man Menschen überschätzt. Manchmal nehmen wir etwas von jemandem an, nur um – oft zu spät – herauszufinden, wie sehr die Realität und unsere Erwartungen doch voneinander abweichen. Am Ende sind wir enttäuscht, verzweifelt und emotional erschöpft.

Hier ist das Problem. Wenn wir enttäuscht werden, entscheiden wir uns oft, beim nächsten Mal auf Nummer sicher zu gehen. Wir fürchten Enttäuschung, also senken wir einfach die Messlatte und erwarten weniger. Wir gehen davon aus, dass die Menschen uns enttäuschen werden. Anstatt sie zu überschätzen, beschließen wir nun unbewusst, sie zu *unterschätzen*. Das Pendel des Vertrauens schwingt auf die andere Seite, weil es so sicherer ist, denken wir.

Vielleicht ist es eine treue Frau, die von ihrem Mann verlassen wurde. Oder ein schwer arbeitender Vater, dessen Sohn weggelaufen ist, um einer Sucht zu frönen. Oder eine Tochter, die ihren Eltern nie begegnet ist, weil sie nach der Geburt weggegeben wurde. Oder ein Angestellter, der von einem Vorgesetzten wegen etwas, das er gar nicht verschuldet hat, den Wölfen zum Fraß vorgeworfen wurde. Die Liste ist endlos. Wenn wir uns verraten und enttäuscht fühlen, ist die häufige Reaktion: »Nächstes Mal mache ich mir erst gar keine großen Hoffnungen.«

Zynismus gegenüber den Menschen um uns herum ist schlimm genug – aber oft projizieren wir unsere irdischen Verletzungen auf unseren himmlischen Vater. Ich weiß, dass ich dessen schuldig bin, und vielleicht bist du es auch. Weil Menschen uns im Stich gelassen haben, denken wir, dass auch Gott uns im Stich lassen könnte. Also halten wir uns mit unserem Vertrauen etwas zurück. Wir behalten uns ein wenig Kontrolle. Wir gehen auf Nummer sicher, weil wir nicht wieder verletzt werden wollen.

Manchmal unterschätzen wir die Botschaft Jesu. Wir unterschätzen, wer Jesus ist und wie mächtig und vollkommen seine Gnade ist. Wir denken, wir müssten ein bisschen mithelfen, müssten unseren Teil dazu beitragen. Und so kann es passieren, dass wir am Ende das untergraben, wozu Jesus eigentlich kam.

Wir können denken, dass wir Gott verstehen und alles über das Evangelium wissen, während wir uns in Wirklichkeit mit einem Leben begnügen, das weit hinter dem zurücksteht, was Gott für uns vorgesehen hat.

Schließlich legen wir die Messlatte niedrig, weil wir nicht wollen, dass unsere Hoffnungen zunichte gemacht und unsere Träume zerstört werden. Aber könnten wir jemals eine so hohe Meinung von Jesu Charakter und seiner Macht haben, dass uns die Realität enttäuschen würde? Ich weiß, dass wir manchmal das Gefühl haben, als hätte Gott uns im Stich gelassen, besonders in tragischen Momenten oder wenn wir enttäuscht werden. Diese Gefühle sind real und wir alle haben sie erlebt. Doch wenn die Geschichte unseres Lebens zu ihrem Ende kommt, werden wir dann zurückblicken und von Gott enttäuscht sein? Wird die Realität dessen, wer Jesus ist und was er getan hat, uns enttäuschen? Oder werden wir uns wünschen, wir hätten mehr geglaubt, größer geträumt und uns etwas weniger Sorgen gemacht?

Die Botschaft Jesu zu unterschätzen könnte letztlich schlimmer sein, als seine Botschaft zu versäumen. Wir können denken, dass wir Gott verstehen und alles über das Evangelium wissen, während wir uns in Wirklichkeit mit einem Leben begnügen, das weit hinter dem zurücksteht, was Gott für uns vorgesehen hat. Dann fragen wir uns, warum es für uns nicht funktioniert, und vielleicht entscheiden wir schließlich, dass diese ganze Sache mit der Nachfolge Jesu nichts für uns ist.

Gott kennt unsere menschliche Neigung, uns zurückzuziehen und Dinge zurückzuhalten. Doch anstatt an unserer beschränkten Sichtweise über ihn Anstoß zu nehmen, ergriff er die Initiative, sie zu ändern, indem er Jesus sandte.

Das Problem mit dem Guten

In Markus Kapitel 10 erzählt Jesus die Geschichte des reichen jungen Herrschers, eines Mannes, der Jesus und seine Botschaft der Gnade stark unterschätzt hat.

> *Als er weiterziehen wollte, lief ein Mann auf Jesus zu, kniete vor ihm nieder und fragte: »Guter Lehrer, was soll ich tun, um das ewige Leben zu bekommen?«*
> *»Warum nennst du mich gut?«, fragte Jesus. »Nur Gott allein ist gut.*
> *Aber du kennst doch die Gebote. ›Du sollst nicht töten. Du sollst nicht die Ehe brechen. Du sollst nicht stehlen. Du sollst keine Falschaussage machen. Du sollst nicht betrügen. Ehre deinen Vater und deine Mutter.‹«*
> *»Lehrer«, erwiderte der Mann, »alle diese Gebote habe ich seit meiner Kindheit gehalten.«*

Da sah Jesus den Mann voller Liebe an. »Eins fehlt dir noch«, sagte er zu ihm. »Geh und verkaufe alles, was du hast, und gib das Geld den Armen, dann wirst du einen Schatz im Himmel haben. Danach komm und folge mir nach.«
Als er das hörte, verdüsterte sich das Gesicht des Mannes, und er ging traurig fort, denn er war sehr reich. (V. 17–22)

Hier war ein Mann, der in den Augen aller alles hatte: Jugend, Reichtum, Macht. Die meisten Menschen würden ihn als erfolgreich bezeichnen. Trotzdem hatte er das Gefühl, dass ihm etwas fehlte. Er hatte Fragen, auf die er anscheinend keine Antwort fand. Seine Geschichte erinnert mich an den berühmten U2-Song:

But I still haven't found what I'm looking for. (Aber ich habe immer noch nicht gefunden, wonach ich suche.)

Im Laufe der Jahre hatte ich die Gelegenheit, viele Menschen aus vielen sozialen Schichten kennenzulernen. Ich habe festgestellt, dass die Leute, die es geschafft zu haben scheinen, oft in der größten Qual leben. Du kannst Dinge anhäufen, du kannst erfolgreich sein, du kannst berühmt sein, du kannst reich sein – doch wenn du dich nicht um den Zustand deiner Seele gekümmert hast, kann dir immer noch elend zumute sein.

Manche Menschen werden ihr ganzes Leben lang vom Erfolg verführt. Immerzu ackern und rackern sie, um voranzukommen und aufzusteigen, verpassen dabei aber stets die Schönheit, die sie gerade umgibt. Sie denken, dass ein Moment wahrer Zufriedenheit dereinst kommen wird, aber für viele von ihnen kommt dieser Moment nie. Warum? Weil man Zufriedenheit nicht in einem Ferienhaus, Instagram-Followern oder einem Job mit siebenstelligem Jahreseinkommen findet. Man kann ein Leben nicht auf Geld, Ruhm und Macht aufbauen. Diese Dinge sind unbeständig wie der Wind.

Manchmal unterschätzen wir Jesus, weil wir uns selbst überschätzen. Aber letztendlich, wenn wir ehrlich sind, erkennen wir, dass wir nicht genügen. Es fehlt etwas. Ich glaube, an dem Punkt war dieser Mann. Trotz seines äußeren Erfolgs hatte er nagende Zweifel. *Genüge ich? Bin ich gut? Was muss ich noch tun?* Er ging auf Jesus zu und sagte: »Guter Lehrer, was soll ich tun, um das ewige Leben zu bekommen?« (V. 17).

Sofort fällt einem etwas auf: Seine Ansprache war völlig verfehlt. Das ist übrigens sehr wichtig, denn die Art und Weise, wie wir auf die Menschen zugehen, zeigt, wie wir sie sehen. Zum Beispiel spreche ich mit meiner Frau anders als mit meinen Kumpels. Du redest wahrscheinlich anders mit deinem Chef als mit deinen Kindern. Wie man an jemanden herantritt, offenbart, wie man ihn wahrnimmt. Wie man sich jemandem nähert, offenbart den Wert, den man ihm beimisst. Wie wir auf jemanden zugehen, zeigt, ob wir die Qualitäten und Fähigkeiten dieser Person unterschätzen, überschätzen oder richtig einschätzen.

Das Problem hier war, dass der junge Mann Jesus in seiner Ansprache *gut* nannte. Jesus kam sofort darauf zurück. »›Warum nennst du mich gut?‹, fragte Jesus. ›Nur Gott allein ist gut.‹« (V. 18). Ich lese diesen Abschnitt und frage mich: *Was ist so wichtig an dem Wort* gut? Warum fuhr Jesus den Kerl an, als ob der einen Fehler gemacht hätte?

Nach zehn Jahren Ehe habe ich etwas entdeckt: *Gut* kann für verschiedene Menschen Unterschiedliches bedeuten. Zum Beispiel bedeutet es für Männer etwas ganz anderes als für Frauen. Es kommt ganz darauf an, wie man es sagt. Wenn du ein Single-Mann bist, helfe ich dir hier. Das könnte dein Leben retten.

Ich will das veranschaulichen. Meine Frau mag es, wenn ich sie beim Einkaufen begleite. Sie kauft für sich selbst ein, wohlgemerkt, nicht für mich. Aber sie will, dass ich dabei bin. Ich denke, der Grund ist, dass sie meine Gesellschaft mag, aber vielleicht will sie auch nur, dass ich alles bezahle. Manchmal bin ich nicht ganz sicher.

Wir gehen in ein Kaufhaus, um eine Jeans zu kaufen. Sie muss neunzehn Paar Jeans anprobieren, um eine zu kaufen, und ich sitze auf diesem unbequemen Stuhl, der normalerweise vor der Ankleide steht, während sie in einer der Kabinen ist. Es wird oft peinlich, weil sich die Ankleideräume fast immer mitten in der Abteilung für Damenunterwäsche befinden. Ich fühle mich, als müsste ich jedem, der vorbeikommt, versichern: »Alles gut – ich kenne jemanden da drin. Ich versprech's.«

Dann kommt meine Frau raus, um mir eine Jeans zu zeigen. Sie ist barfuß, aber sie steht immer auf ihren Zehenspitzen, als ob sie Absätze trägt, und sie ist aufgeregt. »Babe, Babe, Babe, ich liebe diese hier! Wie sehe ich darin aus?«

Nochmal, das ist peinlich. Männer tun das nicht. Wir machen keine Mini-Modenschauen vor anderen Kerlen und fragen: »Bro, Bro, Bro, wie sehen diese Jeans an mir aus?«

Wenn sie mich fragt, wie sie aussieht, antworte ich normalerweise: »Babe, du siehst *gut* aus. Diese Jeans steht dir gut.« Warum? Weil für einen Mann gut … *gut* bedeutet. *Gut* ist ein gutes Wort. Vielseitig einsetzbar. »Du siehst gut aus, Mädel. So gut.«

Aber nein! *Gut* bedeutet für Frauen nicht gut. Es bedeutet durchschnittlich. Mittelmäßig. Es bedeutet: »Du denkst, ich sehe in diesen Jeans fett aus.« Wenn ich die Jeans mag, will meine Frau, dass ich komplett ausraste. Sie will Begeisterung, bunte Adjektive und dramatische Mimik. Wenn sie auf Zehenspitzen herauskommt und fragt: »Babe, Babe, Babe, wie sehe ich darin aus?«, muss ich antworten: »Wow! Heiliger Jesus! Es gibt einen Gott, und er liebt mich! Die sind ja unglaublich, Mädel! Oh, oh, oh! Kauf gleich vier davon. Kauf fünf. Du kaufst besser alle, die sie haben, denn du siehst in diesen Jeans oberhammermäßig umwerfend aus!«

»Wirklich, sie gefallen dir?«

»Auf jeden Fall! Ich bin hin und weg.«

»Hmm … Ich bin mir nicht sicher. Ich denke, ich werde noch achtzehn weitere anprobieren.«

Zurück auf den Stuhl.

DawnCheré lehnt das Wort *gut* ab, weil es eine Untertreibung ist. Es ist sicher, unverbindlich, allgemein. Es ist der einfache Ausweg.

Das war genau der Grund, weshalb Jesus dagegen Einspruch erhob. Dieser junge Herrscher hatte Jesus unterschätzt. Er hatte Gerüchte gehört, dass er der Messias, der kommende Retter, Gott im Fleisch sei – aber er selbst war nicht bereit, so weit zu gehen. Er war nicht bereit anzuerkennen, dass der Mann vor ihm eigentlich Gott und damit der Herrscher seines Lebens war. Stattdessen ging er auf Nummer sicher. »Guter Lehrer …«

Man beachte, dass Jesu Antwort nicht durch einen Minderwertigkeitskomplex begründet war. Vers 21 sagt: »Da sah Jesus den Mann voller Liebe an.« Mit anderen Worten, Jesus korrigierte ihn zu seinem eigenen Wohl. Er sah das Herz des Mannes und er wusste, dass dieser ein klareres Bild davon brauchte, wer Jesus war, sonst würde er nie die Antworten erhalten, die er suchte. Warum? Weil die Art, wie wir jemanden wahrnehmen, nicht nur bestimmt, wie wir uns ihm nähern – es bestimmt auch, wie wir von ihm *empfangen*.

Der reiche junge Herrscher betrachtete Jesus nicht als Gott. Er sah ihn nicht als Messias. Er sah ihn nicht als Retter. Er betrachtete ihn einfach als einen guten Lehrer. Er sagte: »Du bist ein Rabbi. Du bist ein guter Lehrer. Also, guter Lehrer, gib mir ein paar gute Prinzipien. Gib mir ein paar Lektionen fürs Leben, einige Ratschläge. Hilf mir, meine Seele zu beruhigen. Hilf mir, Frieden zu finden.«

Rabbiner waren hochgebildete, intelligente, unglaubliche Männer, die ihr Leben dem Verständnis der Thora, die Gottes Gesetz war, gewidmet hatten. Sie hatten die ersten fünf Bücher der Bibel auswendig gelernt. Wenn wir versuchen, die Bibel ganz durchzulesen, kommen die meisten von uns nicht über das dritte Buch Mose (Levitikus) hinaus. Diese Jungs kannten das ganze Ding auswendig. Sie meinten es ernst damit, Gott zu gehorchen und seine Forderungen zu erfüllen. Sie beantworteten ständig Fragen, gaben Ratschläge und legten die Heilige Schrift aus. Sie waren gute Menschen.

Aber ich sage euch, was an der Art und Weise, wie der Mann Jesus beschrieb, falsch war. Jesus ist ein Lehrer und Jesus ist gut. Aber er ist noch so viel mehr als das. Er ist *Gott*. Das war es, woran er diesen jungen Mann sanft erinnerte.

Manche Leute lesen das und sagen: »Schau an, da sagt Jesus doch, dass er nicht Gott ist.«

Nein, er sagt das Gegenteil. Er sagt: »Nur Gott ist wirklich gut. Wenn du mich also gut nennst, setzt du mich mit Gott gleich. Bist du dazu bereit? Bist du bereit, mich als Gott zu sehen? Nicht nur als Rabbi, Lehrer, Berater – sondern als Gott? Und wenn ich Gott bin, dann sprich mich richtig an.«

Manchmal sagt man mir: »Ich glaube an Gott, aber ich bin mir bei Jesus nicht sicher. Ich glaube, Jesus war ein guter Typ. Ich denke, Jesus war ein toller Lehrer. Aber ich glaube nicht, dass er Gott war.«

Du kannst nicht beides haben. Der einzige Weg, wie Jesus ein guter Lehrer sein kann, besteht darin, dass er der Sohn Gottes und der Retter der Welt ist. C. S. Lewis, einer der großen christlichen Apologeten, ist für den Ausspruch berühmt, dass Jesus entweder ein Lügner, ein Verrückter oder der Herr ist.[2] Warum? Weil er behauptete, Gott zu sein. Er behauptete, auf die Erde gekommen zu sein, um die Menschheit von ihren Sünden zu erretten. Einfach nur »gute« Menschen reden nicht so. Lediglich Verrückte oder teuflische Lügner sagen so etwas – es sei denn, du bist wirklich Gott.

Lass es mich so sagen. Wenn jemand auf dich zukommt und dir sagt, dass er der inkarnierte Zeus ist und du dich vor ihm verbeugen sollst, wie würdest du reagieren? Zunächst einmal würdest du annehmen, dass er verrückt ist. Du würdest dich langsam von ihm entfernen, ohne ihn dabei aus den Augen zu lassen. Und du würdest es vermeiden, ihm jemals wieder zu begegnen. Wenn du aber aus irgendeinem Grund entscheidest, dass der Typ doch nicht verrückt ist, ist die Alternative noch schlimmer. Denn dann muss er die Leute absichtlich in die Irre führen. Er ist ein Lügner. Ein Betrüger. Ein Sektenführer, der versucht, die Menschen zu seinem Vorteil auszunutzen. Also ist der Kerl entweder ein Irrer oder ein Lügner, aber man kann ihn beim besten Willen nicht als gut bezeichnen.

Dasselbe gilt für Jesus. Wenn du nicht glaubst, dass er verrückt war, und wenn du nicht glaubst, dass er die Leute getäuscht hat, dann gibt es nur noch eine Möglichkeit. Er ist der Herr. Er ist Gott. Er ist der Messias und Retter, der er zu sein behauptete.

Viele Menschen wollen, dass Jesus Teil ihres Lebens ist, aber sie wollen nicht, dass er auch Herr ihres Lebens ist. So funktioniert das nicht. Jesus ist kein Jubelruf bei einer Preisverleihung. Er ist kein Glücksbringer. Er ist kein Schmuckstück. Wie schon so oft gesagt wurde – Jesus ist entweder Herr über alles oder er ist gar nicht Herr.

---

2 C. S. Lewis, *Pardon, ich bin Christ*, Basel: Brunnen Verlag, 2006, 18. Auflage, S. 56.

Die falsche Frage

Die Art der Anrede war nicht das Einzige, womit der reiche junge Herrscher daneben lag. Sieh dir seine Frage an: »Was soll ich tun, um das ewige Leben zu bekommen?« Die Frage ist nicht schlimm – aber es ist die völlig falsche Frage.

Das Gleiche höre ich in unserer Kultur und Gesellschaft ständig. Die Menschen sind auf die Vorstellung fixiert, was sie zu *tun* haben. »Wie schaffe ich es in den Himmel? Wie finde ich Frieden? Bin ich gut genug? Habe ich genug getan? Welche Schritte muss ich unternehmen, um gut zu sein, gut zu leben, Gott zu gefallen, erfüllt zu sein?«

Dies gilt insbesondere für Menschen, die erfolgreich sind. Oft führen sie ihren Erfolg auf sich selbst zurück. Sie sind es gewohnt, hart zu arbeiten und den Job zu erledigen. Sie gehen davon aus, dass das ewige Leben auf die gleiche Weise erreicht wird. »Hey, Jesus, ich habe ein Problem. Sag mir, was ich tun muss, um es zu lösen.«

Als der junge Herrscher fragte, was er tun solle, um das ewige Leben zu bekommen, antwortete Jesus mit der traditionellen rabbinischen Checkliste: »›Du sollst nicht töten. Du sollst nicht die Ehe brechen. Du sollst nicht stehlen. Du sollst keine Falschaussage machen. Du sollst nicht betrügen. Ehre deinen Vater und deine Mutter.‹« (V. 19). Es war genau das, was der Mann von einem »guten Lehrer« erwartete.

Diese Dinge waren Teil des Gesetzes Gottes, das die höchste Autorität für die Hebräer der damaligen Zeit war. Gott hatte sein Gesetz – seine Regeln, seine Forderungen, seine Erwartungen – schon vor Tausenden von Jahren Mose gegeben. *Gesetz* war daher eher ein religiöser denn ein juristischer Begriff. Es war ein Synonym dafür, die Ansprüche Gottes an Heiligkeit zu erfüllen. Zu

Jesu Zeiten bezeichnete sich Israel als ein Volk, dessen Individuen sich auf der Grundlage des Gesetzes beurteilten.

Der junge Mann muss selbstgefällig gelächelt und gedacht haben: *Großartig! Kenn ich schon, hab ich alles gemacht. Diese Liste befolge ich schon von klein auf. Alles bestens bei mir. Das war mir zwar schon klar, aber gut, es nochmal zu hören. Nur um sicher zu sein.* Beachte, was Religion bewirkt. Religion macht dich stolz auf dich selbst und deine Anstrengungen. Das Evangelium macht dich stolz auf Jesus. Der Mann war bereit, wieder aufzubrechen. »Danke, Jesus. Du bist so ein guter Lehrer. Ich geh dann mal wieder.«

Aber Jesus war noch nicht fertig. »Oh, bevor du gehst, nur noch eines. Verkaufe alle deine Sachen und verschenke das Geld. Dann komm und folge mir.«

Dann kommen einige der traurigsten Worte der Bibel: »Als er das hörte, verdüsterte sich das Gesicht des Mannes, und er ging traurig fort, denn er war sehr reich« (V. 22).

Moment mal, was ist hier gerade passiert? Warum drängte Jesus den Mann, immer noch mehr zu tun, bis der schließlich einfach aufgab?

Es ist sehr wichtig, dass wir verstehen, was in diesem Szenario vor sich ging. Der Punkt war nicht, dass Geld böse ist. Geld war nur der Tropfen, der das Fass zum Überlaufen brachte. Es war der Punkt, an dem die Situation kippte.

In dieser Geschichte geht es vielmehr darum, dass der Mann dachte, Jesus sei einfach nur da, um ihm beim Gutsein zu helfen. Er reduzierte Jesu Botschaft auf ein Selbsthilfeprogramm. Was für eine Untertreibung! Jesus kam nicht auf die Erde, um guten Menschen zu helfen, noch besser zu werden. Er kam, um geistlich tote Menschen wieder zum Leben zu erwecken. Keiner von uns ist gut – nur Gott ist gut. Das hat Jesus gesagt. Wenn der junge Mann wirklich gewusst hätte, wer Jesus war, wäre er auf die Knie gefallen und hätte geschrien: »Herr, rette mich!« Aber er bat um Regeln, Gesetze, Checklisten. Er bat um Medizin statt um ein Wunder.

Jesus wusste genau, was im Herzen dieses Mannes vor sich ging. Also gab er ihm das Gesetz. Und mehr Gesetz. Und noch mehr Gesetz. Bis der arme Kerl schließlich aufgab.

Genau das macht übrigens das Gesetz. Es hört nie auf, Forderungen zu stellen. Es ist eine Last, die wir nicht tragen können. Es ist eine ständige Erinnerung daran, dass wir nicht gut genug, heilig genug, diszipliniert genug, perfekt genug sind. Mit *Gesetz* meine ich nicht nur die Zeremonien, Rituale und Regeln im dritten Buch Mose – ich spreche auch von den moralischen Verpflichtungen und Anforderungen an die Gerechtigkeit, die unausgesprochen mit dem Menschsein verbunden sind. Vielleicht stimmen wir nicht alle überein, was genau das beinhaltet, aber bei einem Großteil sind wir uns einig. Nicht lügen, nicht stehlen, nicht morden, nicht gierig sein, Menschen lieben, großzügig sein, geduldig sein, vergeben, dienen, hart arbeiten … die Liste ist so lang, wie sie es schon immer war. Und ebenso unmöglich zu halten.

In meinem Alter fange ich an, eine Hassliebe zu meinem Spiegel und meiner Waage zu entwickeln. Warum? Weil sie mir die Wahrheit sagen. In meinen Augen bin ich eine Mischung aus David Beckham und Brad Pitt. Aber dann schaue ich in den Spiegel und sehe Falten, von denen ich nicht dachte, dass ich sie hätte. Ich werfe einen Blick auf die Waage und stelle fest, dass ich vermutlich öfter das Fitnessstudio aufsuchen sollte.

Das Gesetz ist ein moralischer Spiegel, eine geistliche Waage. Es sagt uns die Wahrheit. Wenn wir Gottes Gebote betrachten, erkennen wir, dass wir nicht so makellos sind, wie wir vielleicht dachten. Wir sehen Gottes Vollkommenheit – und das verdeutlicht unsere Unvollkommenheit.

Der wichtigste Teil ist jedoch, dass das Gesetz nicht gegeben wurde, um uns zur Verzweiflung, Verurteilung oder zu eigenen Werken zu treiben. Es war nicht dazu gedacht, uns traurig davonlaufen zu lassen, wie dieser junge Mann es tat. Das Gesetz soll uns zu Jesus führen. Aber solange wir uns nicht eingestehen, dass wir allein nicht gut genug sein können, werden wir von Jesus nicht mehr erwarten als ein Schulterklopfen und hilfreiche Lebenstipps.

Wenn wir uns Jesus einfach nur als einem Lehrer nähern, wird er uns das Gesetz geben. Aber wenn wir uns ihm als unserem Retter nähern, wird er uns Gnade schenken. Der reiche junge Herrscher hätte sagen sollen: »Jesus, ich glaube nicht, dass ich das tun kann. Ich bin wohl nicht so selbstlos und diszipliniert, wie ich dachte. Ich brauche Gnade. Ich brauche Vergebung. Ich brauche dich.«

Das Gesetz ist voller Forderungen, aber die Gnade ist voll von Versorgung. Deshalb sagte Jesus: »... Ich bin nicht gekommen, um das Gesetz oder die Schriften der Propheten abzuschaffen. Im Gegenteil, ich bin gekommen, um sie zu erfüllen« (Mt 5,17). Warum sollte Jesus das Gesetz erfüllen? Weil wir es – selbst an unseren besten Tagen – nicht könnten.

Das Gesetz ist voller Forderungen, aber die Gnade ist voll von Versorgung.

Die große Tragik unserer Generation ist nicht, dass die Menschen nicht an Jesus denken. Sie liegt darin, dass sie ihn nicht hoch genug achten. Ich bin überzeugt, dass es unmöglich ist, Jesus zu überschätzen. Aber die meisten von uns, mich eingeschlossen, haben sich schuldig gemacht, ihn zu unterschätzen.

Wenn wir Jesus unterschätzen, hat das normalerweise nichts damit zu tun, ob wir glauben, dass er uns heilen oder versorgen kann. Wir unterschätzen nicht seine Macht. Wir unterschätzen seine Gnade. Wir denken – genau wie der reiche junge Herrscher –, dass er kam, um uns besser zu machen. Jesus ist keine Selbsthilfe-Botschaft. Jesus ist eine »Er hat das ganze Werk vollbracht, weil du es nicht konntest«-Botschaft.

War dieser junge Mann der Gier schuldig? Natürlich war er das. Jesus sprach später im Kapitel noch darüber. Aber seien wir ehrlich. Ich auch. Du auch. Glücklicherweise sind unsere Schwächen nicht in der Bibel verzeichnet, aber wir alle haben sie. Ist die Lösung, nach Hause zu gehen, unsere Bankkonten zu räumen und alles für wohltätige Zwecke zu spenden? Macht uns das geeignet, Jesus nachzufolgen? Nein! Es wird immer noch einen weiteren Bereich geben, der verbessert werden muss, eine weitere gute Tat, die vollbracht werden muss.

Gier war nicht der größte Fehler des jungen Mannes. Sein größter Fehler war, Jesus zu unterschätzen. Er reduzierte Jesus auf seinen kleinen Horizont, sein beschränktes Denksystem, seine niedliche kleine Checkliste. Wie oft machen das auch du und ich? Wie oft denken wir, dass Jesus nicht ausreicht? Wie oft unterschätzen wir seine Gnade? Seine Weisheit? Seine Kraft? Wie oft reduzieren wir diese Botschaft, diese gute Nachricht, auf ein Selbsthilfeprogramm? Auf eine Lektion über Moral? Jesus kam nicht für eine Verhaltensänderung. Er kam für eine Herzensveränderung.

Er ist größer als das

Meine Mutter erzählte mir öfter von einem Missionar aus der Glaubensrichtung, in der sie aufwuchs, einem Mann namens Charles Greenaway. In den 1950er Jahren brachte Charles das Evangelium in einige der entlegensten Gebiete des afrikanischen Kongo. Viele der Stammesangehörigen waren, wenn überhaupt, nur spärlich bekleidet. (Denke an eine *National-Geographic*-Doku.) Charles setzte sein Leben dafür ein, diesen Stämmen Jesus zu verkündigen, und er hatte erstaunliche Erfolge.

Einmal waren einige Pastorenfreunde aus Amerika zu Besuch. Als der Sonntag kam, besuchten Männer aus dem Dorf den Gottesdienst in ihrer typischen Sonntagskleidung – die untenrum aus nichts oder aus nicht genug bestand, um das Nötigste zu bedenken, zumindest aus Sicht der Besucher.

Die Gäste waren entsetzt. In gerechter Entrüstung wandten sie sich nach dem Gottesdienst an Charles. »Charles, das ist nicht richtig. Das ist peinlich. Wie kannst du diese Männer so Gottesdienst feiern lassen? Warum zwingst du sie nicht dazu, Hosen anzuziehen?«

Charles' Antwort war ebenso simpel wie tiefgründig: »Weil ich nicht will, dass Jesus auf eine Hose reduziert wird.«

Ich weiß nicht, ob die Besucher sein Argument kapierten, aber diese Geschichte ist mir seit Jahren im Gedächtnis. Jesus kam nicht, damit die Leute Hosen tragen. Ach nee! Natürlich nicht. Wie lächerlich wäre es, das Evangelium auf einen Kleidungswechsel zu verkürzen?

Und doch tun wir genau das, wenn wir glauben oder predigen, dass die Botschaft Jesu in erster Linie eine Botschaft der Verhaltensänderung ist. Wenn wir denken, dass wir uns für Gott annehmbarer machen können, indem wir unser Verhalten ändern, reduzieren wir seine Botschaft auf ein Paar Hosen. Wenn wir mit unseren verstohlenen Blicken und passiv-aggressiven Bemerkungen andeuten, dass die Menschen nur ein paar Dinge »beheben« müssten, um wahre Nachfolger Jesu zu sein, reduzieren wir seine Botschaft auf ein Paar Hosen.

Jesus ist so viel bedeutender als das! Tim Keller, Gründer der Redeemer Presbyterian Church in New York City, drückte es so aus: »Wenn es einen Gott gibt, schuldest du ihm weit mehr als ein moralisch anständiges Leben.«[3] Jesus kam nicht, um uns gute Lehre, gute Grundsätze oder gute Sitten zu vermitteln. Er kam, um unser Herr und Retter zu sein, und er kam, um uns Leben zu geben.

Wir können Jesus nicht erlangen; wir können Jesus nur empfangen.

Ja, unser Verhalten wird sich ändern, wenn wir Jesus nachfolgen. Aber das wird nie das Ergebnis von Selbstbemühungen oder Selbstverdammung sein. Es wird das Resultat seiner Gnade, Liebe und Kraft sein. Während wir im vollbrachten Werk unseres Erlösers ruhen, werden wir geborgen sein und von Tag zu Tag immer mehr in sein Bild verwandelt werden. Es ist unvermeidlich. Es ist herrlich. Und es ist sein Werk, nicht unseres.

Es gibt kein Drei-Schritte-Verfahren, um in den Himmel zu kommen. Es gibt keine Formel, keine Checkliste, keine Bedienungsanleitung. Es gibt nur eine Person: Jesus. Wir können Jesus nicht erlangen; wir können Jesus nur empfangen. Er ist keine Er-

3 Tim Keller, *Encounters with Jesus: Unexpected Answers to Life's Biggest Questions* (New York: Penguin Books, 2013), S. 37.

gänzung; er ist der Retter. Er ist die Antwort. Er ist die Tür zu Gott. Er ist die einzige Anlaufstelle für alle unsere Fragen und Anliegen.

Hast du Probleme? *Jesus.*

Hast du Abhängigkeiten? *Jesus.*

Hast du Fehler gemacht? *Jesus.*

Bereust du etwas? *Jesus.*

Hast du Fragen? *Jesus.*

Hast du Ängste? *Jesus.*

Jesus ist größer als unsere guten Taten oder unsere schlechten Taten. Er kam, als wir uns selbst nicht liebten. Er kam, als wir ihn verfluchten. Er ist mehr, als wir uns je erträumt haben. Er ist größer und besser, als wir jemals dachten. Wir können ihn nicht überschätzen. Wir können seine Liebe nicht übersteigern.

Angesichts seiner erstaunlichen Gnade verschwinden unsere Misserfolge im Nichts. Versuchung und Abhängigkeit sind seiner unermesslichen Barmherzigkeit nicht gewachsen. Die Schuld ist weg. Verdammnis kann uns nicht dazu bringen, den Kopf hängen zu lassen. Die Scham wurde durch das stille Vertrauen in die Liebe Jesu ersetzt.

Ich möchte als ein Mann bekannt sein, der ständig versucht, Jesus zu überschätzen. Ich möchte, dass mein Leben Hoffnung in der Botschaft Jesu und seiner skandalösen Gnade findet. Ich möchte, dass meine Identität in ihm zu finden ist, nicht in meinen Checklisten oder Leistungen.

Was ist mit dir? Bist du schuldig, Jesus klein gemacht zu haben? Gibt es Bereiche in deinem Leben, in denen du ihn unterschätzt? Vielleicht ist es an der Zeit, alte Träume von Staub zu befreien, wieder Hoffnung zu wagen. Gott ist für dich. Gott hat einen Plan für dich. Gott ist dein Retter und Erlöser.

Egal, womit du konfrontiert bist, baue auf Jesus. Wecke deine Hoffnungen, erhöhe deine Meinungen und kalibriere deine Erwartungen neu. Du kannst ihn nicht überschätzen. Du kannst ihn nicht zu hoch achten. Du kannst nicht zu viel von ihm erwarten. Jesus ist mehr als genug! Warum nimmst du nicht eine Haltung ein, die sagt: »Ich werde versuchen, Jesus zu überschätzen«? Jesus ist der, der er behauptete zu sein – und wer er ist, wird mehr als genug für jedes deiner Bedürfnisse sein.

KAPITEL 3

GEWICHTSVERLAGERUNG

Trainieren war noch nie meine Stärke. Ich liebe die *Vorstellung* von körperlichem Training, nur nicht dessen Ausführung. Vielleicht kannst du das nachvollziehen. Oder vielleicht bist du einer dieser verrückten Menschen, die Schmerzen, Schweiß und selbstauferlegte Folter genießen. (Wenn ja, mache ich mir Sorgen um dich. Das ist nicht normal. Und es lässt den Rest von uns schlecht aussehen.)

Ich erinnere mich, wie ich mal ins Fitnessstudio ging, als ich ungefähr zwanzig Jahre alt war. Ich kümmerte mich um meinen eigenen Kram, machte Bizeps-Curls oder etwas in der Art. Wie aus dem Nichts kam plötzlich dieser Typ daher. Er war ein Muskelmann – du kennst wahrscheinlich diesen Typ. Er hatte Muskeln an den seltsamsten Körperstellen. »Hey!« sagte er, ein wenig zu aggressiv. »Du machst das ganz falsch!«

Ich dachte: *Niemand hat dich gefragt.* Aber das hätte ich diesem Kerl niemals laut gesagt.

Dann fragte er: »Wie alt bist du? Vierzehn? Fünfzehn?«

»Ehm, siebzehn«, log ich unverhohlen.

Er knurrte: »Wir werden dieses Training zusammen machen.« Er saß auf der Bank hinter mir und legte seine Arme von hinten um mich. Dann fing er an, meine Arme nach oben und unten zu bewegen, bis ich die richtige Form erreicht hatte. Die ganze Zeit über dachte ich: *Das passiert gerade nicht. Rich, versuch einfach, an einen schöneren Ort zu denken.*

Als wir fertig waren, sagte er: »Ich werde diese Woche jeden Tag hier sein. Lass uns das nochmal machen.«

Ich dachte: *Danke für die Warnung. Ich werde nie wieder hierher kommen.*

Rückblickend glaube ich nicht, dass ich mich jemals von diesem Tag erholt habe. Diese ganze Fitnessstudio-Routine ist einfach zu viel für mich.

Es gibt Leute im Fitnessstudio – ich erfinde das nicht, ich hab's gesehen –, die gerne *zum Spaß* laufen. Ich kann mir nicht vorstellen, wie sich das anfühlen muss. Meine Vision von der Hölle wäre eine unendliche Reihe von Laufbändern, auf denen Menschen für alle Ewigkeit laufen. Wenn ich laufe, mache ich normalerweise irgendwann dieses seltsame Atemgeräusch, und ich rede mir ein, dass ich Asthma habe. Ich denke, technisch gesehen nennt man das »außer Atem« sein, aber da ich dieses Stadium für gewöhnlich gar nicht erst erreiche, gehe ich sofort davon aus, dass ich sterben werde, wenn es doch passiert.

Ja, ich gehe ins Fitnessstudio, aber nicht, weil ich es will. Ich gehe, weil ich muss. Ich gehe, weil meine Frau mich dazu zwingt. Um ehrlich zu sein, hat das Fitnessstudio mir einige unschätzbare Lektionen erteilt. Meine erste Erfahrung mit Hot-Yoga hat mich gelehrt, nie lange Hosen dabei zu tragen. Mein erstes Mal im Spin-Kurs hat mich daran erinnert, dass man Mädchen niemals unterschätzen sollte. (Ich sehe diese Kursleiterin immer noch in meinen Alpträumen.) Mein erster und einziger Versuch von CrossFit bestätigte, dass ich mit ausgezogenem Hemd albern aussehe. Das sind gute Lektionen fürs Leben.

Aber die wertvollste Wahrheit, die ich gelernt habe, ist diese: Zu schweres Gewicht zu tragen kann einen verletzen. Ich habe damit meine eigene Erfahrung gemacht, und das gleich mehrfach.

Vielleicht fragst du dich jetzt: *Wenn man das Trainieren hasst, warum hebt man dann Gewichte an, die einem zu schwer sind*? Es ist ganz einfach. Ich habe ein großes Ego und kleine Muskeln, und das ist eine gefährliche Kombination. Öfter, als ich gern zugebe, habe ich versucht, zu viel zu heben. Und in den meisten Fällen zerre ich mir einen Muskel oder klemme mir einen Nerv im Nacken ein. Dann laufe ich einen Monat lang wie C-3PO aus *Star Wars* herum. Wenigstens ist es eine Ausrede, das Fitnessstudio eine Zeit lang zu meiden.

Die Folgen von zu viel physischem Gewicht sind leicht zu erkennen: Verletzungen, Schmerzen, Erschöpfung, eingeschränkte Mobilität, Frustration. Auch auf der seelischen Ebene können wir zu viel Gewicht tragen, und die negativen Auswirkungen auf unsere Seele sind viel ernster als ein eingeklemmter Nerv. Wie viele von uns tragen – als Dauerzustand – emotionale, geistliche oder psychische Lasten mit sich herum, die unsere Belastungsgrenzen übersteigen? Welche Auswirkungen hat das auf unsere Emotionen? Unsere Beziehungen? Unsere Gedanken, Reaktionen und Entscheidungen?

Jesus sagte zu den Leuten, die gekommen waren, um ihn reden zu hören: »Kommt alle her zu mir, die ihr müde seid und schwere Lasten tragt, ich will euch Ruhe schenken. Nehmt mein Joch auf euch. Ich will euch lehren, denn ich bin demütig und freundlich, und eure Seele wird bei mir zur Ruhe kommen. Denn mein Joch passt euch genau, und die Last, die ich euch auflege, ist leicht.« (Mt 11,28–30). Mit anderen Worten, Gott will das Gewicht tragen, das für uns zu schwer ist, und das tut er durch Jesus.

In meinem vorigen Buch *Sandburgenkönige* habe ich über die Schwere des Gesetzes gesprochen: die Regeln und Maßstäbe, von denen wir als Menschen fälschlicherweise denken, dass wir sie einhalten sollten. Ich habe beschrieben, wie Jesus kam, um diese Last zu tragen und uns Ruhe zu geben. Er hat vollbracht, was wir nie alleine erreichen könnten, und jetzt ruft er uns auf, in ihm Ruhe zu finden.

Viele Menschen lernen Jesus nie als Freund der Sünder kennen und leben deshalb mit einem – bildlich gesprochen – steifen Nacken. Es gab sicherlich Zeiten auf meiner Reise mit Jesus, in denen ich so empfunden habe, und vielleicht hast du das auch. Es kann passieren, dass wir völlig erschöpft sind, Schmerzen haben und eingeschränkt sind – nicht weil Gott zu viel von uns verlangt, sondern weil wir darauf bestehen, zu viel zu tragen. Anstatt Jesus durch seine Gnade unsere Gewichte tragen zu lassen, sind wir oft überzeugt, dass wir es selbst tun müssen.

Gott weiß alles über unsere übergroßen Egos und unsere kaum nennenswerte Kraft. Er ist sehr viel verständnisvoller und weitaus weniger verurteilend, als die meisten Menschen es ihm zutrauen. König David sagte es so: »Der Herr ist wie ein Vater für seine Kinder, zärtlich und mitfühlend denjenigen gegenüber, die ihn fürchten. Denn er weiß, wie schwach wir sind; er denkt daran, dass wir nur Staub sind« (Ps 103,13–14 NLT).

Jesus ist der Freund der Sünder. Das bedeutet, dass er eine dauerhafte Beziehung zu uns hat; ihm liegt immer unser Wohlergehen am Herzen.

Oftmals, wie es scheint, sind wir damit einverstanden, dass Jesus uns rettet, aber wir denken, dass wir uns ohne ihn am Leben erhalten und versorgen müssen. »Danke, dass du mich gerettet hast, Jesus! Den Rest habe ich jetzt im Griff!« Dann werden wir allmählich vom Gewicht erdrückt und wir fragen uns, was wir falsch machen.

Jesus ist nicht nur der Retter – er ist auch der Erhalter. Er ist nicht nur der Anfänger unseres Glaubens – er ist auch der Vollender, der unseren Glauben vervollkommnet und vervollständigt und ihn bis zum Ende durchträgt. Je mehr wir Jesus als Freund der Sünder kennenlernen, desto mehr können wir wirklich Ruhe für unsere Seele finden.

Je mehr wir Jesus als Freund der Sünder kennenlernen, desto mehr können wir wirklich Ruhe für unsere Seele finden.

Frage dich: *Welches unnötige Gewicht trage ich heute? Welche Lasten habe ich mir aufgeladen, die Gott nie für mich vorgesehen hat?*

Gewichte, die wir tragen

Eines der häufigsten Gewichte, die ich Menschen tragen sehe, ist das Gewicht der Leistung von gestern. So viele Leute sind innerlich an die Fehler der Vergangenheit gekettet. Die Botschaft der Gnade ist die, dass deine Geschichte nicht dein Schicksal bestimmt. Deine Misserfolge müssen nicht deine Zukunft bestimmen.

Der Apostel Paulus sagte: »Ich vergesse das Vergangene und schaue auf das, was vor mir liegt. Ich laufe mit aller Kraft …« (Phil 3,13–14 NEÜ). Weißt du, warum er das gesagt hat? Weil er eine dunkle Vergangenheit hatte. Er war buchstäblich ein Christen-Mörder. Im Namen Gottes hat er diejenigen eingesperrt oder abgeschlachtet, die den Lehren Jesu folgten. Stell dir das Maß der Schuld vor, mit der er konfrontiert war. Doch nachdem er Jesus begegnet war, ließ er die Scham und Verdammnis los. Nichts, was hinter ihm lag, würde bei dem, was vor ihm lag, hilfreich sein. Um in die Zukunft zu treten, musste er die Vergangenheit vergessen. Das Gleiche gilt für dich und mich.

Paulus musste auch seine Erfolge loslassen. Er war ein Pharisäer, und zwar ein sehr erfolgreicher. Er listete einige seiner Leistungen und Qualifikationen ein paar Verse zuvor in dem Abschnitt auf, den ich gerade zitiert habe. Und dann sagte er das:

> *Früher hielt ich all diese Dinge für außerordentlich wichtig, aber jetzt betrachte ich sie als wertlos angesichts dessen, was Christus getan hat. Ja, alles andere erscheint mir wertlos, verglichen mit dem unschätzbaren Gewinn, Jesus Christus, meinen Herrn, zu kennen. Ich habe alles andere verloren und betrachte es als Dreck, damit ich Christus habe und mit ihm eins werde. Ich verlasse mich nicht mehr auf mich selbst oder auf meine Fähigkeit, Gottes Gesetz zu befolgen, sondern ich vertraue auf Christus, der mich rettet. Denn nur durch den Glauben werden wir vor Gott gerecht gesprochen.*
> *– Philipper 3,7–9*

Erfolg in der Vergangenheit kann genauso lähmend sein wie Misserfolg in der Vergangenheit, denn am Ende könnten wir uns an ein künstliches Erfolgsmaß halten. Wir definieren uns selbst durch das, was wir erreicht haben, und tragen dann die Last, dieses Bild aufrechtzuerhalten.

Ob deine Vergangenheit Gutes, Schlechtes oder eine Mischung aus beidem enthält, Jesus will deiner Seele Ruhe schenken. Lerne, dich auf ihn zu verlassen und deinen Wert in ihm zu finden, wenn die Lasten des Lebens zu schwer werden.

Vielleicht ist es nicht die Vergangenheit, die dich verfolgt, sondern die Gegenwart. Vielleicht belasten verschiedene Arten von Druck heute deine Seele.

Es gibt den Druck, *gut genug zu sein*. Viele von uns leben mit der geheimen Angst, dass Menschen uns ablehnen werden, wenn sie herausfinden, wer wir wirklich sind. Also verstecken wir uns hinter einer Fassade der Perfektion – und das ist anstrengend.

Es gibt den Druck, *alles zu schaffen*. Wir leben in einer schnelllebigen Welt, in der alles dringend ist, alles wichtig ist. Stress ist normal. Adrenalin ist eine Lebensweise. Um mit allem fertig zu werden, trinken wir mehrmals am Tag überteuerte Energydrinks, als ob es hilfreich wäre, ein bereits überreiztes Gehirn mit Koffein vollzupumpen.

Es gibt den Druck, *sich die Annahme Gottes zu verdienen*. Das sollte kein Druck sein, denn seine Liebe ist bedingungslos. Aber oft vergessen wir das und denken, dass wir einen nahezu perfekten Zustand erreichen müssen, bevor wir erwarten dürfen, dass Gott unsere Gebete erhört oder unser Leben segnet.

Wenn du dich unter dem Stress von heute krümmst und darunter zerbrichst, gibt es am Anfang der Bibel eine Geschichte, die dir helfen könnte. Es ist die Schöpfungsgeschichte im ersten Buch Mose. Eine Sache, die mir immer aufgefallen ist, ist das, was Gott nach jeder Phase der Schöpfung gesagt hat. Er sah sich sein Werk an und sagte einfach: »Es ist gut.« Und dann machte er weiter.

Hast du jemals darüber nachgedacht, wie viel mehr Gott hätte erschaffen können? Er hätte zwei Erden statt einer machen können. Er hätte einen Schmetterling erschaffen können, der dich jeden Morgen aufweckt und deinen Namen singt. Er hätte echte Einhörner machen können, anstatt sie einfach nur etwas sein zu lassen, wovon Teenie-Mädchen träumen. Er hätte dich mit einer »Rückgängig«-Funktion erschaffen können, mit der du dumme Bemerkungen zurücknehmen könntest, nachdem sie deinen Mund verlassen haben.

Manchmal muss man einfach sagen: »Es ist erledigt. Es ist gut. Ich bin fertig.« Du könntest immer noch mehr tun. Da kommt der Druck her, oder? Doch Gott will dir am Ende des Tages ins Ohr flüstern: »Gute Arbeit. Ich bin stolz auf dich. Du hast dein Bestes gegeben, und es war großartig. Jetzt lass mich tun, was du nie tun könntest.« Und während du isst oder schläfst oder Netflix schaust, vollbringt Gott für dich das Unmögliche.

Vielleicht belastet dich nicht die Vergangenheit oder Gegenwart, sondern die Sorge wegen morgen. Was ist, wenn die Wirtschaft zusammenbricht? Was ist, wenn mein Chef wütend wird? Was ist, wenn die Bank die Zwangsvollstreckung einleitet? Was ist, wenn meine Ehe scheitert? Was ist, wenn meine Kinder erwachsen werden und mich hassen? Was, wenn ich nicht gut genug, klug genug, reich genug, schnell genug, stark genug bin?

Wenn du mal innehältst und darüber nachdenkst, passiert das meiste, worüber wir uns Sorgen machen, nie. Sorge ist eine Verschwendung von Zeit, Energie und geistiger Gesundheit, denn keiner von uns kennt die Zukunft. Nur Gott kann über genau diesen Augenblick hinaus sehen. Anstatt also damit beschäftigt und darüber besorgt zu sein, was möglicherweise, vielleicht, eventuell, unter Umständen passieren könnte, müssen wir lernen, in dem Gott zu ruhen, der die Zukunft nicht nur *kennt*, sondern über die Zukunft auch *herrscht*.

Jesus selbst hat uns geboten, uns keine Sorgen zu machen. »Wer von euch kann dadurch, dass er sich Sorgen macht, sein Leben auch nur um eine einzige Stunde verlängern?« (Mt 6,27 NGÜ). Sorge zeigt, dass wir mehr auf unsere eigenen Pläne und Projekte vertrauen als auf Jesus. Sie bedeutet, dass wir Gewicht tragen, für das wir nicht geschaffen wurden, Gewicht, das uns letztendlich schaden wird. Sorge kann uns nicht helfen – sie kann uns nur schaden. Das einzige, was Sich-Sorgen verändert, ist unser Blutdruck.

Kommt zu mir

Beachte den ersten Satz in Jesu Einladung, Ruhe zu erfahren, aus Matthäus 11: »*Kommt zu mir*«. Das Wort *kommt* ist eine Aufforderung, was bedeutet, dass wir reagieren müssen. Jesus, der Freund der Sünder, kam, um uns allen zu helfen, aber wir müssen zu ihm kommen. Niemand von uns verdient seinen Beistand, trotzdem haben wir alle Zugang zu seiner Gnade. Jesus spricht eine Einladung aus, doch wir müssen sie annehmen.

Manchmal kommen wir nicht zu ihm, weil wir denken, dass wir ihn nerven, oder weil wir denken, dass unser Bedürfnis nicht so groß ist, dass es ihm wichtig wäre. Wir müssen das Evangelium richtig verstehen. Wir können es nämlich nie alleine schaffen, und das müssen wir auch nicht. Das ist das Schöne an Jesus, dem Freund der Sünder. Er kam, um eine Schuld zu vergeben, die wir nie selbst loswerden konnten. Er kam, um einen Preis zu zahlen, den wir uns nie leisten konnten. Er kam, um das zu tragen, was wir nie alleine schultern konnten. Egal, mit welchem Gewicht du dich abmühst, Jesus kann es dir abnehmen.

DawnCheré und ich leben im Stadtzentrum Miamis. Es scheint, als würde jeden Tag ein neues Gebäude in der Nähe entstehen. Unsere Wohnung ist von Baustellen mit in den Himmel ragenden Kränen umgeben. Der Zweck eines Krans ist einfach: das Heben schwerer Gegenstände. Damit das möglich ist, braucht der Kran ein Gegengewicht, das mehr wiegt als das, was angehoben wird.

Das ist einfache Physik, aber in dem Zusammenhang gibt es eine Lektion für uns: Jesus ist das Gegengewicht zu jeder Sünde, jeder Schwäche und jedem Versagen.

Was Jesus am Kreuz vollbracht hat, wiegt mehr als deine Sünde und deine Scham. Er kam auf die Erde, damit wir in den Himmel aufsteigen könnten. Jesus kann jedes Gewicht heben, weil er größer ist, mächtiger ist und großartiger ist als alles, womit du je konfrontiert sein könntest. Er stemmt seit Jahrtausenden die Lasten der Menschheit.

Erinnerst du dich, wie Israel zwischen der ägyptischen Armee und dem Roten Meer in der Falle saß? Mose war hilflos. Die Menschen waren verzweifelt. Dann teilte Gott das Wasser, und Israel spazierte in die Sicherheit. Oder was war mit Josua in der Schlacht von Jericho? Ich bin sicher, dass er und seine Männer im Vorfeld eine Strategie entwarfen und alles genau zu planen versuchten. Aber sie schafften es nicht. Dann sagte Gott: »Ich habe eine Strategie: Marschiert einfach und seht zu, und ich kümmere mich um die Mauern.« Gottes Kraft übertraf Mauern und Armeen bei weitem. Dann war da noch Gideon. Er und dreihundert einheimische Soldaten standen einer Armee gegenüber, deren Soldaten zahlreicher waren als Sandkörner am Meer. So viel zu unmöglichen Chancen. Doch in nur wenigen Augenblicken brachte Gott den Sieg.

Welches Gewicht, welche Last, welche Verantwortung erscheint dir zu groß? Letztendlich ist die Antwort nicht, mehr zu arbeiten, weniger zu schlafen, sich mehr zu bemühen, mehr zu sparen, weniger auszugeben, besser zu planen oder mehr Strategien zu entwerfen. Nichts davon hat die Kraft, dir dein Gewicht zu erleichtern.

Die Antwort ist eine *Person*. Jesus kann dein Gewicht tragen, weil Jesus größer ist als dein Gewicht. Es geht nicht darum, was du tun kannst – es geht darum, was er bereits getan hat.

Nimm mein Joch

Die zweite Anweisung in der Aufforderung Jesu in Matthäus 11 lautet: »Nehmt mein Joch auf euch« (V. 29 NGÜ). Manchmal sind wir gut darin, zu Jesus zu kommen, aber normalerweise sind wir nicht sehr gut darin, sein Joch auf uns zu nehmen. Aber wenn wir nicht lernen, was es bedeutet, sein Joch an- und auf uns zu nehmen, werden wir frustrierte und anstrengende Leben führen.

Die Metapher ist möglicherweise schwer verständlich, weil viele von uns noch nie ein Joch gesehen haben. Joche werden oft eher mit der Landwirtschaft der Dritten Welt in Verbindung gebracht als mit unserem urbanen High-Tech-Lebensstil. Wenn Jesus uns also auffordert, sein Joch auf uns zu nehmen, sind wir uns einig, dass es notwendig und geistlich und ganz toll ist; aber wir wissen nicht wirklich, wovon er spricht.

Wenn einige von uns diesen Vers hören, seufzen sie in innerer Verzweiflung. *Ein Joch? Ist das nicht ein Instrument der Zwangsarbeit? Ich bin bereits überlastet. Wie kann ich das Joch Jesu auf das, was ich bereits trage, noch draufsetzen?* Wenn das unsere Reaktion ist, haben wir die Metapher völlig missverstanden.

Ein Joch ist ein Holzinstrument, das auf zwei Ochsen platziert wird, damit sie ein Feld parallel pflügen können. Das Ziel eines Jochs ist es, durch Zusammenarbeit mehr zu erreichen. Jesus sagt uns, wir sollen nicht länger alleine arbeiten, sondern mit ihm zusammen arbeiten. Sein Joch hält uns mit ihm verbunden. Sein Joch lässt uns mit ihm Schritt halten. Sein Joch hält uns auf dem Weg, auf dem er geht. Sein Joch macht unsere Lasten erträglich und unsere Reise angenehm.

Sein Joch auf uns zu nehmen, bedeutet nicht, noch mehr Gewicht zu ziehen. Es geht darum, ihn unser Gewicht tragen zu lassen. Er wird das tragen, was wir nie tragen könnten. Wenn wir uns an ihn binden – an seine Gnade, seine Kraft, seine Zulänglichkeit –, ändert sich alles. Wir werden Dinge erreichen, die wir nie für möglich gehalten hätten, weil wir ins Joch der übernatürlichen Kraft Jesu gespannt sind.

Aber was oft passiert, ist Folgendes. Wir beten, wir flehen, wir sagen Jesus, warum wir Hilfe brauchen, wir beschweren uns über das Gewicht, das wir tragen, wir bitten um Antworten – und dann stehen wir auf, schultern unsere Last alleine und gehen weg, genau so wie vorher. »Gutes Gespräch, Jesus. Danke fürs Zuhören. Schön, dass ich mir das von der Seele reden konnte. Also dann, zurück zum Alltagstrott. Mann, mein Leben ist so schwer.« Und schon ziehen wir wieder ab und mühen uns mit denselben unmöglichen Lasten ab wie zuvor.

Zum Memorial Day vor ein paar Jahren hatten DawnCheré und ich einige Freunde zu Besuch. Eine Freundin brachte ihren Sohn mit, der eines meiner Lieblingskinder auf der ganzen Welt ist. Sein Name ist Mkai und es war zufällig sein fünfter Geburtstag an diesem Tag. Dieses Kind ist fantastisch. Der Junge ist jetzt schon ein Herzensbrecher. Er ist cool, ruhig und gefasst, alles im Alter von fünf Jahren.

Einige andere Freunde kamen in einem SUV voll mit Lebensmitteln für die Party an und wir alle machten uns daran, das Auto auszuladen. Ich sagte: »Mkai, willst du helfen, die Sachen ins Haus zu tragen, Kumpel?«

»Ja!« Er war ganz wild darauf, zu helfen. Er lief hinüber und schnappte sich gemeinsam mit mir eine große Kiste. Er konnte nicht einmal über sie schauen, aber er war überzeugt, dass er das Ungetüm mit mir hineintragen würde. Er machte sogar die ganze Zeit über grunzende Geräusche.

Das Lustige daran war, dass er überhaupt nicht geholfen hat. Er tat eigentlich nichts weiter, als im Weg zu stehen. Er wackelte, schrie und lachte die ganze Zeit. Er dachte, er würde eine Menge Gewicht tragen, aber die ganze Arbeit habe ich gemacht.

Er war vielleicht keine große Hilfe, aber darum ging es ja auch nicht, oder? Ich bat ihn um Hilfe, weil ich es liebte, ihn dort bei mir zu haben. Seine Anwesenheit brachte mir Freude, und seine Ausgelassenheit und Begeisterung waren das, was mir wichtig war – nicht seine Nützlichkeit als Helfer.

Ich will deine Illusionen nicht zerstören, aber Jesus braucht dich und mich nicht, um den Job zu erledigen. Manchmal nehmen wir uns selbst so ernst, als hinge der Erfolg des Universums von unserer perfekten Leistung ab. Das tut er nicht. Gott hat das im Griff. Er macht das schon lange und er ist wirklich gut darin.

Er *will* aber, dass wir uns beteiligen. Er liebt das. Meistens sind wir mehr als alles andere im Weg, aber das macht ihm nichts aus. Der springende Punkt ist nicht, dass die Arbeit erledigt wird; der Punkt ist die Beziehung. Und ironischerweise ist die Beziehung der Schlüssel, um die Arbeit zu erledigen. Wenn wir von einem Ort der Ruhe und Verbundenheit aus arbeiten, ist unsere Arbeit effektiver, sie ist nachhaltig, sie ist erfüllend.

Jesus ist nicht gegen hartes Arbeiten. Genau deshalb hat er die Metapher eines Jochs gewählt: Sie deutet auf Zweckgerichtetheit und Leistung hin. Aber er will, dass wir mit ihm zusammenarbeiten und nicht für uns alleine. Er möchte, dass wir das Leben an seiner Seite leben, mit ihm verbunden, von ihm lernend und von ihm geführt.

Wir wurden geschaffen, um gemeinsam mit Gott zu leben, und wenn wir das tun, finden wir Ruhe für unsere Seele. Ruhe ist eine innere Vertrauenshaltung, die es uns tatsächlich ermöglicht, mehr im Leben zu erreichen, weil wir mit Jesus Hand in Hand arbeiten. Das ist es, was an Jesu Botschaft der Ruhe so einzigartig ist: Sein

Joch bringt uns Ruhe, während es uns gleichzeitig mehr Lebenszufriedenheit und Produktivität bringt als je zuvor.

Wir wurden geschaffen, um gemeinsam mit Gott zu leben, und wenn wir das tun, finden wir Ruhe für unsere Seele.

Vertrauen ist beängstigend

Es gibt einen kleinen Vers in 1. Petrus, der mich jedes Mal irritiert, wenn ich ihn lese. Du hast ihn wahrscheinlich schon gehört. Es ist 1. Petrus 5,7 (SLT): »Alle eure Sorge werft auf ihn; denn er sorgt für euch.«

Dieser Vers sagt dir nicht nur, dass du deine Sorgen auf Gott werfen sollst. Er sagt dir auch, warum du deine Sorgen auf ihn werfen kannst: »denn er sorgt für euch«. Ich denke, das ist der Schlüssel zum gesamten Prozess. Du würdest niemandem vertrauen, der nicht dein Bestes im Sinn hat. Vertrauen ist beängstigend.

Meine Sorgen auf Gott werfen?, denken wir. Äh, *und was dann? Wer kümmert sich um meine Sorgen, wenn ich mich nicht um sie kümmere? Sicher, Gott kümmert sich ein wenig. Das ist sein Job. Aber kümmert ihn, was mich kümmert? Und kümmert es ihn genauso sehr wie mich?*

Wir haben Schwierigkeiten, Gott zu vertrauen, dass er sich besser um uns kümmert, als wir es selbst können. Schließlich sind die meisten von uns mehr als einmal in unserem Leben von Menschen enttäuscht worden. Wir haben gelernt, uns vor allem um uns selbst zu kümmern. Aber Gott ist nicht wie wir. Er ist nicht wie die Autoritätspersonen, die uns verraten haben. Er ist nicht wie die Freunde, die uns im Stich lassen.

Du kannst Gott vertrauen, weil er sich um dich kümmert. Und wenn er sich um dich kümmert, dann interessiert er sich für das, was dir wichtig ist, noch mehr als du selbst. Ihn interessiert, ob der Bericht des Arztes positiv ausfällt. Ihn interessiert, ob die Rechnungen bezahlt werden. Ihn interessiert, ob du eine Trennung durchgemacht hast. Ihn interessiert, ob deine Ehe in die Brüche geht. Ihn interessiert die Pornosucht. Ihn interessiert der Bankrott. Ihn interessiert der Rechtsstreit. Ihm ist nicht egal, dass du den Job, den du wolltest, nicht bekommen hast. Ihn interessiert der Blechschaden am Auto, die Hypothek, das Mobbing in der Schule. Gott interessiert sich für das alles, weil du ihm wichtig bist.

Bist du überzeugt, dass Gott sich um dich kümmert? Solange du nicht davon überzeugt bist, wirst du nie deine Sorgen auf ihn werfen. Du wirst allein weitermachen, dich kümmern und zu viel tragen.

Gott hat sich von Anfang an um dich gekümmert. Wie hat Gott seine Fürsorge für dich gezeigt? Denke einen Moment darüber nach.

Er kümmerte sich um dich, als er dich im Mutterleib zusammenwebte.

Er kümmerte sich um dich, als er dir einen Zweck und eine Bestimmung gab.

Er kümmerte sich um dich, als er auf die Erde kam, um die Menschheit zu erlösen. Er kümmerte sich um dich, als er sich als Freund der Sünder erwies.

Er kümmerte sich um dich, als er fälschlicherweise beschuldigt, zu Unrecht vor Gericht gestellt und zum Tode verurteilt wurde.

Er kümmerte sich um dich, als er nackt ausgezogen wurde, damit du mit Gerechtigkeit bekleidet werden könntest.

Er kümmerte sich um dich, als sie das schwere Holzkreuz auf seinen Rücken legten und ihn damit den Hügel Golgatha hinaufmarschieren ließen.

Er kümmerte sich um dich, als sie ihn auf den Rücken legten und ihm 15 Zentimeter lange Nägel durch Hände und Füße trieben.

Er kümmerte sich um dich, als er auf das Menschenmeer blickte und sagte: »Vater, vergib ihnen, denn sie wissen nicht, was sie tun.«

Er kümmerte sich um dich, als er deine Sünde trug, die größte und unmöglichste Last, die du überhaupt haben konntest.

Er kümmerte sich um dich, als er am dritten Tag auferstand und der ganzen Menschheit erklärte, dies sei der Tod des Todes.

Er kümmerte sich um dich, als er versprach, bis ans Ende der Zeit bei dir zu sein.

Ich könnte ewig weitermachen, weil seine Fürsorge in Ewigkeit weitergeht. Du wirst kein Ende von ihr finden. Seine Liebe wird ihm nicht ausgehen. Seine Zuneigung kennt kein Ende. Du kannst seine Barmherzigkeit nicht erschöpfen, seine Geduld ausreizen oder seinem Mitgefühl entkommen. Und weil er für dich sorgt, kannst du alle deine Sorgen auf ihn werfen.

Wirf deine Sorgen

Viele von uns haben gehört, dass wir unsere Sorgen auf Gott werfen sollen, aber wir fragen uns manchmal, ob dieser Vers wirklich das bedeutet, was er sagt. Unsere Sorgen auf Gott zu werfen, klingt ein wenig nach Realitätsflucht oder -verweigerung. Es klingt unverantwortlich.

Einige denken sogar, dass Jesus zu helfen geistlicher sei, als ihre Sorgen auf ihn zu werfen. Jesus die Last tragen zu lassen – denken sie –, sei für die Schwachen, die Unreifen, die Verzweifelten. Sich zu sorgen und unter Stress zu setzen gibt ihnen irgendwie das Gefühl, dass sie zumindest einen Teil der Last tragen. Andere vermuten, dass Jesus sich nur um die großen Probleme im Leben kümmere. Und da er das Universum am Laufen halte, seien ihre täglichen Zweifel und kleinen Problemchen nicht seine Zeit wert.

Aber nichts davon ist wahr. Wir müssen das Leben nicht in unserer Stärke meistern! Wir müssen nicht unseren Anteil tragen, Gott helfen, die Ärmel hochkrempeln, keine Miene verziehen und es allein durchziehen. Nein, wir sind berufen und angewiesen, unsere Sorgen auf ihn zu werfen.

»Werfen« erfordert übrigens Anstrengung. Es braucht eine Absicht und Zielgerichtetheit. Manchmal sagen wir Dinge wie: »Lass los und lass Gott«, aber Werfen ist mehr als das. Du kannst nicht versehentlich einen schweren Rucksack auf den Rücken einer anderen Person werfen. Du kannst nicht aus Versehen eine Angelschnur werfen. Zu werfen ist eine Entscheidung, und die musst du treffen. Wirst du deine Sorgen auf Gott werfen? Oder wirst du dich bei ihm beschweren, um seine Hilfe bitten – und dann davongehen, wobei deine Schultern immer noch genauso schwer beladen sind?

Als ich neunundzwanzig wurde, schenkte mir meine Frau das seltsamste Geschenk aller Zeiten. Es war eine Armbanduhr. *Was ist so seltsam an einer Armbanduhr?*, fragst du dich vielleicht. Nun, diese Uhr ist einzigartig. Sie zeigt keine Zeit an. Sie hat keine Zahnräder oder eine Batterie oder Zeiger geschweige denn Ziffern – es ist nur ein Armband mit einem leeren Ziffernblatt. Es ist eine Uhr, die keine Uhr ist.

Ich versuchte, begeistert zu wirken. »Wow, es ist eine Armbandu… ein Armband. Es ist der Hammer! Es ist wunderschön! Tolle Idee. Eine Uhr, die keine Zeit anzeigt. Das wollte ich schon immer, Babe! Danke schön!« Ich bin ein großartiger Schauspieler.

Meine Frau sagte: »Rich, das ist nicht irgendeine Uhr. Das ist eine *Infinity-Piece*-Uhr. Und dahinter steckt eine Bedeutung.«

»Und die lautet wie?«, fragte ich. Aber in Wirklichkeit dachte ich: *Zuerst das Kings-of-Leon-Konzert, jetzt eine Uhr, die keine Zeit anzeigt – kein Wunder, dass Überraschungen nicht mein Ding sind.*

»Also, ich habe dir diese Uhr besorgt, die keine Zeit anzeigt, weil Zeit irrelevant ist, wenn du tust, was du liebst.« Sie fuhr fort. »Rich, was ich an dir liebe, ist, dass du tust, was du liebst, dass du liebst, was du tust und dass du den Moment, in dem du gerade bist, in vollen Zügen lebst.«

»Verflixt, Mädel, du kannst echt alles gut klingen lassen!«, sagte ich. »Wie spät ist es? Zeit, rumzuknutschen?«

Immer wenn ich meine Uhr trage, dann lieben die Leute sie entweder oder sie hassen sie. Ich war mal in New York in einem Restaurant essen und die Kellnerin sah sie. »Ach, du meine Güte, ich liebe diese Uhr!« Dann bemerkte sie, dass sie keine Zeiger oder Ziffern hatte. »Also, wie spät ist es?«

Ich begann mit meiner Rede. »Ich weiß nicht genau, wie spät es ist, und es spielt auch keine Rolle, denn Zeit ist irrelevant, wenn man tut, was man liebt.«

»Das ist so dämlich«, blaffte sie.

Ich war ein wenig verdutzt. Ich dachte: *Vielen Dank, du Spaßbremse. Wer hat dich denn gefragt?* Ich ließ mir jedoch nichts anmerken. Wie gesagt, ich bin ein guter Schauspieler.

Sie war noch nicht fertig damit, ihre ungebetene Meinung zu äußern. »Diese Uhr ist für Leute, die keine wirkliche Verantwortung tragen.«

Ich dachte: *Autsch, das hat ein bisschen wehgetan.*

Und doch ist es das, was viele Menschen auch über 1. Petrus 5,7 denken. »Oh, dieser Vers ist so niedlich. Wirf alle deine Sorgen auf Jesus. Das ist ein schöner Vers, aber er ist für Leute, die keine echten Verantwortlichkeiten haben. Er ist für Leute, die keinen wirklichen Druck und keine Sorgen haben. Er ist für Leute, die keine solche Vergangenheit haben wie ich. Dieser Vers funktioniert für manche Leute, aber nicht für mich, weil ich in der Wirklichkeit lebe.«

Falscher geht's nicht. Wenn du das Gefühl hast, dass du so viel Gewicht trägst, dass du keinen weiteren Schritt schaffst; wenn du das Gefühl hast, dass du dich emotional und mental verletzt hast, weil du zu lange zu viel getragen hast; wenn du das Gefühl hast, dass das Leben eine einzige Überforderung ist und du dich ihm alleine stellst – dann bist du genau die Person, der Petrus geschrieben hat. Dieser Vers gilt dir.

Wenn du dagegen 28 Jahre alt bist, im Keller deiner Eltern schläfst und den ganzen Tag Videospiele spielst, dann brauchst du diesen Vers wahrscheinlich nicht. Deine Mutter sagt: »Schatz, du solltest dir Arbeit suchen.« Und du sagst: »Ich brauche keine Arbeit, Mum – ich werfe meine Sorgen auf Jesus.« Nein, tust du nicht. Du wirfst sie auf deine Mutter. Leg dir einen Job zu, besorg dir ein paar Verantwortlichkeiten, und dann wirst du verstehen, wie wichtig dieser Vers ist.

Dieser Vers ist für die alleinerziehende Mutter, die sich fragt: *Wie werden wir es nur schaffen? Ich kann nicht zwischen Arbeit und Kindern und Schulen und Stundenplänen jonglieren. Ich kann das nicht allein schaffen. Es ist zu viel.*

Er ist für den Teenager, der denkt: *Ja, aber Dad ist gegangen. Er sagte, er würde hier sein, aber er hat uns verlassen. Unsere Familie ist kaputt. Wir sind verletzt. Gott, kannst du das wirklich tragen?*

Er ist für den Studenten, der wach liegt und sich Sorgen um die Zukunft macht. *Gibt es einen Platz für mich in dieser Welt? Werde ich einen Ehepartner finden? Werde ich einen Job finden? Studienkredite, die Wirtschaft, die Umwelt, Terrorismus, Kriege – ich bin völlig überfordert.*

Er ist für die Eltern, die zusammen trauern. *Was ist mit unserem Sohn, der sein Zuhause verlassen hat? Wo ist er? Was macht er? Was haben wir falsch gemacht? Wir können seine Süchte nicht heilen; wir können nicht zu ihm vordringen.*

Dieser Vers ist für dich. Er ist für mich. Er ist für reale Menschen, die in einer realen Welt leben, mit echten Problemen konfrontiert sind und echte Verantwortung tragen. Wirf deine Sorgen auf ihn. Dafür ist er da. Das ist seine Aufgabe.

Verlagere dein Gewicht

Vor einigen Jahren hatten DawnCheré und ich die Möglichkeit, nach England zu gehen, als ich einen Auslandsstudiengang absolvierte. An einem Wochenende ging eine Gruppe von uns im Lake District Bergsteigen. Es war eigentlich eher eine Wanderung, aber Bergsteigen klingt extremer. Wir waren etwa fünfundzwanzig in der Gruppe, Menschen jeden Alters und mit ganz unterschiedlichen Fähigkeiten, dazu noch unser Guide.

Dieser Guide nahm seine Sache sehr ernst. Er war für das Schlimmste vorbereitet, und etwas sagte mir, dass er hoffte, es würde auch eintreten. Von seiner Ausrüstung über seine Kleidung bis hin zu seinem Auftreten war der Mann ein echter Profi.

Wir begannen unseren Aufstieg und er trieb uns hart an. Er schrie ständig: »Wir bleiben zusammen. Wir beenden das zusammen.«

Da war eine junge Frau dabei, die nach der Hälfte des Aufstiegs regelmäßig hinter die Gruppe zurückfiel. Immer wieder verlangsamte unser Guide sein Tempo und lief an ihrer Seite, während er sie ermutigte, nicht aufzugeben. Schließlich erreichte sie aber ihre Belastungsgrenze. Sie war zu erschöpft und entmutigt, um weiterzugehen.

Der Guide ging zu ihr hinüber. »Geht es dir gut?«

»Nein«, sagte sie unter Tränen. »Das ist zu viel für mich. Ich schaffe das nicht.«

Der Guide antwortete: »Ich weiß, dass du das schaffst. Du kannst es bis nach oben schaffen.«

»Nein«, insistierte sie. »Ich schaffe keinen einzigen Schritt mehr.«

»Ich weiß, dass du es bis zum Gipfel schaffen kannst, wir müssen bloß eine Gewichtsverlagerung vornehmen.«

»Wovon redest du?«, sagte sie.

»Gib mir deinen Rucksack.«

Die ermüdete junge Frau sagte: »Aber dann trägst du ja zwei Rucksäcke. Das ist doch zu schwer.«

Der Guide sah sie an und lachte. »Vertrau mir. Das ist nicht mein erstes Mal.« Dann packte er ihren Rucksack und joggte fast an den Anfang der Reihe. Wir alle haben es an diesem Tag bis zum Gipfel geschafft.

Ich habe seine Worte nie vergessen: »Wir müssen bloß eine Gewichtsverlagerung vornehmen.« Ich denke, Jesus, der Guide unseres Lebens, sagt dasselbe zu dir und mir. »Du kannst das schaffen. Du kannst den Kurs beibehalten. Du kannst den Lauf beenden. Nimm einfach eine Gewichtsverlagerung vor.«

Welche Gewichte halten dich zurück? Welche Lasten trägst du, für die du nie bestimmt warst? Es ist an der Zeit, eine Gewichtsverlagerung vorzunehmen. Es ist an der Zeit, deine Sorgen und

Bedenken und Ängste auf den Einzigen zu übertragen, der in der Lage ist, mit ihnen fertigzuwerden.

Wenn du müde bist, wenn du ausgelaugt bist, wenn du kurz davor bist, aufzugeben, komm zu Jesus.

Wenn du müde bist, wenn du ausgelaugt bist, wenn du kurz davor bist, aufzugeben, komm zu Jesus. Nimm sein Joch auf dich. Lerne von ihm. Ruh dich in ihm aus. Wirf deine Sorgen auf ihn. Vertraue auf seine Fähigkeit, dich durchzutragen. Horche auf die zuversichtliche, mitfühlende Stimme deines Erlösers, der dich führt: »Vertrau mir, das ist nicht mein erstes Mal. Ich werde dein Gewicht tragen und dich nach oben bringen. Freund, lass uns eine Gewichtsverlagerung vornehmen.«

KAPITEL 4

»FAST PASS« – UNVERDIENTER ZUTRITT

Damals, in der Mittelstufe, war Vordrängeln eine Kunst. Erinnerst du dich an diese Tage? Wir hassten es, wenn andere Leute sich vordrängelten, aber wir haben es alle selbst getan. Vordrängeln war nur eines dieser Dinge, die die Mittelstufe unvergesslich und leicht traumatisch machten. Erinnerst du dich zum Beispiel an die »Anquatschen-und-Vordrängeln«-Technik? Ein Kumpel würde zu dir an die Schlange treten und ein Gespräch anfangen. Beiläufig würdest du ihn zu dir reinziehen und innerhalb von Sekunden wäre die Verschmelzung vollzogen, wobei die hinter dir nichts mitbekamen und es dir somit auch nicht übelnehmen konnten.

Wenn der Vordrängler kein ganz so enger Freund war, konnte man ihm einen »Rückendrängler« gewähren. Dabei hast du ihn in die Schlange gelassen, aber er musste hinter dich treten. Das machte die Person, die direkt hinter dir stand, oft ein wenig sauer, aber er oder sie konnte nicht viel dagegen tun, weil es zwei gegen einen war.

Und dann gab es natürlich noch den guten alten »Rüpeldrängler«. Jemand sprang einfach vor dich und forderte dich heraus, etwas dagegen zu unternehmen. Diese Technik war normalerweise für Kids in der fortgeschrittenen Pubertät oder auf der Beliebtheitsskala höher stehend reserviert. Sie dafür zur Rede zu stellen führte im Normalfall zu körperlichem oder sozialem Schaden, also nahm man es einfach hin.

Sich vorzudrängeln war in der Mittelstufe eine Lebensart, aber leider sind einige Leute nie aus ihr herausgewachsen. Ich tue mich, ehrlich gesagt, schwer mit solchen Leuten. Ich bin seit vielen Jahren Christ, aber Gott arbeitet immer noch an meiner Geduld, und Vordrängler sind der Beweis dafür, dass er noch viel zu tun hat.

Hat sich jemals ein Erwachsener vor dich gedrängelt? Es ist sechs Uhr morgens und du stehst im Coffeeshop in der Schlange. Du bist vielleicht noch im Halbschlaf und läufst noch auf Sparflamme, aber dann versucht jemand, sich vor dir in die Schlange zu mogeln, und sofort bist du eine Viper: hellwach, giftig, angriffsbereit. »Hey, hey! Was glauben Sie, wo Sie hingehen? Die Schlange beginnt *dort* hinten, Freundchen.«

Ich neige dazu, eine Szene zu machen, wenn sich jemand in der Schlage vor mich drängelt. Meine Frau spürt, wenn es sich anbahnt. Sie sagt dann: »Schatz …«, was eine Warnung sein soll. Normalerweise ignoriere ich sie.

»Nein, das ist nicht richtig«, murmle und schäume ich. »Das kann er nicht tun.«

Dann starre ich den Täter an und sage: »Entschuldigung, Sir. Wir stehen hier schon lange. Sie müssen warten, bis Sie dran sind, wie der Rest von uns.« Wenn das nicht funktioniert, bringe ich die Menge auf meine Seite. Öffentliches Beschämen ist eine fantastische Sache. »Hey, Leute, dieser Mann ist ein Vordrängler. Stimmt's? Kommt schon! Lasst uns ihn steinigen!«

Ich bin dieser Typ. Bete für mich.

Warum stört es uns so sehr, wenn jemand sich vor uns reindrängelt? (Ist dir aufgefallen, wie ich dich einfach in meine Schwäche mit einbezogen habe? Ich fühle mich dadurch irgendwie besser.)

Ich weiß genau, warum es uns stört. Weil es nicht fair ist. Wir haben gewartet, bis wir an der Reihe waren. Wir haben unsere Schuldigkeit getan. Wir haben uns unseren vorderen Platz verdient. Jetzt soll so ein Witzbold angetanzt kommen und so tun, als gehöre er dorthin? Nicht unter unserer Aufsicht.

Wenn wir für einen Moment ehrlich sein können, sieht die Realität doch so aus: Wir wollen, dass die Menschen bekommen, was sie verdienen. Wir können sagen, dass wir es nicht tun, aber tief im Inneren tun wir es oft. »Du hast das getan, also bekommst du das. Du hast das nicht getan, also bekommst du das nicht.«

Wir haben natürlich einen nicht ganz so starken Gerechtigkeitssinn, wenn es um uns selbst geht. Wir sind gerne auf der Empfängerseite der Gnade. Wir lieben es, die Ausnahme von der Regel zu sein. Aber wenn es um andere geht, wollen wir sicherstellen, dass die Gerechtigkeit obsiegt.

Diese Art von Selbstjustiz ist schlimm genug, wenn es um Vordrängler geht. Aber sie ist noch viel schlimmer, wenn sie sich in unsere Theologie und unseren Glauben einschleicht. Warum? Weil Gnade nicht fair ist. Das Evangelium ist nicht fair. Zumindest nicht in der Art und Weise, wie wir Fairness definieren. Sieh dir nur die Geschichte von Zachäus an.

Erste Eindrücke

Ich liebe die Geschichte von Zachäus, weil sie unsere moralischen Annahmen und unsere kleinlichen Vorstellungen von Gerechtigkeit völlig durcheinander bringt. Die Geschichte findet sich in Lukas 19,1–10 (NEÜ).

Jesus kam nach Jericho und zog mitten durch die Stadt. Dort gab es einen reichen Mann namens Zachäus. Er war der oberste Zolleinnehmer und wollte unbedingt sehen, wer Jesus war. Aber es gelang ihm nicht, weil er klein war und die vielen Leute ihm die Sicht versperrten. Da lief er voraus und kletterte auf einen Maulbeerfeigenbaum. Er hoffte, ihn dann sehen zu können, denn Jesus sollte dort vorbeikommen.
Als Jesus an die Stelle kam, blickte er hoch, sah ihn an und rief: »Zachäus, komm schnell herunter, denn ich muss heute dein Gast sein!« Schnell stieg Zachäus vom Baum herunter und nahm Jesus voller Freude bei sich auf.
Die Leute waren empört, als sie das sahen. »Bei einem ausgemachten Sünder ist er eingekehrt!«, murrten sie.
Zachäus aber trat vor den Herrn und sagte: »Herr, die Hälfte meines Vermögens werde ich den Armen geben, und wenn ich von jemand etwas erpresst habe, werde ich es ihm vierfach zurückerstatten.«
Da sagte Jesus zu ihm: »Heute hat dieses Haus Rettung erfahren.« Und dann fügte er hinzu: »Er ist doch auch ein Sohn Abrahams. Der Menschensohn ist ja gekommen, um Verlorene zu suchen und zu retten.«

Wenn du in einer christlichen Gemeinde aufgewachsen bist, wirst du dich vielleicht an das Sonntagsschullied über Zachäus erinnern: »Zachäus war ein kleiner Mann, ein sehr kleiner Mann war er. Er stieg auf einen Maulbeerbaum, denn der Heiland kam daher …« Es hatte eine eingängige Melodie. Aber ich bin mir nicht sicher, ob es den skandalösen Charakter dieser Geschichte vollständig einfängt.

Zachäus war nicht nur ein kleiner Kerl. Das war nicht sein entscheidendes Merkmal. Er war ein wirklich *böser* kleiner Kerl. Er war ein Dieb, ein Gauner, ein Erpresser. Wir hätten wahrscheinlich singen sollen: »Zachäus war eine miese Type, eine miese Type war er.«

Wie Matthäus war auch Zachäus ein Steuereintreiber. Er hatte sein eigenes Volk verraten, um für die römischen Unterdrücker zu arbeiten. Aber Zachäus war nicht der durchschnittliche Steuereintreiber. Lukas schrieb, dass er der »oberste Zolleinnehmer« war (Lk 19,2 NEÜ). Mit anderen Worten, er war der Chef und der Kopf einer Bande von Gangstern. Lukas wies auch darauf hin, dass er extrem reich war. Warum ist das wichtig? Weil Zachäus zu seinem Reichtum gekommen war, indem er seinen Mitjuden Geld abpresste. Wenn ich das also lese, komme ich erst gar nicht auf die Idee, den Kerl zu mögen. Er war kein netter Mensch. Er war kein verdienstvoller Mensch.

Natürlich haben wir das Ende der Geschichte gelesen. Wir wissen, dass Zachäus einen Sinneswandel erfährt. Wir wissen, dass er sich vom korrupten Sheriff von Nottingham in den edlen Robin Hood verwandelt und den Armen Geld gibt.

Aber die Menschen, die die Straßen säumten, wussten nicht, dass das passieren würde. Sie wussten nur, dass dies ein böser Mann war, und wenn einer Jesu Aufmerksamkeit nicht verdiente, dann er.

Entschlossen, Jesus zu sehen

Wenn man versteht, wie weit dieser Mann von einem aufrechten, ehrbaren Bürger entfernt war, wird Vers 3 noch erschütternder. Da steht, Zachäus »wollte unbedingt sehen, wer Jesus war«.

Denk mal einen Moment darüber nach. Er *wollte* Jesus unbedingt sehen. Etwas in ihm sehnte sich danach, Gott zu kennen,

Frieden für seine Seele zu finden. Nach außen hin war er wahrscheinlich abgestumpft, verhärtet und kalt. Er hatte alles, was man für Geld kaufen konnte. Er hatte den Höhepunkt seiner Karriere erreicht. Aber im Inneren war er leer.

Dann hörte er von Jesus, von seinen Wundern und Lehren, und sein Herz hüpfte. *Vielleicht hat dieser Mann Antworten. Vielleicht kann mir dieser Mann Frieden bringen.* Also beschloss er, sich ihn anzusehen. Er selbst wollte Jesus sehen. An dem Punkt kamen seine Größenprobleme ins Spiel, weil er deswegen nicht über die Menge drüber sehen konnte.

Ich frage mich, wie viele Menschen um uns herum sich heimlich danach sehnen, Jesus zu sehen. Wir können den Menschen nicht ins Herz blicken. Wir können ihre Gedanken nicht hören. Alles, was wir sehen, sind Handlungen, und Handlungen erzählen nur einen Teil der Geschichte. Manchmal fällen wir ein vorschnelles Urteil über die Bereitschaft von Menschen, Jesus zu empfangen – und können dabei völlig falsch liegen.

»Dieser Typ? Der wird nie in die Gemeinde gehen. Er hasst die Gemeinde. Hasst Christen. Glaubt nicht an Gott. Er ist ein hoffnungsloser Fall.«

»Siehst du die? Die lebt völlig durchgeknallt, und es ist ihr egal. Sie ist sogar stolz darauf. Es gefällt ihr. Auf keinen Fall will die etwas über Jesus erfahren.«

Ich denke, viele Menschen in unserem Lebensumfeld und in unseren Einflussbereichen haben den tiefen Wunsch, Gott zu kennen. Sie wissen vielleicht nicht, wonach sie suchen. Sie haben vielleicht keine gute Einstellung zur Kirche oder zu Christen. Ihre Handlungen und ihr Wortschatz mögen erscheinen, als seien sie weit von Jesus entfernt. Aber im Inneren sind sie bereit, alles zu tun, um ihn zu sehen.

Ich habe herausgefunden, dass es nicht schwer ist, den Leuten Jesus zu zeigen – wir müssen nur aus dem Weg gehen. Zachäus konnte Jesus nicht sehen, weil es viele gute, aufrechte Menschen gab, die die Straße säumten, und er war zu klein. Ich denke, darin steckt eine Botschaft für uns. Manchmal sind wir diese großen, gutaussehenden, selbstgerechten Menschen, die den Blick auf Jesus für diejenigen versperren, die ihn am meisten brauchen.

Ich werde jetzt ganz offen sein, denn das ist mir sehr wichtig. Oft denken wir, dass es unsere Aufgabe sei, die Handlungen und Herzen der Menschen zu beurteilen, den Menschen zu sagen, ob sie in den Himmel oder in die Hölle kommen, sie davon zu überzeugen, dass sie Unrecht und wir Recht haben und sie sich besser ändern sollten, andernfalls …

Aber wir müssen eigentlich nur aus dem Weg gehen. Oft wollen sie Jesus bereits sehen, aber anstatt sie freundlich aufzunehmen und sie näher heranzulassen, schließen wir sie aus. Sie fühlen sich geistlich unterlegen, sie fühlen sich minderwertig, sie fühlen sich hoffnungslos, weil wir den Eindruck erwecken, dass Menschen Jesus nur dann sehen, wenn sie es irgendwie verdienen.

Was bringt Jesus zum Ausdruck?
Eine Haltung der Demut und Kameradschaft.

Unsere Rolle ist es nicht, mit vor Stolz geschwellter Brust dazustehen, so zu tun, als hätten wir alles im Griff, die Reihen zu schließen und Sünder fernzuhalten. Wir haben doch sowieso nicht alles im Griff. Wir *alle* brauchen Jesus. Wir alle bleiben hinter seiner Herrlichkeit und seinen Maßstäben zurück. Was steht dem Verletzten, dem Gequälten, der Jesus sehen will, im Weg?

Selbstgerechtigkeit und Selbstbezogenheit. Was bringt Jesus zum Ausdruck? Eine Haltung der Demut und Kameradschaft.

Die Menschen werden Jesus in uns und durch uns und wegen uns sehen. Sie werden ihn in unserer Liebe und Demut sehen. Sie werden ihn in unseren offenen Armen und unserer herzlichen Umarmung sehen. Sie werden ihn sehen, wenn wir Mitgefühl zeigen, anstatt zu richten. Sie werden ihn sehen, wenn wir unsere eigenen Fehler und Narben offenlegen, anstatt vorzugeben, wir seien perfekt. Sie werden Jesus in unserem Leben sehen, ohne dass wir ein Wort sagen, denn sein Licht, seine Barmherzigkeit und seine Gnade scheinen auf ganz natürliche Weise durch uns.

Vergiss dich für Jesus

Zachäus war so begierig darauf, Jesus zu sehen, dass er zwei schockierende Dinge tat. Zuerst steht in Vers 4: »Da lief er voraus …« Warum ist das so eine große Sache? Weil es in der Kultur des Nahen Ostens vor zweitausend Jahren als unwürdig galt, wenn Männer rannten, besonders wohlhabende, wichtige Männer. Rennen war demütigend und erniedrigend. Schnell zu laufen deutete an, dass das, was man verfolgte, wichtiger war als die hinterherlaufende Person. Es war ein Zeichen der Verzweiflung.

Deshalb ist übrigens die Geschichte vom verlorenen Sohn so skandalös – der Vater *lief*, um seinen Sohn zu begrüßen. Der Vater steht für Gott und der Sohn repräsentiert die gebrochene Menschheit. Das Gleichnis veranschaulicht, wie leidenschaftlich Gott daran interessiert ist, uns zu sich selbst zurückzubringen.

Kannst du dir vorstellen, wie ein Geschäftsmann in einem dreiteiligen Armani-Anzug die Straße hinunter sprintet? Es wäre alles andere als würdevoll. Es würde dich definitiv zum Stehenbleiben bringen, um dir das anzuschauen. *Was kann so wichtig sein?*, würdest du dich fragen. *Warum rennt dieser seriöse, erfolgreiche Mann?* Die Tatsache, dass Zachäus dieser riesigen Menschenmenge vorausrannte, zeigt, wie groß sein Bedürfnis war, Jesus zu begegnen.

Es wird noch verrückter. Was wäre, wenn dieser Armani-bekleidete Geschäftsmann an einem Baum stehen bleiben, seine Aktentasche fallen lassen und wie ein Schuljunge in die Äste klettern würde? Man würde annehmen, dass er entweder nicht mehr ganz bei Sinnen sei oder vor einem Pitbull fliehe. Doch genau das hat Zachäus getan. Vers 4 fährt fort: »… und kletterte auf einen Maulbeerfeigenbaum.« Er ließ seine Geldsäcke und seine Schriftrollen und seine Würde am Boden zurück und kletterte auf einen Baum.

Das ist echt abgefahren. Von Zachäus' Coolness war nichts mehr übrig. Sein »Swag«-Vorrat war aufgebraucht.

Es ist interessant zu beobachten, welche Dinge Menschen ihre Fassung verlieren lassen. Zum Beispiel flippen manche Leute aus, wenn sie einen Promi sehen. Ich war vor einiger Zeit auf dem Flughafen und sah eine Menschentraube, die sich um jemanden versammelt hatte. Es stellte sich heraus, dass es der Schauspieler William Shatner war.

Der Typ, der neben mir saß, erkannte ihn nicht. »Wer ist das?«, fragte er mich.

»Das ist William Shatner«, sagte ich.

»William Shatner?« antwortete er. »Mmh. Nie von ihm gehört. Warum flippen die Leute derart aus? Das ist dämlich.«

»Er ist Captain Kirk aus der ursprünglichen *Raumschiff Enterprise*-Serie«, teilte ich ihm mit.

Sofort wandelte sich der Typ vom herablassenden Kritiker zum kriecherischen Fanboy. »Du machst Witze! Captain Kirk? Wow! Wo ist meine Kamera? Ich muss ein Foto machen!« Zwei Minuten zuvor war er noch ahnungslos, gleichgültig und distanziert. Dann fand er heraus, dass eine Berühmtheit in der Nähe war, und er fing an, sich wie ein Teenie-Schulmädchen bei einem Justin-Bieber-Konzert zu benehmen. Leute verlieren die Beherrschung, wenn sie jemand Berühmten sehen.

Menschen verlieren auch die Fassung, wenn sie sich verlieben. Verliebtsein und Coolsein schließen sich gegenseitig aus. Hast du dich jemals mit einem Kumpel unterhalten, dessen Freundin plötzlich anruft? Seine Stimme ändert sich sofort. Während er mit den Jungs sprach, klang sie noch ganz normal: »Bro, du hättest mich in diesem Spiel sehen sollen, Alter. Ich hab es echt gerockt. Ich war nicht zu stoppen.« Dann geht er ans Telefon und das war's dann mit der Aufschneiderei. Seine Stimme wird ganz sanft und säuselnd. »Ah, Babe, ja, du fehlst mir auch so sehr. Kann es kaum erwarten, dich zu sehen. Nein, ich mach nichts Wichtiges. Ich rede nur mit dir, Kleine. Das ist alles, was zählt.«

Meine Frau hat mir jegliche Coolness geraubt. Ich werde nie vergessen, als ich ihr den Heiratsantrag machte. Es ist einfach so: Man kann nicht verliebt sein und gleichzeitig seine Coolness bewahren. Ich stotterte den ganzen Abend, du würdest es nicht glauben. Ich trank beim Abendessen mindestens zehn Gläser Wasser.

Hier ist noch eine Geschichte. Ich erinnere mich, dass ich vor Jahren am College ein Paar auf der anderen Straßenseite sah. Das Mädchen hatte wohl in den Unterricht müssen, also küsste der Typ sie zum Abschied und fing dann an, den Zebrastreifen in die andere Richtung zu überqueren. Er war total cool und winkte zum Abschied. Plötzlich überfuhr ein Auto das Stoppschild und erfasste ihn. Er rollte vom Auto und fiel auf den Boden. Der verrückte Teil war, dass er sofort wieder aufstand und versuchte, es so aussehen zu lassen, als wäre nichts passiert. Er winkte seiner Freundin zu. »Mir geht's gut! Bis später.«

Ich schrie: »Bro, halt! Du wurdest gerade von einem Auto angefahren!« Ich konnte es nicht glauben. Der Typ versuchte, vor seinem Mädchen sein Image zu wahren, aber jeder, der es geschehen sah, war am Ausflippen. Du kannst nicht von einem Auto angefahren werden und dabei völlig cool bleiben.

Lass mich dir noch etwas anderes sagen. Du kannst nicht zu Jesus kommen und die Fassung bewahren. Du kommst nicht zu Jesus und bist dabei völlig cool. Du kommst nicht zu Jesus und brüstest dich dabei. Du kommst nicht mit deinem gelassenen Selbst zu Jesus. Du kommst gebrochen zu Jesus. Du kommst verzweifelt zu Jesus. Du kommst zu Jesus und sagst: »Ich tue alles, was nötig ist, nur um einen flüchtigen Eindruck davon zu bekommen, wer du bist.«

An diesem Punkt befand sich Zachäus. Er war am Ende seiner selbst angelangt, und er wusste, dass er mehr brauchte. Er musste sich gefragt haben: *Ist es das wirklich wert? Kann Jesus wirklich einen Unterschied machen? Ich will ihn um jeden Preis sehen. Ich setze alles daran, ihn zu sehen. Aber wird es ihn überhaupt interessieren?*

Allein die Tatsache, dass du dich nach Gott sehnst, ist ein Zeichen dafür, dass er sich schon lange nach dir sehnt und einen Weg zur Versöhnung geschaffen hat.

Zachäus wusste es damals nicht, aber seine Bemühungen, Jesus zu sehen, waren nichts im Vergleich zu dem, was Jesus für Zachäus tun würde. Zachäus kletterte für Jesus auf einen Baum, aber Jesus starb für Zachäus an einem Kreuz. Zachäus tat alles, was nötig war, um Jesus zu sehen, aber Jesus tat alles, um Zachäus zu *retten*.

Egal, was du getan hast, um Gott zu erreichen, Gott hat mehr getan. Egal, wie sehr du Gott willst, Gott will dich mehr. Alles, was du für Jesus zu tun bereit bist, hat er bereits für dich getan. Allein die Tatsache, dass du dich nach Gott sehnst, ist ein Zeichen dafür, dass er sich schon lange nach dir sehnt und einen Weg zur Versöhnung geschaffen hat. Gott hat dich schon vor Grundlegung der Welt geliebt und gekannt. Schon bevor du geboren wurdest. Schon lange bevor es dir wichtig wurde, ihn zu suchen. Vor langer Zeit setzte er seinen Plan in Gang, dich zu retten, dir zu vergeben, dich zu heilen und dich wiederherzustellen.

Er kennt deinen Namen

Beachte, dass Zachäus nichts weiter tat, als auf einen Baum zu klettern. Er hat nichts gesagt. Er rief nicht nach Jesus. Er reagierte nicht auf einen Bekehrungsaufruf. Er hat nicht bekannt, dass er ein schrecklicher Mensch sei. Er hat nicht versprochen, sich zu ändern. Er wollte bloß Jesus sehen, und diese einfache Tatsache reichte aus, um Gott auf seinem Weg zum Stehenbleiben zu veranlassen.

Man bedenke, dass Jesus die Berühmtheit in dieser Szene war. Leute zerrten an ihm, redeten mit ihm, scharten sich um ihn und baten um ein Autogramm. Trotzdem nahm er Zachäus sofort wahr und hielt eine ganze Parade auf, um auf dessen Bedürfnis einzugehen. Er blickte in den Baum und sagte: »Zachäus, komm schnell herunter, denn ich muss heute dein Gast sein!« (V. 5). Von allen Menschen, die Jesus hätte rufen können, entschied er sich für den Kerl, der es am wenigsten verdiente – und er nannte ihn beim Namen.

Manchmal denken wir, dass wir auf der Suche nach einem schwer fassbaren Gott auf uns allein gestellt seien. Wir gehen davon aus, dass wir Gott bereits so sehr enttäuscht haben, dass wir ihn um Gnade anflehen und hoffen müssen, dass er sich erbarmt und uns vergibt. Doch Jesus entdeckte Zachäus, der bei den Tauben in einem Feigenbaum saß, und organisierte seinen ganzen Tag um, nur um bei ihm zu sein.

Gott ist groß und klein zugleich. Er ist groß genug, um das Universum und jede menschliche Seele zu erschaffen, aber auch klein genug, um die intimen Details deiner Existenz zu kennen. Jesus nannte Zachäus beim Namen. Er wusste, wo er wohnte. Anscheinend wusste er sogar, was es zum Mittagessen gab, denn er lud sich selbst ein. Wenn du Gott bist, kannst du solche Dinge tun.

Dies ist der Gott, der will, dass du ihn kennst, ihn liebst und von ihm geliebt wirst. Ein Gott, der alles tun kann, was er will, und dennoch den Tag mit dir verbringen möchte. Die Bibel sagt, dass er die Anzahl der Haare auf deinem Kopf kennt. Alle deine Tage wurden geplant und aufgeschrieben, bevor auch nur einer von ihnen zustande kam. Er weiß, wann du fortgehst und wann du zurückkommst, wann du schlafen gehst und wann du aufwachst. Überall, wo du hingehst, ist er schon da. Gott kennt dich wie kein anderer, und er liebt dich wie kein anderer. Unabhängig davon, was du getan oder nicht getan hast, unabhängig von deiner Vergangenheit oder deinem Stammbaum, wenn Jesus dich will, bekommt er dich auch.

Jeder Verbrecher hat eine Geschichte. Jesus interessiert sich nicht für das Verbrechen, er interessiert sich für den Verbrecher. Jeder Sünder hat einen Namen. Jesus kümmert nicht die Sünde – er hat sich bereits am Kreuz um sie gekümmert. Er kümmert sich um den Sünder.

Wenn Jesus Zachäus auf einem Baum fand, kann er auch dich finden, egal, wo du dich heute befindest. In einer zerbrochenen Ehe oder einer zerrütteten Familie wird er dich finden. In der Krankheit wird er dich finden. In einem gescheiterten Geschäftsprojekt wird er dich finden. In der Sucht wird er dich finden. In Erfolg oder Misserfolg, in Berühmtheit oder Anonymität, in Stärke oder Schwäche wird er unter deinem Maulbeerbaum Halt machen und dich beim Namen rufen. Das zeichnet ihn aus. So macht er das.

Es geht nicht um deine Taten oder Verdienste. Noch nie ging es darum. Es geht um seine Gnade, seine Barmherzigkeit, die herbeieilt, um dir zu begegnen, wenn du dich ihm nur das kleinste bisschen zuneigst. Die Rettung kommt von Gott, für Gott, durch Gott. Seine Liebe zu dir überwiegt bei weitem deinen Glauben an ihn. Du hast Gott nicht gefunden – Gott war nie verloren. Du warst es. Ich war es. Und er hat uns gefunden, und er hat uns gerufen, und er wird uns nie wieder loslassen.

An vorderster Front

In dieser Geschichte klingt Jesus wie ein ungeladener Partygast, und zwar ein anspruchsvoller. »Ich komme zu dir, Zachäus. Hey, sorg bitte dafür, dass die Salsa für die Nachos nicht zu scharf ist. Sonst bekomme ich Verdauungsprobleme.«

Ich hätte gedacht: *Oha, das ist ganz schön aufdringlich.*

Doch nicht Zachäus. In Vers 6 steht: »Schnell stieg Zachäus vom Baum herunter und nahm Jesus voller Freude bei sich auf.« Er konnte sein Glück nicht fassen. Das war der Mann, von dem alle sagten, er habe Antworten. Echte Antworten. Antworten für die Seele. Und dieser wollte nun zu Zachäus gehen und den Tag über in dessen Haus bleiben. Es war zu schön, um wahr zu sein. Zachäus war überglücklich.

Der Rest der Schaulustigen? Eher nicht so. Und das aus gutem Grund, wenn man darüber nachdenkt. Es waren anständige Menschen. Auch sie hatten Bedürfnisse. Auch sie wollten Jesus sehen, und sie verdienten es aus menschlicher Sicht weit mehr als dieser Steuereintreiber. Zachäus? Echt jetzt? Er war ein Verräter. Er war der Typ, der sein eigenes Volk bestahl, der kleine alte Damen betrog, der im Luxus lebte, weil er den Armen noch ihr letztes Hemd auszog.

Kein Wunder, dass Vers 7 sagt: »Die Leute waren empört, als sie das sahen. ›Bei einem ausgemachten Sünder ist er eingekehrt!‹, murrten sie.« Ich würde auch murren. Außer ich wäre Zachäus. Und darum geht es in dieser ganzen Geschichte.

Gnade wird von denen am meisten geschätzt, die sie am dringendsten brauchen. Einige von uns sollten weniger Zeit mit Murren darüber verbringen, dass jemand anderem Gnade erwiesen wurde, und mehr Zeit damit, die Tatsache wertzuschätzen, dass uns Gnade erwiesen wurde.

Jesus kam nicht für die, die so wirken, als hätten sie es verdient. Er kam für die »Verdienstlosen«. Er kam nicht für die Menschen, die alles auf der Reihe haben. Er kam für diejenigen, deren Leben auseinanderfällt, die ihn brauchen und es wissen. Unterm Strich läuft es bei keinem von uns rund. Wir alle brauchen Jesus. Wir erkennen es nur nicht alle. Manchmal ist es einfacher zu kritisieren als wertzuschätzen. Es ist einfacher, auf andere herabzublicken als zu einem Retter aufzublicken.

Auf der anderen Seite können wir manchmal einen »Sünderkomplex« bekommen. Wir wissen, dass wir unwürdig sind, aber wir fixieren uns so sehr auf unsere Fehler, dass wir nicht von unserem kleinen Maulbeerbaum herunterkommen können. Jesus versucht, uns die Gnade zu zeigen, doch wir stoßen ihn in selbstauferlegter Verurteilung von uns weg. Anstatt auf das Gemurre von Menschen zu hören, die die Gnade nicht verstehen, sollten wir auf die Stimme Jesu hören: »Ich will mit dir zusammen sein, dich lieben, dir helfen. Ich möchte heute bei dir einkehren.«

Soweit wir in der Geschichte von Zachäus sehen können, gab es keine Predigt. Keine Vorwürfe. Keine Drohungen. Zachäus begegnete Jesus schlicht und einfach, und alles änderte sich. Schau dir das Ergebnis dieser konsequenten, hartnäckigen Suche nach Gnade im Leben von Zachäus an.

Er stand auf. Er brachte den Raum zum Schweigen. Dann sagte er: »Herr, die Hälfte meines Vermögens werde ich den Armen geben, und wenn ich von jemand etwas erpresst habe, werde ich es ihm vierfach zurückerstatten« (V. 8).

Zachäus traf auf Jesus und das veranlasste etwas in ihm, zu sagen: »Wow, ich wurde akzeptiert. Mir wurde vergeben. Jetzt will ich geben, ich will helfen, ich will die Dinge in Ordnung bringen. Nicht aus Gesetzlichkeit heraus, sondern aus Gnade.«

Jesus antwortete: »Heute hat dieses Haus Rettung erfahren« (V. 9). Nur zur Info: Jesus sprach hier von sich selbst. Die Rettung war kein Akt der Großzügigkeit. Die Rettung war ein Mensch, und sein Name war Jesus.

Er fuhr fort: »Er ist doch auch ein Sohn Abrahams.« Dann sagte Jesus etwas, das die Art und Weise, wie ich über ihn denke, verändert hat: »Der Menschensohn ist ja gekommen, um Verlorene zu suchen und zu retten« (V. 10). Achte auf diese beiden Worte: *suchen* und *retten*.

Ich habe lange Zeit gepredigt, dass Jesus kam, um die Verlorenen zu retten. Das ist die schöne Geschichte des Evangeliums. Der Sohn Gottes wurde zum Menschensohn, damit die Söhne der Menschen zu Söhnen Gottes werden könnten. Das ist unglaublich.

Aber Jesus kam nicht nur, um die Verlorenen zu retten – er kam, um die Verlorenen zu suchen. Warum ist das wichtig? Weil es einen Retter offenbart, der ans Ende der Schlange geht, die Person findet, die es in den Augen aller am wenigsten verdient, und sie direkt ganz nach vorne bringt.

Ich war vor einiger Zeit mit meiner Frau, meiner Schwiegermutter und einem Freund in Disney World. Wir haben uns für die Fahrt mit der *Big-Thunder-Mountain*-Achterbahn angestellt. Dann sahen wir das Wartezeitschild: Es sollten neunzig Minuten sein! Ein paar Minuten später ging es einige Zentimeter weiter und wir sprachen darüber, wie unfassbar lang die Schlange sei, als plötzlich irgendein Fremder auf uns zukam. Er sagte: »Ich habe vier Fast-Passes, für die ich keine Verwendung habe. Wollt ihr sie haben?« Ein *Fast Pass*, falls du mit dem Konzept nicht vertraut bist, ist ein Ticket, mit dem man gleich an den Anfang der Schlange vorrücken kann. Ich sagte: »Es gibt einen Gott, und er liebt mich am meisten.«

Wir nahmen die Tickets. Dann traten wir aus der Schlange, in der wir uns befanden, und gingen zum Fast-Pass-Eingang. Wir haben uns niemandem vorgedrängelt, wir haben nicht getrickst, wir haben den Kontrolleur nicht bestochen – wir sind einfach schnurstracks an den Anfang der Schlange gegangen und in die Bahn gestiegen. Es war wunderbar. Und völlig unverdient.

Ich kann mir keine deutlichere Veranschaulichung dessen vorstellen, was Jesus für Zachäus getan hat. Er verdiente die Aufmerksamkeit Jesu nicht – höchstens zum Zweck einer öffentlichen Rüge. Er war dort der letzte Mensch, der das Privileg hätte bekommen sollen, den Retter der Menschheit in seinem Haus aufzunehmen. Doch in nur einem Augenblick fand er sich in der Schlange ganz vorne wieder. Es kam so unerwartet, wie es unverdient war.

Jesus sagt zu uns das Gleiche wie zu Zachäus. Lies Offenbarung 3,20 (NLT): »Sieh mal! Ich stehe vor der Tür und klopfe an. Wenn du meine Stimme hörst und die Tür öffnest, werde ich hereinkommen, und wir werden als Freunde gemeinsam essen.«

Ich höre diesen Vers oft, wenn es darum geht, dass Menschen Christen werden, aber er wurde an Leute geschrieben, die Jesus bereits folgten, einige von ihnen seit Jahrzehnten. Das bedeutet, dass es möglich ist, von Jesus Kenntnis zu haben, ihn aber nie in unser Leben und unser Herz zu lassen.

Jesus hat bereits die Initiative ergriffen, uns aufzusuchen. Er hat sich als unser Freund zum Essen eingeladen. Er klopft sogar schon an die Tür. Wir müssen nur noch antworten.

Bei der Religion geht es ums Tun, aber bei der Gnade geht es um das, was bereits getan wurde.

Das ist leichter gesagt als getan, denn es widerspricht dem herkömmlichen Denken, wonach man bekommt, was man verdient. Deshalb haben die Leute Zachäus kritisiert, und deshalb haben sie Jesus kritisiert, mit Zachäus Gemeinschaft zu haben. Selbstgerechte Religion kann die Gnade nicht verstehen. Sünder werden Jesus immer annehmen. Religion wird Jesus immer meiden. Warum? Weil es bei der Religion ums Tun geht, aber bei der Gnade geht es um das, was bereits getan wurde. Das ist ein großer Unterschied.

Die Religion sagt: »Moment mal, Zachäus gehört ganz ans Ende der Schlage! Er kann nicht sofort drankommen. Ich warte schon ewig. Sieh mich an: Ich bin ein guter Christ. Ich habe seit drei Jahren keinen Gottesdienst versäumt. Ich lese jeden Tag meine Bibel. Ich gebe den Zehnten. Ich faste und bete. Ich verdiene es. Aber dieser Typ?«

Darf ich ehrlich sein? Diese Mentalität hat nichts mit dem Evangelium zu tun. Das ist das Gegenteil vom Evangelium. Ich bin so dankbar, dass Gott mir nicht gibt, was ich verdiene. Ich bin so froh, dass er mich auf Grundlage der Gnade annimmt, nicht des Gesetzes.

Vielleicht stellst du fest, dass du über Leute gemurrt hast, die zu bekommen scheinen, was sie nicht verdienen. Oder vielleicht neigst du dazu, dich in den Zweigen zu verstecken, während du dir nur allzu bewusst bist, dass du nicht verdienst, wonach du so sehr verlangst. Wo immer du dich befindest, Jesus will, dass du verstehst, dass er dich kennt, dass er dich annimmt, dass er dich liebt und dass er mit dir zusammen sein will. So wie du gerade bist.

Jesus kam nicht, um dir zu geben, was du verdienst. Er kam, um dir zu geben, was *er* verdient. Er ist dein »Fast Pass«. Seine Gnade ist der Grund, warum du Frieden mit Gott und mit dir selbst haben kannst. Du kannst die endlosen Schlangen von Gesetzlichkeit, Eigenbemühung und toten Werken überspringen, wenn du Jesus hast.

Er hat dich bereits gefunden. Er hat dich bereits ausgewählt. Er hat bereits deinen Namen gerufen. Jetzt steht er vor der Tür deines Herzens und wartet darauf, dein Freund zu sein. Du musst nur die Tür öffnen.

TEIL 2

KULTUR: GOTTES LIEBE FÜR DIE WELT

Jesus kam nicht, um gute Menschen besser zu machen – er kam, um tote Menschen lebendig zu machen. Er kam, um das zu tun, was keiner von uns für sich selbst tun konnte, nämlich uns von der Sünde zu erretten und uns durch seine gigantische Botschaft der Gnade zu Gott zurückzubringen.

Jesus ist der Freund der Sünder, und da wir alle Sünder sind, sind wir alle seine Freunde. Es ist die größte einseitige Beziehung aller Zeiten. Seine Botschaft, sein Herz und seine Leidenschaft sind darauf ausgerichtet, die Menschheit durch ihn selbst zu Gott zurückzubringen. Wir verdienen es nicht, und das werden wir auch nie.

Dies wirft eine wichtige Frage auf: *Warum?* Warum ist Jesus der Freund der Sünder? Warum sollte Gott Jesus im Interesse einer kaputten Menschheit auf die Erde schicken? War sie es wert, alles zu geben, in der Hoffnung, dass einige seine Liebe erwidern würden?

Wenn man die Größe und Heiligkeit Gottes versteht, ist es schwer zu begreifen, warum er der Freund von Menschen wie dir und mir sein wollte. Ich denke, wenn ich er wäre und sähe, wie verkorkst die Menschen geworden sind, würde ich einfach von vorne anfangen. Ich würde mich für Menschheit 2.0 entscheiden.

Aber nicht Gott. Es gibt etwas, das in seinem Charakter fest verankert ist und es ihm nicht erlauben würde, uns aufzugeben. Jesus demonstrierte das, als er auf die Erde kam und mehr als dreiunddreißig Jahre unter uns lebte. Er bewies es, als er sich mit Sündern anfreundete. Er bewies es, als er sich auf unsere Lebenswelt einließ und unser Menschsein annahm, indem er einer von uns wurde.

Lass uns die beispiellose Leidenschaft erkunden, die Jesus für Menschen überall hat. Wir werden uns ansehen, warum er so unbedingt entschlossen ist, unser Freund zu sein und was das für unseren Alltag bedeutet. Und schließlich werden wir sehen, wie seine Leidenschaft für die Welt unsere eigenen Handlungen in der Kultur und Gesellschaft beeinflusst, in der wir leben.

KAPITEL 5

VERLOREN UND GEFUNDEN

Ich bin Vielflieger. Und eigentlich ist das noch untertrieben. Ich habe in meinem Leben mehr als 2,5 Millionen Flugmeilen gesammelt. Zum Vergleich – das ist so, als würde man hundert Mal um die Erde fliegen oder fünfmal zum Mond und zurück. Wie es scheint, stehe ich fast jede Woche an einem anderen Flughafen, um ins nächste Flugzeug zu steigen.

Ich mag das Fliegen nicht besonders. Ich liebe es, an verschiedenen Orten über Jesus zu erzählen, besonders wenn diese Reiseziele Strände und warmes Wetter haben. Aber das Fliegen selbst ist nur ein notwendiges Übel, um von Punkt A nach Punkt B zu gelangen.

Das Problem mit dem Fliegen ist nicht so sehr das Fliegen selbst – es sind die Flughäfen. Warst du in letzter Zeit mal auf einem Flughafen? Flughäfen sind der einzige Ort, an dem Panik eine normale Gefühlsregung ist. Wenn du auf einem Flughafen glücklich wirkst, wirst du wahrscheinlich von der Airport-Security wegen auffälligen Verhaltens herausgezogen. Du sollst gehetzt, gestresst und abgespannt sein, denn darum geht es auf Flughäfen.

Alle sind in Aufruhr. Keiner hat die Nacht zuvor geschlafen oder den Tag mit einem richtigen Frühstück begonnen. Kinder weinen, und Eltern sehen aus, als würden sie gerne mitweinen. Das Personal an den Ticketschaltern ist maximal gestresst. Und wo man auch hinblickt, sieht man jemanden verzweifelt rennen, um noch seinen Flug zu erwischen.

Sobald man den Flughafen mit seinen Warteschlangen mitsamt dem Stress dabei, den Sicherheitskontrollen und den nervlichen Belastungsproben überlebt hat, wartet das Flugzeug als solches auf einen. Das ist schon mal eine kleine Verbesserung, weil es bedeutet, dass man sich endlich hinsetzen kann. Es bedeutet auch, dass man mit seinem Sitznachbarn Bekanntschaft macht. Ich bin ein geselliger Mensch, daher macht es mir nichts aus, neue Leute kennenzulernen. Aber wir alle müssen wohl zugeben, dass es ein klein wenig unangenehm ist, stundenlang sehr dicht neben einem völlig Fremden zu sitzen.

Ihr habt euch gerade erst kennengelernt und teilt euch bereits eine Armlehne, das fürs Erste. Ihr könnt euch gegenseitig kauen hören. Man erfährt, wie der andere seinen Kaffee trinkt. Ihr informiert einander, wenn ihr auf die Toilette gehen müsst – das ist doch zum Schreien. Und wenn die Reise nur lang genug dauert, wirst du wahrscheinlich irgendwann aufwachen und feststellen, dass du jemandem auf die Schulter sabberst. Das ist so bizarr.

Dann gibt es diesen Moment, in dem man eine Konversation anfängt und sich gegenseitig Fragen stellt. Es gibt eine Frage, die unausweichlich kommt und vor der es mir graut: *Womit verdienen Sie Ihren Lebensunterhalt?*

Es ist nicht so, dass ich mich des Evangeliums schäme. Ich liebe es, Nachfolger Jesu und Pastor zu sein. Aber ich bekomme immer eine von zwei Antworten, wenn meine Gesprächspartner herausfinden, dass ich Pastor bin. Einige Leute lassen vergangene Traumata mit Gott oder dem Christentum wieder aufleben und werden wütend auf mich. Mit dieser Reaktion kann ich umgehen. Ich muss Jesus nicht verteidigen – ich brauche nur die Menschen zu lieben. Jesus kann für sich selbst sprechen.

Die zweite Reaktion ist jedoch viel schlimmer. Die Leute fangen an, jede Sünde zu bekennen, die sie jemals begangen haben. »Als ich in der siebten Klasse war, habe ich …«

Hört einfach auf. Ich will es nicht wissen. Ich habe in der siebten Klasse wahrscheinlich das Gleiche verbrochen.

Neulich bin ich Erste Klasse geflogen. Ich hatte nicht dafür bezahlt, sondern bekam ein Upgrade, weil ich, wie ja bereits erwähnt, viel fliege. Ich fing ein Gespräch mit meiner Sitznachbarin an – und natürlich kam *die* Frage auf. »Was machen Sie beruflich?«

»Ich bin Pastor.«

Ihre Antwort war nicht die, die ich erwartet hatte. Sie beschwerte sich nicht über die Kirche. Sie führte keine vergangenen Sünden auf. Stattdessen ging sie in den Angriffsmodus über – ausgerechnet wegen des Sitzplatzes, den ich im Flugzeug hatte.

»Moment, Sie sind *Pastor*?«, sagte sie und schnaubte missbilligend. »Und Sie fliegen in der *ersten Klasse*? Wie können Sie es wagen! Sie gehören nach hinten. Sie verschwenden Geld. Das Geld der Leute. Gottes Geld.«

Ich war sprachlos – das passiert mir selten –, sodass ich ihr sogar zustimmte. »Ja, ähm, Sie haben Recht. Ich fliege normalerweise auch hinten. Direkt neben den Toiletten. Es ist nur so, wissen Sie, Vielflieger-Meilen eben …«

Mir war, als müsse ich mich verteidigen oder erklären. Ich wollte, dass sie meine Motive versteht. Ich bin mir sicher, dass du das auch schon mal so empfunden hast. Menschen beurteilen unsere Handlungen, sehen aber unsere Herzen nicht, und das kann ein wenig frustrierend sein.

Jesus sah sich mit der gleichen Sache konfrontiert. Die Leute beschuldigten ihn oft, kritisierten ihn und griffen ihn an. Bei vielen Gelegenheiten schwieg er. Das ist oft die beste Antwort und eine, die wir wahrscheinlich öfter einsetzen sollten. Aber es gab ein paar Fälle, in denen er seine Handlungen erklärte, und diese geben uns einen unglaublichen Einblick in das Denken und die Motivation Gottes.

Lukas zeichnet einen dieser Fälle in Kapitel 15 seines Evangeliums auf. Die Leute fragten Jesus, warum er seine Zeit mit schlechten Menschen verbrachte. Es ist, um ehrlich zu sein, die gleiche Frage, die ich habe, immer wenn ich darüber nachdenke, wie heilig Gott ist und wie, na ja, *unheilig* ich bin.

Jesus hat sich darauf spezialisiert, das Verlorene zu finden und zurückzuholen.

Jesus antwortete auf die Fragen, indem er seine Verteidigung, seine Erklärung gab, warum ein heiliger Retter so viel Zeit damit verbringen würde, sich mit schlechten Menschen anzufreunden. Die Verteidigung Jesu war ganz einfach: *Er ist ganz versessen auf verlorene Dinge.* Jesus hat sich darauf spezialisiert, das Verlorene zu finden und zurückzuholen. Lukas 15 veranschaulicht dies auf sehr schöne Weise.

Das Herz, das an Verlorenem hängt

So führte Lukas zur Geschichte von Jesus hin:

> *Oft kamen Steuereintreiber und andere, die als Sünder galten, um Jesus lehren zu hören. Die Pharisäer und*

Schriftgelehrten nahmen Anstoß daran, dass er sich mit so verrufenen Leuten abgab und sogar mit ihnen aß!
Deshalb erzählte Jesus ihnen folgendes Gleichnis:
– Lukas 15,1–3

Dann erzählte Jesus ein Gleichnis, genauer gesagt eine Geschichte in drei Teilen. Jeder Teil baute auf einer anderen Metapher auf, aber alle drei wollten auf dasselbe hinaus. Wir nennen den ersten Teil das Gleichnis vom verlorenen Schaf, den zweiten das Gleichnis von der verlorenen Münze und den dritten das Gleichnis vom verlorenen Sohn. Die letzte Bezeichnung beruht übrigens auf einem Irrtum. Ich komme gleich darauf zurück.

Diese drei Metaphern in Lukas 15 sind wie ein Fenster, das uns in die erstaunliche Denkweise Jesu hineinblicken lässt. Nur allzu oft verteidigen wir uns auf Grundlage unserer eigenen Ideen, unserer eigenen Überzeugungen, unserer eigenen Gefühle, unserer eigenen Berufungen. Aber wir müssen den Herzschlag Gottes verstehen und zulassen, dass seine Verteidigung unsere Verteidigung ist, seine Motive unsere Motive und seine Leidenschaften unsere Leidenschaften.

Beachte, dass an diesem Tag zwei verschiedene Gruppen Jesus zuhörten: Sünder und religiöse Führer. Die Pharisäer und andere religiöse Führer beschwerten sich am lautesten. »Jesus, du behauptest, heilig zu sein. Du sollst ein Vorbild sein. Einige Leute sagen sogar, dass du der Messias bist, Gott selbst, unser Retter. Aber das ist unmöglich, weil du dich mit den falschen Leuten abgibst. Du solltest ein Richter der Sünder sein und Sünder verurteilen, aber stattdessen bist du ein Freund der Sünder. Wir verstehen es nicht.«

Auf der anderen Seite waren da die Sünder selbst. Sie haben es wahrscheinlich auch nicht verstanden. Ich kann mir vorstellen, dass sie sagten: »Niemand hat uns jemals von einem solchen Gott erzählt. Niemand hat uns je so eine Liebe gezeigt. Dieser Mann scheint vollkommen zu sein, und trotzdem ist er unser Freund. Wir verdienen das nicht. Wir verstehen es nicht. Könnte Gott uns wirklich so sehr lieben?«

Um also beiden Gruppen angemessen zu antworten, erzählte Jesus mehrere Geschichten. Ich liebe das. Manchmal machen wir die Dinge so kompliziert. Wir haben unsere systematische Theologie und lückenlose Argumentation und lehrmäßigen Dispute – und dann kommt Jesus und erzählt uns Geschichten. Lehre und Theologie sind natürlich gut. Versteh mich nicht falsch. Aber Jesu Liebe ist so simpel, dass sie uns entgehen kann, wenn wir sie unnötig kompliziert machen. Es ist fast so, als ob Jesus zu der Menge sagte: »Leute, denkt nicht zu viel darüber nach. Ihr wart verloren. Ich liebe euch. Also habe ich nach euch gesucht. Ende der Geschichte.«

Hast du jemals etwas Wertvolles verloren? Wenn ja, dann kennst du den Schmerz und die Frustration, die damit verbunden sind.

Als wir uns darauf vorbereiteten, unsere Gemeinde zu gründen, begann ich, einundzwanzig Tage lang zu fasten. Es schien mir geistlich gesehen das Richtige zu sein, was du bestimmt nachvollziehen kannst. Das Problem ist, ich bin nicht sehr gut im Fasten. Ist das überhaupt jemand? Möglicherweise ist es mein schneller Stoffwechsel oder meine kurze Aufmerksamkeitsspanne, aber es fällt mir schwer, zwischen Frühstück und Mittagessen nicht zu essen, und erst recht nicht ganze drei Wochen lang.

Es war ein Flüssigfasten, wobei ich die Definition von Flüssigkeit so weit wie möglich ausdehnte. Ich bin kein Pedant, also wenn die Suppe irgendwelche Klümpchen enthielt, habe ich sie trotzdem gegessen. Ich habe Säfte gemacht. Ich habe Smoothies gemacht. Ich habe sogar Proteinshakes gemacht. Ich glaube nicht, dass das wirklich als Flüssigfasten durchgeht, aber Gott sei Dank für seine Gnade. Ich habe mich sehr bemüht.

Einmal saß ich in einem Café und arbeitete an meiner Botschaft für den kommenden Sonntagsgottesdienst. Ich war so hungrig, dass ich kaum denken konnte. Ich war überzeugt, dass ich sterben würde. *Das ist furchtbar,* dachte ich. *Warum habe ich mir das nur angetan?* Plötzlich stieg in mir ein überwältigendes Gefühl auf: *Ich muss essen. Jetzt sofort. Ich muss irgendwo eine Suppe herbekommen.*

Ich sprang vom Tisch auf. Ich ließ all meine Sachen dort und begab mich auf die Suche nach Suppe. Ich konnte nicht mehr klar denken – ich wusste nur, dass ich Suppe brauchte. Ich war wie Esau in der Bibel und tauschte mein Geburtsrecht gegen Linsenbrei ein. In einem nahegelegenen Restaurant fand ich schließlich Suppe und sie erwärmte meine Seele. Sie war wie Manna vom Himmel. Flüssiges Manna zwar, nichtsdestotrotz Manna. Als ich fertig war, ging ich nach Hause.

Am nächsten Morgen, als ich aufwachte, konnte ich weder meine Bibel noch mein Notebook finden. Es war echt total seltsam. Ich habe das ganze Haus durchsucht. Ich habe unser Zuhause auf den Kopf gestellt und flippte langsam aus. Stundenlang habe ich gesucht.

Dann tat ich, was die meisten Ehemänner tun, wenn sie etwas nicht selbst finden können. Ich ging zu meiner Frau. »DawnChéré, wo sind meine Sachen? Wo hast du sie hingelegt?« Das nennt man Ausschlussverfahren – wenn ich es nicht finden kann, muss meine Frau es woandershin geräumt haben. Typische Ehemann-Logik. Ich hatte Kopfschmerzen, weil ich nichts gegessen hatte, ich war verärgert und ich beschuldigte meine Frau. Es war nicht mein bester Moment.

Plötzlich klingelte das Telefon. Ich ging ran. Es war das Café, in dem ich am Vortag gewesen war. »Herr Wilkerson, haben Sie gestern vielleicht Ihre Bibel und Ihr Notebook bei uns vergessen? Wir haben beides hier.«

»Ja!« Ich verlor fast den Verstand vor Freude. »Aber woher wussten Sie, dass es meine Sachen sind?« fragte ich.

»Nun, Ihr Name ist auf die Bibel geprägt.«

Ich fühlte mich etwas dumm. Ich schuldete meiner Frau definitiv eine Entschuldigung. »Ich bin gleich da.« Ich legte auf und fing buchstäblich an, durchs Haus zu tanzen. Egal, ob »Whip«, »Nae Nae« oder »Running Man« – ich hatte alle Moves voll drauf! Ich drehte in meinem eigenen Haus komplett durch – ich tanzte, weil das, was verloren war, gefunden wurde.

Die drei Geschichten Jesu veranschaulichen die Emotion, die damit verbunden ist, etwas Verlorenes wiederzufinden. Es ist ein Gefühl, mit dem wir uns alle identifizieren können, und Jesu Geschichten verraten uns, was Gott fühlt, wenn verlorene Menschen gefunden werden.

Die erste Geschichte in den Versen 4–7 handelt von einem Hirten, der einhundert Schafe hatte. Eines von ihnen ist abgehauen. Die meisten von uns würden an dieser Stelle sagen: »Na ja, du hast ja noch neunundneunzig übrig. Sieh nicht so schwarz, sei dankbar für die, die du noch hast; überprüfe vielleicht den Zaun auf Löcher und mach weiter.«

Doch nicht dieser Hirte. Er verließ die neunundneunzig, um das eine zu suchen. Was? Das war absurd. Das war verrückt. Das war unlogisch. Warum neunundneunzig aufs Spiel setzen, um sich eines zurückzuholen?

Genau. Darum ging es Jesus. Denk daran, dass er seine Verteidigungsrede hielt. Er erklärte, warum er der Freund der Sünder war. Und sein Punkt war: »Mein Herz hängt total an verlorenen Dingen.«

Die Geschichte wird noch verrückter. Der Hirte brachte das Schaf zurück und dann schmiss er eine Party. Was sagt uns das? Wenn der Hirte ein typischer, zuerst ans Geschäft denkender Unternehmer wäre, hätte er das Schaf einfach wieder in den Stall geschubst, wäre in sein Haus gegangen, hätte seinen Laptop eingeschaltet und seine Vermögenstabelle aktualisiert. Keine Fanfare, keine Gefühlsausbrüche und schon gar keine zusätzlichen Kosten für eine Party.

Aber dieser Hirte rief alle seine Freunde an. »Hey, bei mir steigt 'ne Party. Komm vorbei!«

»Warum? Was feiern wir?«

»Erinnerst du dich an mein verlorenes Schaf? Ich habe es überall gesucht. Ich habe die umliegende Landschaft abgegrast. Ich habe Plakate an Telefonmasten gehängt. Ich habe eine Belohnung ausgesetzt. Und weißt du was? Ich habe es wiedergefunden und freue mich wie verrückt. Das muss gefeiert werden.«

Das Schaf war kein Vermögenswert, keine Zahl oder Statistik. Das verlorene Schaf bedeutete dem Hirten etwas. Da war eine emotionale Verbindung. Es hatte einen persönlichen Wert, der weit über den monetären Wert hinausging.

Mehr als ein Bagel: Gleichnis von der verlorenen Münze

Jesus fuhr mit seiner zweiten Geschichte in den Versen 8–10 fort. Er erzählte ihnen von einer Frau, die zehn Münzen hatte. Eine ging ihr verloren und sie stellte ihr Haus auf den Kopf, um nach ihr zu suchen, ähnlich wie damals, als DawnCheré meinen Laptop woanders hingelegt hatte. Diese Frau gab jedoch nicht ihrem Ehepartner die Schuld. (Ich weiß, ich habe Probleme.)

Sie fand die Münze und schmiss, genau wie der Hirte, eine Party für das ganze Viertel. Wie viel gab sie für diese Party aus? Vielleicht mehr, als die Münze wert war. Wieder war es die unlogische, übertriebene Reaktion, die den Standpunkt Jesu belegte. Warum durchsuchte sie akribisch ihr Haus? Warum schmiss sie eine Party? Weil die Münze einen Wert für sie hatte.

Da steckt eine Botschaft für dich und mich drin. Ich kenne deinen Hintergrund nicht. Ich weiß nicht, was du durchgemacht hast oder was du über Gott gehört hast. Ich weiß nicht, was die Leute dir über dich erzählt haben. Aber solche Bibelabschnitte sind eine notwendige Erinnerung daran, dass Gott einen unendlich und ewig wertschätzt. Er schätzt dich mehr als andere dich schätzen und mehr als du dich selbst.

Woran orientiert sich dein Gefühl für deinen Wert? An deinen Leistungen? Deiner Bildung? Deiner Familie? An dem, was andere zu dir oder über dich sagen? Viele von uns neigen dazu, unseren Wert von allem anderen, nur nicht von Gott abzuleiten. Anstatt unseren Wert aus dem *Wort* zu beziehen, versuchen wir, unseren Wert aus der *Welt* zu beziehen. Letztendlich ist das eine Sackgasse. Die Welt sollte deinen Wert nicht definieren.

Wie schon gesagt, ich fliege viel. Und auch nach so vielen Flügen werde ich immer noch nervös, besonders bei Turbulenzen. Das Rumpeln, das Wackeln, das plötzliche Absacken, das Sicherheitsgurt-Lämpchen, das stundenlang an bleibt, wenn ich die Toilette benutzen muss – ich hasse es.

Einmal flog ich von New York nach Miami. Alles war in Ordnung. Es saß ein Typ neben mir, der hatte mich aber nicht nach meinem Beruf gefragt, also war alles ganz entspannt zwischen uns. Dann gab es plötzlich einen heftigen *Schlag*. Die Lichter gingen aus und Rauch füllte das Flugzeug. Die Menschen gerieten in Panik. Der Typ neben mir schrie: »O mein Gott, wir werden sterben!«

Es störte mich, dass er so schrie, weil ich innerlich bereits selbst in Panik geriet und die zusätzliche Negativität keine Hilfe war. Also packte ich seinen Arm und fing an, ihn anzuschreien: »Hör auf damit! Hör einfach auf! Wir werden nicht sterben. Wir werden leben!«

Das war als Therapie ziemlich schräg, aber es funktionierte. »Okay«, wimmerte er. Er griff nach meiner Hand. Möglicherweise haben sich unsere Finger ineinander verschlungen und es entstand eine gewisse Nähe. Was man in verzweifelten Lagen halt so tut.

Ich habe gelernt: Wenn du in Turbulenzen steckst, schaust du dir die Flugbegleiter an. Sie haben das schon öfter durchgemacht. Also denke ich immer: *Wenn die Flugbegleiter ruhig sind, bin ich auch ruhig.* Aber was macht man, wenn die Flugbegleiter in Panik geraten? Denn sie waren ganz offensichtlich panisch. Mein Sitznachbar und ich hielten immer noch Händchen. Wir dachten alle, wir würden sterben.

Dann lichtete sich der Rauch ein wenig und der Pilot meldete sich über den Lautsprecher. »Meine Damen und Herren, wir sind uns nicht sicher, was los ist, also machen wir eine Notlandung.«

Wir landeten in Raleigh, North Carolina. Überall waren Kranken- und Feuerwehrwagen. Es war offensichtlich sehr ernst, aber niemand erklärte uns etwas. Man buchte uns Hotelzimmer im örtlichen Red Roof Inn. Dort wurde ein kostenloses kontinentales Frühstück geboten. Ich dachte: *Na toll. Ich bin fast gestorben und bekomme einen Bagel?*

Am Abend ging es ins Hotel. Am nächsten Tag stiegen wir wieder ins Flugzeug – ein anderes Flugzeug – und landeten sicher in

Miami. Nach meiner Landung schickte mir ein Freund einen Artikel aus der Lokalzeitung von Raleigh. Darin stand, ein Flugzeug sei vom Blitz getroffen worden, wodurch eines der Triebwerke ausfiel, und es sei pures Glück gewesen, dass das Flugzeug sicher landen konnte. Das war mein Flug gewesen.

Zwei Tage später bekam ich eine E-Mail von der Fluggesellschaft mit folgendem Inhalt: »Sehr geehrter Herr Wilkerson, weil Sie einer unserer treuen und bevorzugten Kunden sind, möchten wir uns bei Ihnen für die leichte Verzögerung vor ein paar Tagen entschuldigen.«

Leichte Verzögerung? Meint ihr damit etwa meinen Beinahe-Tod?

Weiter hieß es: »Wegen Ihrer Verspätung haben wir beschlossen, Ihrem Airline-Konto zehntausend Bonusmeilen gutzuschreiben.«

Im Ernst? Mit zehntausend Meilen bekommt man mit viel Glück vielleicht einen einfachen Flug von Miami nach Buffalo, New York. Wollt ihr mir damit sagen, dass mein Leben nicht mehr wert ist als ein Bagel und ein Einfachticket nach Buffalo?

Natürlich definiert eine Fluggesellschaft nicht meinen Wert. Aber manchmal mache ich mich dessen schuldig, mein Gefühl für meinen Stellenwert durch ähnlich ungeeignete Quellen beeinflussen und prägen zu lassen. Wie oft lasse ich zu, dass spontane Bemerkungen anderer Leute mein Selbstwertgefühl sabotieren? Wie oft lasse ich meine Leistung meinen Selbstwert definieren?

Lass nicht zu, dass die Welt deinen Wert bestimmt. Du bist nicht die Summe dessen, was du getan oder nicht getan hast, deiner Talente und Fähigkeiten, deines Ruhmes, deines Verhaltens, deiner Moral. Du bist der, als den Gott dich bezeichnet – und er sagt, dass du erstaunlich und wunderbar gemacht bist. Er sagt, dass alle Tage deines Lebens in sein Buch geschrieben wurden, noch bevor einer von ihnen begann. Er hat dich im Schoß deiner Mutter zusammengefügt. Er kennt jeden Augenblick deines Lebens, jeden Traum, jede Angst, jeden Erfolg und Misserfolg.

Jene Frau stellte das Haus auf den Kopf und suchte nach einer Münze. Warum? Weil diese einen Wert hatte. Nur weil eine Münze verloren geht, bedeutet das nicht, dass auch ihr Wert verloren geht. Jeder Mensch auf dieser Erde – ob wir nun Gutes, Schlechtes, Böses oder Schönes getan haben – ist für Gott wertvoll; so wertvoll, dass Gott seinen Sohn auf eine Todesmission für uns geschickt hat. Wir sind Gott *Jesus* wert. Ja, so viel bedeuten wir ihm.

Jeder Mensch auf dieser Erde – ob wir nun Gutes, Schlechtes, Böses oder Schönes getan haben – ist für Gott wertvoll.

Vielleicht fühlst du dich schon lange übersehen und unterschätzt. Vielleicht fühlst du dich verloren. Vielleicht hast du das Gefühl, eine Chance verpasst zu haben. Vielleicht bist du rostig und staubig und wirst geschmäht. Bitte hör mich an: *Gott sagt trotzdem, dass du wertvoll bist.* So wie eine Münze ihren Wert von der Regierung erhält, deren Siegel auf sie geprägt ist, so kommt dein Wert von dem Gott, dessen Bild auf deinem Leben prangt. Sein Interesse an dir, seine Wertschätzung für dich und seine Leidenschaft, die er für dich empfindet, ändern sich nie.

Verlorene Jungs: Gleichnis vom verlorenen Sohn

Jesu dritte Geschichte in den Versen 11–31 ist die bekannteste der drei, und das aus gutem Grund. Sie porträtiert Gott den Vater auf überaus lebendige und bewegende Weise wie kaum eine andere Geschichte der Bibel.

Wir nennen diese Geschichte oft das Gleichnis vom verlorenen Sohn, aber Jesus nannte sie nicht so. Er begann mit den Worten: »Ein Mann hatte zwei Söhne« (V. 11). Wir sollten dies wahrscheinlich das *Gleichnis von den beiden Söhnen* oder das *Gleichnis von zwei verlorenen Jungen* nennen. Oder vielleicht das *Gleichnis vom älteren Bruder, der dachte, die Geschichte handele von seinem jüngeren Bruder, obwohl es eigentlich um ihn ging.* Das ist zwar nicht ganz so prägnant, aber wahrscheinlich näher am eigentlichen Punkt.

Erinnere dich, wer Jesus gerade zuhörte. Berüchtigte Sünder auf der einen Seite, religiöse Führer auf der anderen. Das nennt man ein vielfältiges Publikum. Ich kann mir vorstellen, wie Jesus beide Gruppen ansieht und denkt: *Ihr sollt wissen, dass mein Herz an jedem von euch hängt. Beide seid ihr verloren, aber nur eine Gruppe von euch weiß das. Also werde ich euch eine Geschichte über zwei Söhne erzählen. Einer ist der Verschwender, der Ausreißer, der Abtrünnige; der andere ist der ältere Bruder. Beide sind gleichermaßen weit von Gott entfernt. Beide sind gleichermaßen verloren.*

Du hast die Geschichte wahrscheinlich schon mal gehört. Ein Vater hatte zwei Söhne. Der Jüngere wollte vorzeitig sein Erbe. Es war ihm egal, dass das Erbe wahrscheinlich größer ausfiele, wenn er bis zur richtigen Zeit warten würde. Es spielte für ihn keine Rolle, dass er im Prinzip sagte: »Dad, ich will dein Geld mehr als dich. Ich wünschte, du wärst tot, damit ich jetzt schon alles bekommen könnte.« Genau das bewirkt die Sünde übrigens. Sie verlangt nach sofortiger Befriedigung. Letzten Endes verwandelt sie uns in egoistische, kurzsichtige und oft gemeine Versionen von uns selbst.

Der Vater gab seinem Sohn sein Erbe. Prompt verprasste der Junge alles für einen wilden Lebensstil. Er schmiss ein paar gute Partys. Bestimmt ließ er es ordentlich krachen und hatte Spaß dabei. Aber das Problem mit der Sünde ist, dass sie nur für eine bestimmte Zeit vergnüglich ist, dann holen dich die Konsequenzen ein. Die Sünde verspricht immer mehr, als sie halten kann.

Der Junge wurde so arm, dass er sich an einen Schweinebauern verdingen musste, nur um zu überleben. Aber das reichte nicht aus. Er war am Verhungern. Eines Tages sehnte er sich nach den Speiseresten und dem Futter, das er den Schweinen gegeben hatte. An diesem Punkt, sagt die Bibel, »kam er zur Besinnung« (V. 17 NEÜ). Wieder einmal stellte Jesus die Absurdität der Sünde heraus. Sünde ist sinnlos. Du verfängst dich in ihr und dann erkennst du irgendwann, dass du dich in einer Situation befindest, in der du nie sein wolltest. Die Sünde raubt dir das Leben, das Gott für dich bestimmt hat, und lässt dich verlassen, allein, verzweifelt zurück.

Zu diesem Zeitpunkt kam dem jüngeren Sohn eine Idee. *Ich gehe heim! Na ja, nicht direkt nach Hause. Ich gehe zurück zu meinem Vater und bitte ihn um einen Job. Selbstverständlich kann ich nicht mehr sein Sohn sein. Dafür habe ich zu viel verbockt. Aber vielleicht lässt er mich wenigstens ein Diener sein.* Er fängt an, sich eine Rede in seinem Kopf zurechtzulegen. »Dad, es tut mir leid …«

Über das gedankliche Verfassen von Reden kann ich auch so einiges sagen. In der Highschool schlich ich mich manchmal weg und irgendwie fand mein Dad es immer heraus. Wenn ich dann nach Hause kam, hatte ich immer eine Rede parat. »Weißt du, Dad, es war so: Ich bin aus dem Fenster gefallen …« Hat nie wirklich funktioniert.

Genauso wenig diese Rede, aber aus anderen Gründen. Etwas Unglaubliches geschah, als der Sohn sich seinem Zuhause näherte. In Vers 20 steht: »So kehrte er zu seinem Vater nach Hause zurück. Er war noch weit entfernt, als sein Vater ihn kommen sah. Voller Liebe und Mitleid lief er seinem Sohn entgegen, schloss ihn in die Arme und küsste ihn.«

Diese kurze Formulierung »noch weit entfernt« sagt so viel über Gottes Herz aus. Gott steht nicht auf der Veranda, kalt und distanziert, und wartet darauf, dass wir unsere Reden halten und ihn davon überzeugen, dass es uns leidtut. Lange bevor wir ihn suchten, suchte er bereits nach uns, wartete auf uns, voller Liebe und Mitgefühl.

Ich bin so dankbar, dass Gott nach uns sucht, wenn wir weit entfernt sind. Bevor ich auf einen Bekehrungsaufruf reagierte, bevor ich in der Gemeinde diente, bevor ich aufhörte, mich aus dem Haus zu schleichen, bevor ich mich entschied zu predigen, bevor ich zu fasten begann, bevor ich in der Gemeinde als Pastor tätig wurde, sah Gott mich in der Ferne.

Buße ist keine emotionale Sache. Buße ist nicht einmal eine verbale Sache. Buße bedeutet einfach, sich Gott, unserem Vater, zuzuwenden. Wenn du dich ihm zuwendest, *läuft* er auf dich zu. Jemand sagte einmal: »Langsam sind die Füße der Reue, aber schnell sind die Füße der Gnade.« Vielleicht schämst du dich zu sehr, um Gott ins Gesicht zu schauen; du gehst vielleicht langsam auf ihn zu und arbeitest an deiner Bußrede – aber er *läuft* auf dich zu.

Der Sohn kam zum Vater und bevor er seine Rede loswerden konnte, fand er sich mit Tränen und Küssen bedeckt wieder. Das war das Letzte, was er erwartet hatte. Er hatte mit Vorwürfen gerechnet, vielleicht auch mit einer Tracht Prügel.

»Dad, warte. Ich muss dir sagen, was für üble Dinge ich getan habe. Ich muss sagen, dass es mir leidtut. Ich muss um einen Job bitten …«

Der Vater ignorierte ihn völlig. Dann sagte er: »Das schreit nach einer Party! Legt meinem Sohn ein Gewand an. Zieht ihm Sandalen an die Füße. Steckt ihm einen Ring an den Finger. Engagiert einen DJ. Ladet die ganze Nachbarschaft ein. Schlachtet das gemästete Kalb. Wir werden die größte Party schmeißen, die ihr je gesehen habt.«

Hast du dich jemals gefragt, wer ein gemästetes Kalb einfach so herumstehen hat? Ich denke, der Vater ist so jemand. Für den Moment, in dem jemand beschließt, zu ihm umzukehren. Für die Feier, die er ausrichten wird, wenn jemand beschließt, nach Hause zu kommen. Warum? Weil sein ganzes Herz daran hängt, Verlorenes zu finden.

Stell dir vor, wie Jesus diese Geschichten seinen Zuhörern erzählt. Eine Gruppe der Leute muss gedacht haben: *Das bin ich, Mann. Ich bin vor Gott weggelaufen, und ich bin weit weggelaufen. Ich tat, was ich wollte. Ich hörte die Lügen der Sünde. Ich habe so viele Dinge getan. Ich weiß nicht einmal, wie ich anfangen soll, mich zu entschuldigen. Ich habe mein Recht verwirkt, bei Gott zu sein.*

Wahrscheinlich liefen ihnen Tränen übers Gesicht. *Ich bin der verlorene Sohn. Gar keine Frage. Jesus, sagst du, dass Gott auf mich zuläuft? Dass er voller Liebe und Mitgefühl für mich ist? Dass er mir verzeihen und mir einen Platz in der Familie geben wird?*

Dann wandte sich Jesus an die andere Menge. Die religiöse Menge. Und ich denke, er fühlte die gleiche Liebe und Sehnsucht, die er gegenüber den offenkundigen Sündern empfand.

Er fing an, ihnen von dem älteren Bruder zu erzählen. Der ältere Bruder war draußen auf dem Feld arbeiten gewesen. Er war eindeutig der Verantwortungsbewusste. Ich bin mir sicher, dass die

Pharisäer ein wenig zuversichtlicher wurden. Das war ihr Mann. Sicherlich würde Jesus die beiden gegenüberstellen und zeigen, wie viel besser als der jüngere der ältere Bruder war.

Der ältere Bruder konnte das Tanzen und die Musik hören, also rief er einen Diener herbei, um herauszufinden, was los war. »Dein kleiner Bruder ist wieder da, daher schmeißt dein Vater eine Party!«

Der ältere Bruder wurde sofort wütend. Er konnte seinen Ohren nicht trauen. Das war nicht richtig. Das war nicht fair. Also tat er, was jeder reife Mensch tun würde. Er blieb draußen und schmollte.

Seine Haltung gegenüber dem verlorenen Bruder steht in klarem Gegensatz zur Haltung des Vaters. Und etwas sagt mir, dass die Pharisäer sich viel stärker mit dem selbstgerechten Zorn des älteren Bruders identifizieren konnten als mit dem Laufen und Küssen und dem Feiern des Vaters. Immerhin bestand ihre größte Kritik an Jesus darin, dass er Sünder akzeptierte.

Wenn der jüngere Bruder ein Bild des Betrugs der Sünde ist, ist der ältere Bruder ein Bild des Betrugs der Religion. Du kannst alles über den Vater wissen, aber das bedeutet nicht, dass du eine Beziehung zu ihm hast. Du kannst in einem Haus wohnen, aber nie das Herz derer haben, die im selben Haus leben.

Zum zweiten Mal an diesem Tag ging der Vater nach draußen, um einen verlorenen Sohn zu finden. Der ältere Bruder beklagte sich: »Dad, ich habe immer so hart für dich gearbeitet. Ich habe alles getan, was du wolltest, und noch mehr. Wenn jemand eine Party verdient, dann bin ich es!«

Um ehrlich zu sein, auch ich habe dieses Gefühl schon mal gespürt. Mehr als ich zugeben möchte. Es fühlt sich gut an, schlechte Menschen zu kritisieren, sich auf die Schulter zu klopfen, in heiligem Selbstmitleid zu zerfließen und darüber zu sprechen, weshalb wir verdienen, was wir haben, und mehr als das. Aber diese Gefühle, diese Einstellung, gehen an der eigentlichen Sache völlig vorbei.

Durfte der ältere Bruder aufgrund seines Verhaltens mit besseren Auswirkungen rechnen als der jüngere Bruder? Ja, schon … in gewisser Weise. Die Sünde hat Konsequenzen, weshalb der jüngere Bruder so viel gelitten und verloren hatte. Es gab viele Vorteile am Lebensstil des älteren Bruders. Das Gleichnis Jesu beschönigt nicht die Folgen der Sünde.

Aber letztendlich hatten beide Brüder ihre Stellungen, weil sie Söhne waren. Sie taten nichts, um Sohn zu werden – sie wurden einfach in die Familie geboren. Also darüber zu reden, wer was verdient hatte, war etwas kleinlich angesichts der Tatsache, dass alles, was sie besaßen, ein Geschenk ihres Vaters war.

Das klingt doch sehr nach Gnade. Wie kommen wir auf die Idee, dass unsere guten Werke uns dazu berechtigen, Menschen zu beurteilen, die ein paar weniger gute Werke – oder ein paar mehr schlechte – getan haben? Warum glauben wir zu wissen, wer gesegnet und wer verurteilt werden sollte?

Der ältere Bruder hat es absolut nicht verstanden. Sohnschaft verdient man sich nicht. Denn wäre es so, wäre es keine Sohnschaft mehr. Es wäre einfach nur ein Beschäftigungsverhältnis. Angestellte arbeiten für ein *Gehalt*. Söhne arbeiten für die *Familie*. Angestellte arbeiten *für* ihre Position. Söhne arbeiten *von* ihrer Position aus.

Würde Gottes Wertesystem auf Werken beruhe, dann wäre es sinnvoll, zu arbeiten, und zwar richtig hart. Es läge nahe, sich untereinander zu vergleichen, zu bewerten und einzustufen, um den Titel »Der Beste im Königreich« zu erhalten. Aber das hat mit Gottes Wertesystem überhaupt nichts zu tun.

Der Vater antwortete dem älteren Bruder: »Mein Sohn, du bist allezeit bei mir, und alles, was mein ist, das ist dein. Du solltest aber fröhlich sein und dich freuen; denn dieser dein Bruder war tot und ist wieder lebendig geworden, und er war verloren und ist wiedergefunden worden!« (V. 31–32 SLT).

Achte auf den kleinen Satz »du bist allezeit bei mir«. In der *Neues Leben Bibel* heißt es: »wir stehen uns sehr nahe«. Was schätzte der Vater am meisten an seinem älteren Sohn? Seine harte Arbeit? Seine Leistung? Seine Beinahe-Perfektion? Ich bin sicher, dass er diese Dinge auch geschätzt hat, aber das ist nicht das, was er hervorgehoben hat. Er sah seinem Sohn in die Augen und sagte: »Sohn, ich bin so froh, dass du bei mir bist. Und ich bin so froh, dass dein Bruder jetzt auch zu Hause ist. Das ist das Wichtigste.«

Was ist Gottes Wertesystem? Was treibt ihn an? Was lässt sein Herz höher schlagen?

Beziehung.

Deshalb wartete er auf der Veranda, den Blick auf den Horizont geheftet, in der Hoffnung, die vertraute Silhouette seines Sohnes zu sehen, der zurückkehrt. Deshalb lief er zu ihm, umarmte ihn, verwöhnte ihn. Deshalb schmiss er die Party des Jahrhunderts. Im Vers 32 heißt es: »Wir *mussten* diesen Freudentag feiern«. Es war keine Option oder ein nachträglicher Gedanke. Es war wesentlich. Warum? *Weil sein Sohn zu Hause war.* Und das ist es, was für Gott zählt.

Beachte, dass der Vater beiden Kindern gegenüber genau denselben Standpunkt und dieselbe Haltung hatte. Er ging hinaus zu dem Verlorenen, und er ging hinaus zu dem älteren Sohn. Er lud sie beide ins Haus ein. Er lud sie beide zur Party ein.

Jesus hat Gnade für diejenigen, die das Verbrechen begangen haben, aber er hat auch Gnade für diejenigen, die das Verbrechen richten. Vielleicht bist du der Verlorene; vielleicht bist du der Pharisäer. Vielleicht ist Gesetzlichkeit dein Thema; vielleicht ist zügellose Freiheit dein Thema. Vielleicht haben deine Sünden dich verloren gehen lassen; vielleicht hat deine Selbstgerechtigkeit dich verloren gehen lassen.

Vielleicht beschreibt dich keine der beiden Figuren in dieser Geschichte, weil du der Gnade Jesu schon begegnet bist und sie in dir fließt und durch dich hindurch zu jedem hin überfließt, dem du begegnest. Das hoffe ich. Das ist mein Gebet und auch mein Wunsch für mein eigenes Leben. Es gab Zeiten, in denen ich ein verlorener Sohn war und Gott mir gezeigt hat, was es bedeutet, Vergebung zu erfahren. Es gibt Zeiten, in denen ich ein Pharisäer bin und Gott mich sanft daran erinnert, dass ich vergesse, worum es eigentlich geht – dass er der Punkt ist, dass seine Liebe alles ist, was zählt. Ich möchte völlig beherrscht sein von dem, wovon Jesus völlig beherrscht ist: erstens, dass er und ich zusammen sein können; und zweitens, dass andere verlorene Menschen gefunden werden.

Egal, wer du bist, was du getan hast oder wo du dich befindest, Jesus ist bereit, dich anzunehmen.

Verlorenes Schaf. Verlorene Münze. Verlorene Jungs. Drei verlorene Dinge. Drei bombastische Partys. Worum es geht, ist klar. Gottes ganzes Herz hängt daran, das Verlorene zu finden, weil er eine überwältigende Liebe zu den Menschen hat. Erinnerst du dich, was Jesus zu Zachäus sagte? »Der Menschensohn ist ja gekommen, um Verlorene zu suchen und zu retten« (Lk 19,10 NEÜ). Das ist seine Mission. Das ist seine Leidenschaft.

Egal, wer du bist, was du getan hast oder wo du jetzt stehst, Jesus ist bereit, dich anzunehmen. Und egal, wen er dir in Zukunft über den Weg schickt, seine Gnade reicht auch für diese Personen aus. Jesus ist der Freund aller Menschen.

KAPITEL 6

ER SIEHT DICH

Wenn du jemals verliebt warst, wirst du wissen, dass die Liebe dich dazu bringt, verrückte Dinge zu tun, um mit dem anderen zusammen zu sein. Zum Beispiel erinnere ich mich an einen von der Liebe angeregten Roadtrip, den ich während meines ersten Collegejahres machte. DawnCheré und ich waren seit weniger als einem Jahr zusammen. Ich lebte in Cleveland, Tennessee. Sie tourte durchs ganze Land und sang bei verschiedenen Veranstaltungen.

Eines Tages rief sie an und wir unterhielten uns eine Weile. Sie sagte mir beiläufig, dass sie ein paar Wochen später in Washington, D.C. sein würde. Sie erwähnte auch, dass sie mich gern sehen würde, aber dass es für mich natürlich zu weit weg sei, um hinzufahren.

Das war alles, was ich hören musste. Ich beschloss, dass ich dort sein würde, komme, was da wolle. Washington, D.C. war in der Tat weit entfernt von Cleveland, Tennessee, also dachte ich, ich brauche einen Reisebegleiter. Ich entschied mich, meinen Cousin anzuheuern, der allzeit bereit für ein Abenteuer war. Ich rief ihn an und erzählte ihm von meinem Plan.

Er antwortete: »Klingt nach Spaß! Aber Washington ist ein weiter Weg.«

»Nein, es ist nicht so weit. Es ist locker zu schaffen.«

»Wie weit ist ›nicht so weit‹?«, fragte er misstrauisch.

»Nur 960 Kilometer, Bro. Man fährt gerade mal neun Stunden.«

»Du bist verrückt.«

Ich beschloss, das als Kompliment aufzufassen. »Also, kommst du mit?«

»Ja, geht klar, Alter. Wann fahren wir los?«

Wir brachen an einem Donnerstagabend auf. Unser Plan war, die ganze Nacht zu fahren. Wir würden Freitag und Samstag in D.C. verbringen. Ich hätte zwei herrliche Tage mit DawnCheré, und Sonntagmorgen würden wir wieder zurückfahren.

Leider hatte mein Auto andere Pläne. Es gab den Geist auf. Zweimal. Unsere lockere neunstündige Fahrt verwandelte sich in eine sechsunddreißigstündige Tortur, die uns unsere geistige Gesundheit und unser Christsein in Frage stellen ließ.

Schließlich kamen wir irgendwann am Samstagmorgen in Washington an. Wir verbrachten dort knapp einen Tag, bevor wir zurückfahren mussten. Es spielte aber keine Rolle, denn ich war verliebt und bekam mein Mädchen zu sehen. Das war die Zeit und Mühe auf jeden Fall wert. Mir zumindest – mein Cousin ist seitdem nicht mehr auf einen Roadtrip mit mir mitgekommen.

Es ist nicht nur die romantische Liebe, die uns verrückte Dinge für andere Menschen tun lässt. Liebe lässt einen Elternteil die ganze Nacht bei einem Neugeborenen wachbleiben. Liebe gibt einer alleinerziehenden Mutter die Kraft, in zwei Jobs zu arbeiten, um den Lebensunterhalt für ihre Familie alleine zu bestreiten. Liebe motiviert einen Menschen, sich trotz hohem Alter jahrelang um den hilfebedürftigen Ehepartner zu kümmern. Liebe ist nicht nur ein Gefühl – sie ist die Kraft, die uns anzieht und verbindet.

Hätte ich Schlafentzug, Fahrzeugpannen und Beinahe-Nervenzusammenbrüche ertragen, um von Cleveland, Tennessee, nach

Washington, D.C. zu fahren, wenn ich nicht verliebt gewesen wäre? Natürlich nicht. Die Reise wäre mir wie eine Last und eine Zumutung erschienen. Im Nachhinein betrachtet, ist es wahrscheinlich das, was mein Cousin empfand. Aber aus meiner Sicht war es mühelos. Es war ein Kinderspiel.

Das bewirkt die Liebe: Sie sehnt sich danach, nahe zu sein. Sie hat den Drang, sich zu nähern. Die Liebe wird jede Kluft überwinden, jede Entfernung zurücklegen, um mit dem oder der Geliebten zusammen zu sein.

Wir sollten uns nicht über die extremen Anstrengungen wundern, die wir auf uns nehmen, denn Gott ist Liebe, und wir wurden nach seinem Bild geschaffen. Er sandte seinen Sohn, um an unserer Stelle zu sterben, damit wir die Ewigkeit zusammen verbringen könnten – das ist so extrem, wie es nur geht.

Unser Gott ist nicht weit weg, er versteckt sich nicht im Himmel, unnahbar und ignorant. Nein, unser Gott ist nahe. Er kam zu uns, er fand uns, und er brachte uns zurück. Warum? Wegen seiner intensiven, überwältigenden Liebe.

Auf dieser Reise, die als Nachfolge Jesu bezeichnet wird, ist die Liebe viel wichtiger, als wir es uns vorstellen können. Manchmal denken wir, dass es im Christentum um Gehorsam gehe. Wir denken, es gehe bei der Nachfolge Jesu darum, die Zähne zusammenzubeißen und zu versuchen, ein heiliges Leben zu führen, und zu vielen Dingen nein zu sagen, die wir insgeheim gern tun möchten. Aber in Wirklichkeit geht es um Liebe. Der Apostel Paulus schrieb dies über die Liebe Gottes:

> *Er möge euch nach dem Reichtum seiner Herrlichkeit mit Kraft beschenken, dass ihr durch seinen Geist innerlich stark werdet; dass Christus durch den Glauben in eurem Herzen wohnt und ihr in seiner Liebe fest eingewurzelt und*

gegründet seid; damit ihr zusammen mit allen, die Gott gehören, imstande seid, das ganze Ausmaß zu erfassen, seine Breite, Länge, Höhe und Tiefe; ja zu erkennen, was alle Erkenntnis übersteigt: die unermessliche Liebe, die Christus zu uns hat. So werdet ihr bis zur ganzen Fülle Gottes erfüllt werden. – Epheser 3,16–19 NEÜ

In diesem Abschnitt teilte Paulus seinen Lesern mit, wofür er betete, als er an sie dachte: dass sie die Liebe Gottes verstehen und erfahren würden. Das ist eine interessante Bitte, wenn man darüber nachdenkt. Normalerweise bete ich nicht, dass ich die Liebe Gottes verstehen möge. Ich neige dazu, für greifbarere, dringendere Dinge wie Finanzen, Gesundheit oder wegen der Probleme zu beten, mit denen ich konfrontiert bin. Aber Paulus, eine der größten Gestalten der biblischen Geschichte, betete für etwas scheinbar Einfaches, aber letztlich Tiefgründiges: die Liebe Gottes zu erkennen.

Solange wir nicht verstehen, wie sehr Gott uns liebt, werden wir uns nicht von Gott führen lassen. Wir werden uns nicht von ihm helfen lassen. Wir werden uns nicht auf ihn zubewegen oder ihn sich uns nähern lassen. Die Liebe ist die Macht, die Gott auf die Erde gebracht hat, und sie ist die Macht, die uns zu Gott führt.

Das Problem ist, dass wir die Nähe Gottes oft nicht wahrnehmen. Er ist da, aber wir sind uns dessen nicht bewusst. Wir erkennen ihn nicht. Und als Folge davon fühlen wir uns einsam, überfordert und verzweifelt.

Vielleicht sehen wir Gott nicht, weil wir von dem Druck und den Freuden des Lebens abgelenkt sind. Wir sind Gott gegenüber nicht aus Feindseligkeit ignorant, aber weil sich unsere Kultur so schnell bewegt und so laut schreit, haben wir nicht die geistige

Energie, um an Gott zu denken. Wir mühen uns einfach, aufzuholen und mit der Hektik des Lebens Schritt zu halten.

Manchmal sehen wir Gott nicht, weil Schmerzen und schwierige Umstände unser Herz und unsere Sinne überwältigen. Vielleicht glaubten wir früher, dass er uns nahe sei, aber plötzlich scheint das Leben dem zu widersprechen und wir haben Schwierigkeiten zu glauben, dass Gott wirklich da sein könnte.

Deshalb ist es so wichtig, die Liebe Gottes zu verstehen und zu glauben. Ob wir abgelenkt oder entmutigt sind, ob wir unter dem Tempo des Lebens keuchen oder über die Verluste des Lebens trauern, wir haben es nötig, »das ganze Ausmaß zu erfassen, seine Breite, Länge, Höhe und Tiefe« (V. 18). Das wird Balsam für unsere Seele sein.

Paulus schrieb darüber, »bis zur ganzen Fülle Gottes erfüllt« zu werden (V. 19). Wovon wir voll sind, ist das, wovon wir uns leiten lassen. Das Problem ist übrigens, dass viele von uns voll anderer Dinge sind. Einige von uns sind voller Wut, also werden wir von Wut geleitet. Einige von uns sind voller Bitterkeit, also werden wir von Bitterkeit geleitet. Einige von uns sind voll von sich selbst, also werden wir von Egoismus geleitet.

Die Lösung ist nicht, angestrengter zu versuchen, uns dieser falschen Dinge zu entledigen. Es geht darum, dass Gott uns mit einem Bewusstsein für seine Gegenwart und seine Liebe erfüllt. Deshalb kam Jesus, um uns mit dem Richtigen zu erfüllen: der Liebe Gottes. Er kam, um die Liebe des Vaters zu offenbaren, damit wir lernen könnten, ihn zurückzulieben, ihm zu vertrauen und ihm zu folgen. Die Nähe Gottes wird durch die Liebe Gottes motiviert, und seine Gegenwart wird uns durch jede schwierige Zeit und jeden schmerzhaften Umstand führen.

Wenn es so wichtig ist, mit der Liebe Gottes erfüllt zu sein, wie nehmen wir sie wahr und wie empfangen wir sie? Und wie wirkt sie sich auf uns aus? Hier sind drei einfache Beobachtungen.

Unsere Gefühle mitteilen

Ich bin schon vielen Menschen begegnet – natürlich typischerweise Männern –, die keine Emotionen zeigen wollen. Sie ziehen es vor, zugeknöpft, ungerührt und undurchdringlich zu bleiben, als ob das Zeigen ihrer Gefühle ein Zeichen von Schwäche wäre.

Gott ist anders. Gott hat kein Problem damit, auszudrücken, was er fühlt. Er ist ein ausdrucksstarker, emotionaler, demonstrativer Gott. Er lacht. Er wird eifersüchtig. Er wird wütend. Sein Herz bricht. Er hat Mitgefühl. Er erlebt Kummer.

Doch zuallererst *liebt* er. Er verleiht seiner Liebe ständig Ausdruck, nicht nur mit Worten, sondern auch mit Taten.

Als ich ein Kind war, hatten wir eine Weihnachtsmorgen-Tradition, den Geschenkekreis. Mein Vater verkleidete sich als Weihnachtsmann und meine drei Brüder und ich saßen um den Weihnachtsbaum herum. Einem nach dem anderen gab er uns Geschenke. Wir öffneten sie reihum, jeder klatschte und der nächste Bruder war dran.

Ich erinnere mich an ein Weihnachten, als ich etwa zwölf Jahre alt war. Wir öffneten Geschenke, aber ich bekam nicht, was ich wollte. Also spielte ich die beleidigte Leberwurst, wie es nur ein Zwölfjähriger kann. Ich sagte nach jedem Geschenk »Danke«, aber meine Stimme war voller Sarkasmus. Es gibt nichts Nervigeres als einen sarkastischen Vorpubertierenden.

Bedenke, dass meine Eltern, wenn es um Respekt und Gehorsam ging, keinen Spaß verstanden. Sie sagten: »Rich, wir werden dich umbringen, dich im Garten begraben und einen anderen machen, und niemand wird jemals wissen, dass du existiert hast.« Sie haben das nie gesagt, aber wenn man ein Kind ist, versteht man die Dinge so.

Mein Vater versuchte, die Weihnachtsmann-Fassade aufrechtzuerhalten, obwohl wir alle wussten, dass er es war. Aber schließlich konnte er es nicht mehr ertragen. Er hatte diesen krummen Finger, mit dem er für gewöhnlich auf uns zeigte, wenn wir in Schwierigkeiten waren, und jetzt zeigte er auf mich. »Rich, ändere deine Einstellung.« Dann wandte er sich zurück zur Familie, sagte: »Ho, ho, ho!« – und war wieder der Weihnachtsmann. Es war nicht leicht, ihn in diesem Anzug und mit Bart ernst zu nehmen, daraus mache ich keinen Hehl.

Dann war ich wieder an der Reihe. Ich öffnete mein Geschenk. Nicht das, was ich wollte. Also sagte ich, noch sarkastischer: »Wahnsinn. Wow. Danke.«

Als ich das sagte, hatte ich den Bogen endgültig überspannt.

Ich erinnere mich, dass ich versuchte, ihn davon zu überzeugen, dass Bestrafung ungerecht wäre. »Dad, ich habe mich bei dir bedankt. Warum krieg ich Ärger?«

Mein Vater antwortete: »Rich, du hast danke gesagt, aber du hast keine Dankbarkeit gezeigt.«

Was meinte er damit? Dass es einen großen Unterschied gibt, ob man etwas *sagt* oder *zeigt*. Schnell ist etwas geredet, aber oft bleibt es bei leeren Worten. Ich liebe es, dass Gott nicht nur große Worte macht, sondern ein Macher ist.

Johannes 3,16 ist mit Abstand der berühmteste Vers in der Bibel. »Denn so hat Gott die Welt geliebt, dass er seinen eingeborenen Sohn gab, damit jeder, der an ihn glaubt, nicht verloren geht, sondern ewiges Leben hat« (ELB). Gott hat uns nicht nur gesagt, wie sehr er uns liebt, sondern er hat es mit seinem Handeln, seinem Opfer und seiner Freigiebigkeit auch bewiesen.

Geben ist eine Handlung, die Liebe zum Ausdruck bringt. Eine Beziehung endet, wenn das Geben aufhört. Oder, genauer gesagt, wenn das Geben aufhört, bedeutet das, dass die Beziehung beendet ist. Warum? Weil du vielleicht in der Lage bist, ohne Liebe zu geben, aber du kannst nicht lieben, ohne zu geben. Freigiebigkeit ist die unvermeidliche Folge von Liebe.

Einige von uns verstehen immer noch nicht das Ausmaß von Gottes Geschenk. Er hat uns sein Bestes geschickt. Beachte das kleine Wort *so* in Johannes 3,16. Gott hat uns *so* geliebt. Mit anderen Worten, er fühlte eine so tiefe Leidenschaft, eine so starke Sehnsucht, dass er bereit war, alles zu tun, was nötig war, um seine Liebe zu uns auszudrücken. Er näherte sich uns, als wir uns ihm nicht nähern konnten.

Du kannst nicht lieben, ohne zu geben. Freigiebigkeit ist die unvermeidliche Folge von Liebe.

Der Bibel nach wurden wir alle mit einer sündigen Natur geboren (Röm 3,23). Die Sünde steckt als Anlage in uns. Und die Sünde hat eine Belohnung: den Tod. Das bedeutet, dass das Einzige, was du und ich verdienen, der Tod ist. Aber Gott liebte uns so sehr, und er gab dieser Liebe Ausdruck, indem er Jesus sandte. Jesus starb nicht nur *für* dich und mich – es ist besser als das. Er starb *als* du und ich an diesem Kreuz. Er wurde zu unserer Sünde, damit wir zu seiner Gerechtigkeit werden könnten. Er starb, damit wir leben und die Ewigkeit mit Gott verbringen könnten.

Ich habe gehört, dass 85 Prozent der menschlichen Kommunikation nonverbal ist, und mit meiner Erfahrung in zehn Jahren Ehe wäre ich geneigt, diese Statistik zu bestätigen. Es geht nicht darum, was man sagt – es geht darum, wie man es sagt. Ehemänner, aufgepasst.

Der Großteil der Kommunikation ist Körpersprache. Es ist die Haltung. Es sind Gesichtsausdrücke. Es sind Handlungen. Wenn ich meine Frau frage: »Wie war dein Tag?« und sie antwortet: »Gut«, bedeutet das nicht unbedingt, dass er gut war. Der Tonfall ihrer Stimme verrät mir, wie er wirklich gelaufen ist. Oder wenn sie diese bestimmte Geste mit ihrem Haar macht, bedeutet das nicht, dass sie es lediglich aus dem Gesicht streichen möchte. Es bedeutet, dass ich in Schwierigkeiten bin. Das habe ich auf die harte Tour gelernt. Oder wenn sie ihre Augenbrauen auf eine bestimmte Weise anhebt, sagt sie: »Ich will, dass du bei mir bist. Jetzt.« Dann gibt es noch ein paar nonverbale Hinweise, die ich als Ehemann gerne sehe, aber die kann ich nicht drucken lassen. Ehelicher Sex ist der beste Sex, mehr sage ich nicht.

Der Tod Jesu am Kreuz ist der größte nonverbale Kommunikationsakt Gottes. Deshalb ist das Kreuz mehr als ein Schmuckstück, ein Modestatement oder ein religiöses Symbol. Es ist eine visuelle Erinnerung an Gottes Liebe zu uns. Die Kreuzigung Jesu war eine Opferhandlung, eine Möglichkeit für Gott, ohne Worte zu rufen: »Seht ihr, wie sehr ihr geliebt werdet?! Wenn ihr es nicht mithilfe meiner Worte begriffen habt, schaut euch meine Taten an, meine Haltung, meine Körpersprache. Ich liebe euch! Ich habe meinen einzigen Sohn für euch gegeben.«

Liebe muss man erleben

Gott hat seiner Liebe Ausdruck verliehen, indem er sich uns näherte, aber das reicht nicht aus, um unser Leben zu verändern. Solange wir seine Gegenwart, seine Achtsamkeit, seine Fürsorge für uns nicht auf persönlicher Ebene erleben, werden wir unverändert bleiben.

Ich bin Menschen begegnet, die Gottes Liebe gedanklich anerkennen, die sie mit Worten bestätigen, die sie theologisch belegen – aber sich dennoch verloren und allein fühlen. Sie kennen Jesus als Meister, Lehrer und Retter, aber sie haben ihn nicht als ihren Freund kennengelernt. Und wenn harte Zeiten kommen, reicht ihr Kopfwissen nicht aus.

Ich habe bereits erwähnt, wie bekannt Johannes 3,16 ist. Das Problem mit der Bekanntheit oder Vertrautheit ist jedoch, dass uns am Ende die persönliche Bedeutung von etwas entgehen kann. Und in diesem Fall kann die Gefahr durch die herrliche Sprache des Satzes »So hat Gott die Welt geliebt« noch verstärkt werden.

Wir können das lesen und denken: *Wow, Gott ist unglaublich! Er liebt die ganze Welt. Er ist so groß. Seine Liebe ist so groß. Hat die Welt ein Glück.* Das ist wahr. Aber ich frage mich: Wie oft spalten wir uns unterbewusst von der Welt ab? Der Begriff *Welt* ist so weit und so groß, dass wir uns selbst übersehen können. Wir sind Teil jener Welt; deshalb hat Gott *uns* so sehr geliebt, dass Jesus für *uns* gestorben ist. Er ist ein großer Gott. Er ist groß genug, um klein genug zu sein, um mit dir und mir eng vertraut zu sein.

Als ich siebzehn Jahre alt war, wurde mein Leben von innen heraus verwandelt. Ich reagierte auf den Ruf Gottes. Seit jenem Moment habe ich viele Fehler gemacht, aber ich habe nie zurückgeblickt. Doch erst in den letzten Jahren habe ich begonnen zu verstehen und zu glauben, dass Gott wirklich *mich* liebt.

Es ist nicht schwer für mich zu glauben, dass Gott dich liebt, aber es ist erschreckend, dass er mich liebt. Warum? Weil ich mich kenne. Ich weiß alles über mich. Ich lebe schon lange mit mir selbst und ich kenne das Gute, das Schlechte und das Hässliche. Ich könnte dir eine Liste von Gründen geben, warum ich diese Art von Liebe nicht wert bin. Doch dieser Vers sagt mir, dass Gott mich trotzdem liebt. Wie ist das möglich? Diese Realität haut mich jedes Mal um, wenn ich sie mir vergegenwärtige. Sie verändert etwas. Eigentlich verändert sie *alles*.

Es macht einen enormen Unterschied, ob man über etwas Bescheid weiß oder dieses Etwas auch wirklich selbst erlebt. Ich bin mir sicher, du hast beispielsweise schon etwas über New York City gehört. Du hast wahrscheinlich schon Filme gesehen, die in New York gedreht wurden. Du hast Fotos von der Skyline von Manhattan gesehen. Vielleicht hast du über die Stadt in einer Zeitschrift gelesen, ihre Geschichte studiert oder Fakten über ihre Bevölkerung, Kultur oder ihren Verkehr gehört. Vielleicht hast du sogar ein »I Love New York«-Sweatshirt. Aber wenn du New York noch nicht selbst besucht hast, kannst du es nicht völlig verstehen. Nicht einmal annähernd.

Ich könnte versuchen, dir von New York zu erzählen. Ich könnte ein Buch über New York schreiben. Ich könnte Geschichten über New York erzählen. Aber letzten Endes kann ich dir nicht erklären, wie es ist, im Herbst durch SoHo in Manhattan zu laufen. Ich kann nicht erklären, wie es schmeckt, wenn man im italienischen Viertel essen geht. Ich kann die Dimensionen und den Lärm des Times Square nicht beschreiben. Jeder, der schon mal in New York City war, wird zustimmen: Um diese Stadt wirklich zu erleben, muss man bereit sein, dorthin zu gehen.

Du fragst dich vielleicht: *Wie erlebe ich die Liebe Gottes?* Auf die gleiche Weise: Du musst bereit sein, zu ihr zu gehen.

Du kannst in der Anbetung zu ihr gehen. Du kannst im Gebet zu ihr gehen. Du kannst durch die Bibel zu ihr kommen. Du kannst zu ihr gelangen, indem du über Gott nachdenkst, Gott zuhörst, mit anderen Menschen über Gott redest. Öffne ihm dein Herz. Lebe dein Leben mit ihm. Teile mit ihm die Höhen und Tiefen, die Sorgen und Ängste, die kleinen Details, die deinen Tag bestimmen. Gott hat seine Liebe zum Ausdruck gebracht; jetzt kannst du sie erleben.

Was ich an Gottes Liebe mag, ist Folgendes: Je näher man Gott kommt, desto besser lernt man ihn kennen. Und je besser man ihn kennenlernt, desto mehr liebt man ihn.

Das Gleiche passiert in menschlichen Beziehungen, richtig? Liebe bedeutet immer, den anderen besser kennenzulernen. Das macht das Sich-Verlieben ja so aufregend. Ich erinnere mich an die Zeit, als ich DawnCheré gerade erst kennenzulernen begann. Wir verbrachten Stunden am Telefon, um mehr über einander zu erfahren. »Du meine Güte. Du magst Blau? Blau ist meine Lieblingsfarbe!« »Du hast Pizza gegessen? Wow, ich liebe Pizza!« Total bescheuerte Sachen eben.

So funktionieren Beziehungen. Kennenlernen führt zu Liebe. Sich dem anderen widmen erzeugt Leidenschaft. Es ist kein Kopfwissen, es ist Herzenswissen. Wir erfahren nicht nur Fakten über Gott – wir erfahren seine Liebe für uns selbst.

Manchmal denken die Leute jedoch, dass sie alles wissen, was sie über Gott wissen müssen. Sie haben ihn einmal erlebt und das reicht. »Weiß ich schon, kenn ich schon.« Und wenn sie anfangen zu glauben, dass sie alles wissen, was es über Gott zu wissen gibt, dann stagniert ihre Beziehung zu ihm.

Vielleicht hast du in deinem Leben schon mal in einer Beziehung eine Stagnation erlebt. Man nimmt jemanden als selbstverständlich hin. Man hört auf, etwas Neues an der Person zu entdecken. Man nimmt an, dass man alles über sie weiß. Eine solche Beziehung – wenn man es überhaupt eine nennen kann – wird irgendwann verkümmern. Ich sah das schon in Ehen und in Freundschaften geschehen und ich sah es auch bei der Liebe von Menschen zu Gott passieren.

Wahre Liebe hört nie auf zu lernen, weil wir nie alles über eine andere Person wissen können. Beziehung ist der fortlaufende Prozess, jemand anderen kennenzulernen. Das macht die Ehe so spannend: Zwei Menschen verlieben sich ständig neu ineinander, sie lernen und verändern sich und erleben einander ein ganzes Leben lang.

Jesu Liebe ist wie ein Ozean. Sie ist größer, als du dir vorstellen kannst. Seine Gnade ist tiefer. Seine Barmherzigkeit ist weiter.

Das macht es auch so aufregend, Jesus nachzufolgen. Je näher ich ihm komme, desto mehr merke ich, wie weit ich von ihm entfernt war. Je besser ich ihn kennenlerne, desto mehr merke ich, wie wenig ich ihn kannte. Jesu Liebe ist wie ein Ozean. Sie ist größer, als du dir vorstellen kannst. Seine Gnade ist tiefer. Seine Barmherzigkeit ist weiter. Du musst es selbst erleben – nicht durch Geschichten von deinem Nachbarn, deiner Mutter oder deinem Pastor. Ja, er liebt die Welt. Aber du und ich, wir *sind* die Welt.

Wir evangelisieren es

Evangelisation ist einer dieser Gemeindebegriffe, der auf viele Leute etwas abschreckend wirken kann. Ich wuchs in der Gemeinde auf und wenn ich den Begriff als Kind hörte, stand er oft in einem zwingenden, fast militant wirkenden Zusammenhang: »Geh da raus und evangelisiere«, oder »Du solltest mehr evangelisieren.« Vielleicht hast du das auch so empfunden, wenn du schon viel Zeit in der Gemeinde verbracht hast. Das unschöne Ergebnis ist, dass die Evangelisation für viele Jesusnachfolger sowohl schwer zu verstehen als auch unangenehm ist.

Schlimmer noch, die Gemeinde hat im Namen der Evangelisation in unserer Kultur viel verbrannte Erde hinterlassen. Das Kirchenvolk ist berühmt-berüchtigt dafür, dass es den Menschen im Namen des »Zeugnis-Gebens« seinen Glauben und seine Moralvorstellungen aufzwingt. Wir haben einen ähnlichen Ruf wie Telefonverkäufer: jemanden zu unpassender Zeit mit einer unerwünschten Nachricht zu bedrängen und kein Nein als Antwort zu akzeptieren.

Ich glaube, wir denken zu viel darüber nach. Evangelisieren ist etwas so Schönes und Natürliches, dass du es wahrscheinlich ganz unbewusst tust, wenn du Jesus kennst.

Der Begriff Evangelisation stammt von einem griechischen Wort, das in der Bibel meist mit »das Evangelium predigen« übersetzt wird. Das klingt immer noch ziemlich religiös, aber *predigen* bedeutet einfach *erzählen* oder *verkünden*, während *Evangelium* gute Nachricht bedeutet. Evangelisation ist in ihrem Kern also nichts anderes, als über die gute Nachricht von der Liebe Jesu zu sprechen.

Gott hat seine Liebe ausgedrückt, du und ich haben sie erlebt, und jetzt können wir sie mit anderen teilen. Es ist ganz einfach. Und es ist unglaublich kraftvoll.

Ganz besonders liebe ich daran, dass unsere Botschaft eine *gute* Nachricht ist. Wir leben in einer Welt voller schlechter Nachrichten. Mach den Fernseher an und zappe durch die Nachrichtensender und du erhältst in dreißig Minuten genug schlechte Nachrichten für einen ganzen Monat. Schlechte Nachrichten im Nahen Osten. Schlechte Nachrichten im politischen System. Schlechte Nachrichten in der Wirtschaft. Schlechte Nachrichten in deiner Stadt. Wenn du zur Arbeit gehst, ist vielleicht dein Arbeitsplatz voller schlechter Nachrichten. Oder wenn du nach Hause gehst, ist dein Zuhause voller schlechter Nachrichten. Oder du bist in einer Beziehung und die Beziehung selbst ist eine schlechte Nachricht. Schlechte Nachrichten scheinen der Normalzustand dieses Planeten zu sein.

Aber die Sache ist die. Wir leben vielleicht in einer Welt, die auf schlechte Nachrichten fixiert und von ihnen frustriert ist, aber wir sind nicht von dieser Welt. Sobald wir Jesus kennen, sobald wir den Ausdruck seiner Liebe erlebt haben, sind wir nicht mehr voll von schlechten Nachrichten. Dann sind wir voller guter Nachrichten: Jesus rettet. Jesus befreit. Jesus ist real, er ist nah und er ist bereit, jeden zu empfangen, der ihn will.

Er kennt deinen Namen

Das bringt mich zu Johannes 20, das ein großartiges Kapitel ist, denn es beschreibt das erste Osterfest. Ich liebe Ostern. Nicht die Pastellfarben oder die Zuckerschocks, die mit Ostern verbunden werden – ich liebe, was symbolisiert wird: Jesu Tod, seine Auferstehung und sein Sieg über den Tod. Nur um dir eine Vorstellung davon zu geben, wie sehr ich es liebe: Als wir unser erstes Osterfest als neue Gemeinde feierten, ließen wir zwanzigtausend Ostereier für die einheimischen Kinder aus einem Hubschrauber fallen. Ostern ist per Definition episch.

Wir feiern den Ostersonntag, den Tag, an dem Jesus von den Toten auferstand. Aber es hätte keinen Sonntag zum Feiern gegeben ohne den tragischsten Freitag der Geschichte. Jesus starb am Freitag. Vom Luxus unseres Standpunktes aus, Tausende Jahre später, können wir diesen Tag »Good Friday« nennen (englische Bezeichnung für den Karfreitag). Denn wir wissen ja, was nur zwei Tage später am Sonntag geschah. Aber ich garantiere dir, keiner von Jesu Freunden hätte vom »Guten Freitag« gesprochen, als Jesus gekreuzigt wurde. Sie sahen nichts zu feiern, als sein Körper vom Kreuz genommen und in ein Grab gelegt wurde. Sie hielten es nicht für eine gute Nachricht, als ein Stein vor das Grab gerollt wurde, in dem nun die Leiche ihres besten Freundes versiegelt lag, ihrer ultimativen Hoffnung.

Gute Nachrichten? Weit gefehlt. Das waren schlechte Nachrichten. Traurige Nachrichten. Verwirrende Nachrichten. Schreckliche Nachrichten. Sie dachten, Jesus würde zu ihren Lebzeiten herrschen und regieren. Viele von ihnen erwarteten, dass er ein politischer Herrscher sein würde, der lang erwartete Befreier, der Israel von der Herrschaft des Römischen Reiches befreien würde. Überdies war Jesus ihr bester Freund. Er war ihr Lehrer, ihr Vorbild und ihre Verbindung zum Vater.

Jesus war *Gott*. Wie konnte Gott tot sein? Es ergab keinen Sinn. Ihre Träume wurden zerstört und ihre Herzen gebrochen.

Am frühen Sonntagmorgen, zwei Tage nach Jesu Tod und Grablegung, ging eine Frau namens Maria Magdalena zu seinem Grab, um ihm die letzte Ehre zu erweisen. Zu ihrem Entsetzen war der Stein, der das Grab versiegelt hatte, verschwunden, und das Grab war leer. Sie geriet in Panik. Die Dinge wurden immer schlimmer. Jesus war getötet worden. Und jetzt war auch noch sein Leichnam weg?

Petrus und Johannes tauchten als Nächste auf. Sie spähten hinein, machten sich klein und gingen hinein, um sich das Ganze genauer anzusehen. Ihre Befürchtungen wurden bestätigt: Der Körper Jesu war nirgendwo zu finden. Sie gingen verwirrt weg und fragten sich, was das bedeutete. Eine Flut von widersprüchlichen Emotionen und Gedanken muss ihre Seelen überwältigt haben.

Maria Magdalena blieb am Grab, nachdem die anderen gegangen waren. Ich möchte, dass du dir die Szene vorstellt, denn ich denke, dass Maria viele von uns repräsentiert. Die Bibel sagt uns, dass sie früher in ihrem Leben einige ernste Probleme hatte. Jesus trieb sieben Dämonen von ihr aus, was darauf hindeutet, dass sie ziemlich verkorkst gewesen sein muss. Doch Jesus nachzufolgen hatte ihr Leben radikal verändert – bis hin zu dem Punkt, dass sie einer der wenigen Menschen war, die in seinen letzten Momenten am Kreuz bei ihm blieben. Wie alle seine Jünger muss sie ihn geliebt und ihm vertraut haben. Sie muss sich eine Zukunft mit ihm als ihrem Gott und ihrem Messias vorgestellt haben.

Nun war all das zusammengebrochen, weil Jesus tot und fort war. Maria muss sich verzweifelt und verlassen gefühlt haben. Gute Nachrichten? Überhaupt nicht. Gott ist nahe? Er fühlte sich nie weiter weg an. Gottes Liebe und Gnade? Tot und begraben zusammen mit ihrem besten Freund.

Hast du dich jemals so gefühlt? Ich mich schon. Öfter als ich mich erinnern kann. Wir wissen, dass Gott real ist. Wir wissen, dass Jesus uns liebt. Aber dann nimmt das Leben eine unerwartete Wendung und plötzlich fühlen wir uns alleingelassen. Wir fühlen uns von Gott im Stich gelassen. Was ist mit seinen Zusagen geschehen? Was ist mit unseren Träumen passiert? War das alles eine Illusion, eine falsche Hoffnung?

Maria konnte den Schmerz nicht zurückhalten. In ihrer Hoffnungslosigkeit und Bestürzung begann sie zu weinen. Der Apostel Johannes beschrieb, was als Nächstes geschah.

> *Maria stand inzwischen wieder draußen an der Grabhöhle und weinte. Weinend beugte sie sich vor, um in die Gruft hineinzusehen. Auf einmal sah sie zwei weiß gekleidete Engel dasitzen, wo der Körper von Jesus gelegen hatte, einer am Kopfende und der andere am Fußende. »Frau, warum weinst du?«, fragten sie.*
> *Maria erwiderte: »Sie haben meinen Herrn fortgetragen, und ich weiß nicht, wo sie ihn hingelegt haben.«*
> *Als sie über die Schulter zurückblickte, sah sie auf einmal Jesus dastehen, erkannte ihn aber nicht. Er sagte: »Frau, warum weinst du? Wen suchst du?«*
> *Sie dachte, es sei der Gärtner, und sagte: »Herr, wenn du ihn fortgenommen hast, sag mir bitte, wo er jetzt liegt. Dann gehe ich und werde ihn holen.«*
> *»Maria!«, sagte Jesus.*
> *Da drehte sie sich um und rief: »Rabbuni!« Das ist Hebräisch und heißt: Lehrer!*
> *»Lass mich los!«, sagte Jesus zu ihr. »Ich bin noch nicht zum Vater im Himmel zurückgekehrt. Geh zu meinen Brüdern und sag ihnen von mir: Ich kehre zurück zu meinem Vater und eurem Vater, zu meinem Gott und eurem Gott.«*
> *Da ging Maria aus Magdala zu den Jüngern. »Ich habe den Herrn gesehen!«, verkündete sie und richtete ihnen aus, was er ihr aufgetragen hatte. – Johannes 20,11–18* NEÜ

Diese Geschichte bewegt mich zutiefst, denn ich war dort, wo Maria ist. Nicht wortwörtlich – ich hänge normalerweise nicht auf Friedhöfen und bei Gräbern rum, ob leer oder nicht. Aber ich war in Situationen, in denen der Schmerz so groß war, die Zerrissenheit so real war, dass ich nicht wusste, wohin ich mich wenden sollte. Ich konnte Jesus in meinem Schmerz nicht finden.

Hast du jemals versucht, durch Tränen hindurch zu schauen? Deine Sicht ist völlig verschwommen. Du kannst nicht sehen, was direkt vor dir liegt, weil du durch einen Schleier aus Schmerz und Kummer blickst.

Maria verlangte verzweifelt nach Jesus, aber ihr Schleier aus schlechten Nachrichten und Trauer war so real, dass sie ihn nicht erkannte, als sie ihn direkt anblickte. Sie sprach sogar mit ihm. »Gärtner, mein Herr, haben Sie Jesus irgendwo hingebracht?«

Manchmal sieht unser Gebetsleben so aus. »Jesus, wo bist du? Ich sehe dich nicht, Jesus. Ich spüre dich nicht. Siehst du mich? Interessiert es dich, was ich durchmache?« Wir können ihn nicht sehen, aber wir sprechen mit ihm. Und er ist zum Greifen nah.

Es gibt eine Geschichte über ein Feuer, das im Haus einer Familie ausbrach. Die ganze Familie entkam in den Vorgarten, mit Ausnahme eines kleinen Jungen, der gezwungen war, sich auf das Dach zu flüchten. Als Flammen an der Seite des Hauses hochkrochen, stand der Vater des Jungen unter ihm und rief zu ihm rauf: »Sohn, spring! Ich fang dich auf.«

Der Junge kroch an den Rand des Daches, aber er konnte nichts als Flammen und Rauch sehen. Vor Angst zog er sich wieder von der Kante zurück. »Ich kann nicht, Daddy. Ich habe Angst!«

Sein Vater wusste, dass das Leben seines Sohnes davon abhing, dass er springen würde, und so schrie er immer wieder: »Spring! Ich fang dich auf. Ich verspreche es.«

»Aber, Daddy«, schluchzte der Junge schließlich. »Ich kann dich nicht sehen.«

Der Vater antwortete: »Aber ich kann dich sehen. Und das ist alles, worauf es ankommt.«

In dieser Geschichte suchte Maria nach Jesus. Das war das Richtige. Aber sie konnte ihn nicht finden. Sie konnte ihn nicht sehen. Das ist der Zustand, in dem sich so viele Menschen wiederfinden. Sie wollen Gott, aber sie können Gott nicht sehen, also nehmen sie an, dass er nicht da ist.

Jesus hatte ein Gespür für Dramatik, was eine weitere Sache ist, die ich an ihm liebe. Er sagte nur ein Wort:

»Maria!«

Mehr war nicht nötig. Eine vertraute Stimme sprach ihren Namen aus und brachte etwas in ihrem Herzen zum Hüpfen. Plötzlich erkannte sie ihn so, wie er war. »Lehrer!« rief sie freudig aus. Sie rannte zu ihm und umarmte ihn so fest, dass er sie schließlich ermahnen musste, ihn loszulassen.

Ein einziges Wort veränderte alles. Ein Wort trocknete ihre Tränen, stellte ihre Träume wieder her, heilte ihr Herz. Ein Wort verwandelte schlechte Nachrichten in gute Nachrichten und dann in die besten Nachrichten. Als sie sich alleingelassen fühlte, war Jesus bei ihr. Als sie das Gefühl hatte, dass niemand ihre Not sah, stand Jesus neben ihr, aufmerksam und mitfühlend. Als sie um ihren Verlust trauerte, rief Jesus ihren Namen.

Jesus kennt deinen Namen. Ich habe es schon mal gesagt: Gott ist sowohl groß als auch klein. Er ist so groß, dass er dir helfen kann, und so klein, dass er jedes Detail über dich weiß. Er ist groß genug, um klein genug zu sein, damit er dein Leben lang dein Freund und Begleiter sein kann. Dass er deinen Namen kennt, zeigt, dass er alles über dich weiß, was es zu wissen gibt. Er liebt dich. Er hat einen Plan für dich. Er wacht über dich.

Maria erlebte seine Liebe und wollte das auch zum Ausdruck bringen, so sehr, dass Jesus Maria im Grunde genommen sagte: »Halt dich nicht an mir fest. Geh und erzähl anderen von mir.« Nochmals, das ist die natürliche Entwicklung der Liebe Gottes. Er bringt sie zum Ausdruck, wir erleben sie, dann evangelisieren wir, indem wir die gute Nachricht von seiner Liebe weitergeben.

Die erste Zeugin des Evangeliums, die allererste Predigerin des Evangeliums war Maria Magdalena. Als Frau hatte sie in der damaligen Kultur einen niedrigen Status und wenig öffentlichen Einfluss. Sie war eine ehemals Besessene, was bedeutet, dass sie wahrscheinlich eine Vergangenheit, einen Ruf und eine Menge Ballast mit sich herumschleppte. Aber Jesus sagte: »Maria, du hast mich gesehen. Du kennst meine Liebe. Dein Herz ist voll davon. Jetzt lass die Liebe Gottes zu anderen überschwappen.«

So geht es. Wir müssen nicht seltsam sein, um zu evangelisieren. Wir müssen uns nicht zwingen, über Jesus zu sprechen, damit andere glauben können. Wir müssen nur Gottes Leben und Liebe überfließen lassen, wohin wir auch gehen. Manchmal gehört dazu auch Reden, aber oft bedeutet es nur, Menschen zu lieben und anzunehmen. Es bedeutet, das Leben zu genießen, denn deine Freude und dein Frieden werden mehr Menschen dazu bringen, sich zu fragen, was du hast – und wie sie es bekommen können – als jede Predigt, die du halten könntest.

Maria ging zu den Jüngern zurück und sagte einfach: »Ich habe den Herrn gesehen!« (V. 18 NEÜ). Dann sagte sie ihnen, was er gesagt hatte. Von diesem Moment an war alles anders. Mit der einfachen Offenbarung, dass Jesus am Leben war, stellten die Jünger die Welt letztendlich auf den Kopf.

Jesu Lehre war unglaublich. Seine Wunder waren erstaunlich. Aber es war seine Auferstehung, die alles veränderte. Unterschätze nicht die Bedeutung oder Macht jener Aussage: »Ich habe den Herrn gesehen.«

Vielleicht kämpfst du mit Schulden und findest keinen Weg heraus. Vielleicht verheimlichst du eine Sucht und sie frisst dich auf, aber du weißt nicht, wohin du dich wenden sollst. Vielleicht wurde dir das Herz gebrochen und du fragst dich, ob du weiterleben kannst. Vielleicht fragst du dich, ob Gott real ist oder du fragst dich, ob er sich für dich interessiert.

Vielleicht kannst du Jesus durch deine Tränen nicht sehen, aber er kann dich sehen.

Vielleicht kannst du Jesus durch deine Tränen nicht sehen, aber er kann dich sehen. Er steht neben dir, versprochen. Er ist sich bewusst, was du durchmachst. Er kennt deinen Schmerz und er ruft deinen Namen. Wende dich an ihn und sieh ihn als den, der er wirklich ist. Dein Leben wird nie wieder dasselbe sein, denn Jesus ist nahe.

KAPITEL 7

REISST DAS DACH AUF

Ich habe die Gabe, Dinge vor mir herzuschieben.

Es ist keine Gabe, ich weiß – aber wäre es nicht toll, wenn es so wäre? Was wäre, wenn das Aufschieben von Dingen bis zur letzten Sekunde als eine positive Charaktereigenschaft angesehen würde? Ich wäre ein Meister in der hohen Kunst der sofortigen Befriedigung und der aufgeschobenen Verantwortung.

Aber so ist es nicht. Es ist ein Problem, weshalb ich beabsichtige, daran zu arbeiten. Morgen.

Tatsächlich habe ich mich seit meiner Mittelschulzeit dramatisch verbessert. Als ich auf die Highschool und dann aufs College kam, war ich ein relativ guter Schüler beziehungsweise Student. Aber damals in der fünften Klasse – eher nicht so sehr. Ich erinnere mich, dass ich eines Tages in der Klasse saß und die Lehrerin sagte: »Denkt dran, morgen ist die Forschungsausstellung.« Sie hatte es seit sechs Monaten angekündigt, aber einen Tag davor wurde mir das erste Mal wirklich klar, dass ich ein Projekt fertig haben musste.

Ich hatte nichts. Kein Projekt, keine Planung, keine Ideen. Also beschloss ich, einen Vulkan zu bauen. Es gibt einen berühmten Vulkan im Staat Washington namens Mount St. Helens, der 1980 ausbrach. Ich bin in Washington aufgewachsen und jeder aus diesem Staat kennt die Geschichte von Mount St. Helens. Das gehörte zu meinen Wurzeln. Es war perfekt.

Das einzige Problem war, dass ich keine Ahnung hatte, wie man einen Vulkan baut. Etwas zu bauen, egal was, war noch nie meine Stärke. Ich bin kein Handwerker und werde es auch nie sein. In meiner Ehe ist DawnCheré diejenige mit dem Werkzeuggürtel. Ich selbst bin hilflos.

Ich hatte jedoch das aufgeblähte Selbstvertrauen und die Unbändigkeit eines Mittelschülers, zudem war ich immer willensstark. Es bestand kein Zweifel daran, dass ich ein auf sechs Monate angelegtes Projekt an einem Abend fertigstellen konnte. Ich sprach mit einem Freund und der sagte: »O ja, es ist wirklich einfach. Du machst eine Basis, die du mit Papiermaché umwickelst. Dann nimmst du Backpulver, Essig und Lebensmittelfarbe, um den Vulkan zum Ausbruch zu bringen. Es ist ganz einfach.«

Ich ging nach Hause und machte mich an die Arbeit. Ich hatte keine Ahnung, wie man eine Basis herstellt, und Google war noch nicht so bekannt, also nahm ich einfach einen alten orangen Warnkegel. Er war etwa einen Meter hoch, sodass ein riesiger, sehr schmaler Vulkan dabei herauskommen würde. Ich klebte Zeitungspapier um den Kegel herum und sprühte ihn braun an. Ich glaube nicht, dass Mount St. Helens braun war, als er explodierte, aber das war die Farbe, die ich da hatte. Kleine orangefarbene Flecken schimmerten durch das Papier, aber ich glaubte nicht, dass das was ausmachen würde. Er sollte ja ausbrechen, wobei dann sowieso alles vollgeschmiert würde.

Ich fand eine Tasse und steckte sie oben rein. Dann suchte ich in der Speisekammer und fand Backpulver und Essig. Aber wir hatten keine Lebensmittelfarbe. Also rief ich meinen Freund an und sagte: »Hast du rote Lebensmittelfarbe? Dieses Ding wird komisch aussehen, wenn es keine Lava hat. Ich will nicht, dass nur Sprudel rauskommt.«

Er sagte: »Ja, soll ich sie morgen zur Schule mitbringen?« »Das wäre toll. Wirst du es auch nicht vergessen?«

»Nein, Mann, verlass dich drauf.«

Mein Vater war nicht in der Stadt, also fuhr mich am nächsten Tag mein Opa zur Schule. Noch im Auto arbeitete ich an dem Vulkan. Als wir in der Schule waren, trug ich ihn in die Turnhalle. Ich musste ihn immer wieder zusammenbauen, weil Teile abfielen. Man konnte große Streifen des orangefarbenen Kegels darunter sehen. Es war völliger Murks. Schließlich tauchte mein Freund auf. Er hatte die Lebensmittelfarbe vergessen.

Bald kamen die Juroren an meinen Tisch und baten um eine Demonstration. Ich erklärte in etwa zwei Sätzen, was Mount St. Helens war. Dann war es Zeit für den großen Moment. »Machen Sie sich bereit für den Ausbruch des Vulkans!«, sagte ich voller Begeisterung.

Ich mischte die Zutaten zusammen und der weiße Schaum kam aus der Spitze. Sie waren unbeeindruckt. »Das ist keine Lava.«

»Doch, ist es«, versicherte ich ihnen.

Jemand sagte: »Ich glaube, dein Vulkan hat einen Anfall.« Ich fragte: »Kann ich ihn fertigstellen und morgen wieder mitbringen?«

»Nein. Tut uns leid, dafür ist es zu spät.« Die Juroren markierten mein Projekt als unvollständig. Ich sah alle meine Freunde eine Eins nach der anderen kriegen, während ich überhaupt keine Note bekam.

Ich habe an diesem Tag eine Lektion über das Hinauszögern gelernt. Ich musste mich der Realität von Fristen und Terminen stellen und dem, was passiert, wenn Projekte überfällig sind.

Das ist natürlich eine wertvolle Lektion fürs Leben. Projekte haben Abgabetermine und herauszufinden, wie man solche Termine einhalten kann, gehört zum Erwachsenwerden. So lernen wir, To-do-Listen und Kalender zu erstellen. Wir planen Verantwortlichkeiten nach Zeiträumen. Wir kümmern uns um mehrere Aufgaben gleichzeitig, wir betreiben Projektmanagement, wir tun, was nötig ist, um Dinge zu erledigen.

Das ist ein Vorteil, wenn es um die Projekte in unserem Leben geht: Schularbeiten, Jobs, Wohnungsrenovierungen, Autoreparaturen, Schuldentilgung, Gründung eines neuen Unternehmens, Kauf eines Eigenheims und so weiter. Das Problem ist, dass diese Fälligkeitsmentalität sich manchmal in unsere Haltung Menschen gegenüber einschleicht. Wir legen so viel Wert darauf, »Dinge zu erledigen«, dass wir unterschwellig davon ausgehen, dass wir Menschen in unseren Kalender eintragen können. Wir wollen, dass sich ihre Komplexe und Schwächen unserer Zeitplanung anpassen, als ginge es um Projekte, die es zu managen und umzusetzen gilt. Und wenn sie ihren gedanklichen »Fälligkeitstermin« erreichen und dieser verstreicht, sind wir geneigt, sie als unvollständig zu markieren und mit anderen Dingen weiterzumachen.

Aber Menschen sind keine Projekte und sie haben keine Fälligkeitstermine. Wenn ein Freund oder eine Freundin eine Schwäche hat, können wir nicht vorausberechnen oder kontrollieren, wie lange es dauert, bis er oder sie sich verändert. Wir können nicht vorhersagen, wann ein Familienmitglied sich endlich von einer Sucht oder Abhängigkeit befreien wird. Wir können keine Frist für jemandes geistliche Reise setzen.

Projekte können gemanagt werden, aber Menschen müssen geliebt werden. Bis wir den Unterschied zwischen beidem verstehen, werden wir es schwer haben, andere Menschen anzunehmen, und wir werden es schwer haben, Gottes Gnade in unserem eigenen

Leben zu verstehen. Wir werden uns den mangelnden Fortschritt in jemandes Leben ansehen und sagen: »Tut mir leid, es ist zu spät. Unvollständig.« Und wir werden ihn oder sie fallen lassen. Da unsere (willkürlich) gesetzte Frist abgelaufen ist, meinen wir, wir hätten keine Verantwortlichkeit mehr, diese Person anzunehmen oder zu lieben.

Projekte können gemanagt werden,
aber Menschen müssen geliebt werden.

Es gibt eine Geschichte in der Bibel, die veranschaulicht, wie wichtig es ist, Menschen als Menschen und nicht als Projekte zu behandeln. Es ist Markus 2,1–12:

Einige Tage später kehrte Jesus nach Kapernaum zurück. Die Nachricht von seiner Ankunft verbreitete sich schnell in der ganzen Stadt. Es dauerte nicht lange, da war das Haus, in dem er wohnte, von Besuchern überfüllt, sodass kein Einziger mehr Platz hatte, nicht einmal draußen vor der Tür. Und er verkündete ihnen Gottes Wort. Da kamen vier Männer, die einen Gelähmten auf einer Matte trugen. Es gelang ihnen nicht, durch die Menge zu Jesus vorzudringen, deshalb deckten sie das Dach über ihm ab. Dann ließen sie durch die Öffnung den Kranken auf seiner Matte hinunter.
Als Jesus ihren Glauben sah, sagte er zu dem Gelähmten: »Mein Sohn, deine Sünden sind dir vergeben.«
Doch einige Schriftgelehrte, die dabeisaßen, dachten: »Wie kann er so etwas sagen? Das ist doch Gotteslästerung! Nur Gott allein kann Sünden vergeben!«

Jesus wusste, was in ihnen vorging, und sagte: »Warum macht ihr euch in euren Herzen solche Gedanken? Ist es leichter, zu dem Gelähmten zu sagen: ›Deine Sünden sind dir vergeben‹ oder: ›Steh auf, nimm deine Matte und geh‹? Ich werde euch beweisen, dass der Menschensohn auf der Erde die Vollmacht besitzt, Sünden zu vergeben.« Und er wandte sich dem Gelähmten zu und sagte zu ihm: »Steh auf, nimm deine Matte und geh nach Hause, denn du bist geheilt!« Der Mann sprang auf, nahm die Matte und bahnte sich einen Weg durch die staunende Menge. Da lobten sie alle Gott. »So etwas haben wir noch nie gesehen!«, riefen sie.

Diese Geschichte handelt von mehr als einer spontanen Dachumgestaltung. Es geht darum, wie Gott die Menschen sieht und wie auch wir sie sehen sollten.

Wir wissen nicht viel über die Figuren in dieser Erzählung. Wir kennen weder ihre Namen noch ihre Beziehung zueinander oder ihre Meinung über Jesus. Wir wissen nicht, ob sie gute oder schlechte Menschen waren. Wir sehen nur eine schöne Geschichte über ein paar Männer, die ihren gelähmten Freund nicht aufgeben wollten. Und als Ergebnis hatte der Freund eine radikale Begegnung mit Jesus, eine, die ihn innerlich und äußerlich verwandelte.

Es ist wichtig, sich daran zu erinnern, dass in dieser Zeit und Kultur schwere Krankheiten oft als Zeichen des göttlichen Gerichts angesehen wurden. Der Volksglaube sagte, wenn eine Person etwas so Schlimmes durchmacht, dann deshalb, weil jemand – entweder die Person selbst oder deren Eltern – gesündigt hatte. Die Krankheit war die Strafe für irgendeine verborgene Schuld.

Was hat das wohl für diesen Gelähmten bedeutet? Viele Menschen werden ihm aus dem Weg gegangen sein, ihn verurteilt und verdächtigt haben. »Er muss etwas Schreckliches getan haben, und deshalb ist er so. Er muss ein Sünder sein. Er verdient, was er bekommt.«

Doch nicht Jesus. Die Menschen, die die Gesellschaft als Sünder bezeichnete, nannte Jesus Freunde. Die Personen, die in der damaligen Kultur abgestempelt und verworfen wurden, waren genau die, die Jesus suchte. Das war eines seiner charakteristischen Merkmale, wie wir in diesem Buch schon gesehen haben. Als der gelähmte Mann in seiner Matte also unerwartet vor ihm baumelte, denke ich, dass Jesus mehr als offen dafür war, ihm zu helfen. Er war gekommen, um die Kranken zu heilen, die Blinden wiederherzustellen, die Verlorenen zu retten. Dieser Mann war seine Mission.

Die kulturelle Denkweise, die ich zuvor beschrieben habe, ist nicht so alt und antiquiert, wie wir gerne denken. Zweitausend Jahre später neigen die Menschen immer noch dazu, diejenigen, die zu kämpfen haben, abzustempeln und auszugrenzen, zu verdächtigen und abzulehnen. Ich spreche nicht von Menschen, die körperlich kämpfen – obwohl das auch vorkommt. Ich spreche von inneren Kämpfen, moralischen Kämpfen, von Kämpfen mit Süchten oder mit Beziehungen.

Ich bin so dankbar, dass Jesus in einer Kultur der Ablehnung dazu bestimmt ist, Menschen in Not zu helfen. Warum? Weil ich eine Person in Not bin. Du bist eine Person in Not. Bevor wir in dieser Geschichte fortfahren, müssen wir erkennen, dass der gelähmte Mensch jeden von uns repräsentiert. Vielleicht sind wir jetzt nicht in diesem Zustand, aber es gab eine Zeit in unser aller Leben, als wir auf einer Matte lagen, hilflos, hoffnungslos und verzweifelt.

Ein Grund, warum es Jesus-Nachfolgern an Mitgefühl für Menschen mangelt, die im Leben nur schwer klarkommen, ist der, dass sie sich nicht daran erinnern oder nie erlebt haben, wie das

Leben ohne Jesus war. Sie haben vergessen, wie viel Gott in ihrem Leben getan hat. Sie glauben, dass ihre positiven Veränderungen und ihre guten Sitten das Ergebnis ihrer eigenen harten Arbeit und bemerkenswerten Selbstdisziplin seien.

Dieser Mann war gelähmt. Ich kann mir kein besseres Bild für das Leben vor Jesus vorstellen. Bitte versteh mich nicht falsch: Diese Metapher soll Menschen, die eine Lähmung haben, nicht negativ darstellen. Ich kenne Menschen, die unglaubliche Widrigkeiten und Herausforderungen im körperlichen Bereich überwunden haben und die ein erfülltes und glückliches Leben führen. Aber als geistliches Beispiel ist die Lähmung ein sehr anschauliches Bild vom Leben ohne Jesus.

Gelähmt zu sein bedeutet, dass Teile des Körpers nicht richtig funktionieren. Wenn deine Beine gelähmt sind, wirkt sich das auf deinen Gang aus. Wenn dein Arm oder deine Hand gelähmt ist, wirkt sich das auf deine Gestik aus. Wenn dein Gesicht gelähmt ist, beeinflusst es deine Sprache und deine Mimik.

In geistlicher Hinsicht hat ein Leben ohne Jesus vergleichbare Auswirkungen. Du kannst nicht in das neue Leben der Fülle eintreten. Du kannst nicht so handeln, wie du willst, oder die Dinge erreichen, die Gott in dein Herz gelegt hat. Worte und Emotionen werden leicht ungesund und schädlich. Wenn also Menschen in unserem Leben, die Jesus nicht kennen, falsche Dinge sagen oder tun, sollte unsere erste Reaktion nicht darin bestehen, sie zu meiden, ihnen zu predigen oder sie zu beschämen. Sie geben wahrscheinlich ihr Bestes, aber ein Leben ohne Jesus ist wie ein Leben mit Lähmung.

Kannst du dir vorstellen, zu jemandem zu gehen, der gelähmt ist, und zu sagen: »Komm schon, steh auf und geh! Was ist los mit dir? Du musst dich nur mehr anstrengen.« Das wäre auf lächerliche Weise beleidigend. Dennoch tun wir im Grunde dasselbe, wenn wir den Menschen sagen, sie sollen sich hinsichtlich ihrer Moral zusammenreißen, sich einfach mehr anstrengen, um besser zu sein. Ist es nicht ein wenig arrogant unsererseits anzunehmen, dass sie das nicht bereits versucht haben?

Hast du jemals versucht, mit jemandem zu kommunizieren, der deine Sprache nicht spricht? Was machst du, wenn die andere Person dich nicht versteht? Mir ist aufgefallen, dass Einheimische in einer solchen Situation oft auf eine ganz bestimmte Weise reagieren: Sie sprechen lauter. Sie schreien praktisch. »*Wie! Geht! Es! Dir!?*« Das bringt mich echt zum Lachen. Es ist völlig unlogisch. Lautstärke ist nicht das Problem und Schreien ist nicht die Lösung.

So verhält sich auch oft die Gemeinde. »Komm schon, steh auf! Was ist los mit dir?«, schreien wir, metaphorisch gesprochen. Dann fragen wir uns, warum sich die Person nicht rührt. Eigentlich sollte unsere Reaktion von Mitgefühl geprägt sein. Es sollte uns das Herz brechen. »Es tut mir so leid, was du durchmachst. Ich bin hier, um dich zu tragen. Ich bin hier, um dir zu helfen. Ich bin hier, um dich zu demjenigen zu bringen, der die Antwort hat – sein Name ist Jesus.«

Wenn du schon eine Weile mit Jesus unterwegs bist, denke ich, dass es gesund ist, sich einen Moment Zeit zu nehmen und sich vorzustellen, wie dein Leben ohne ihn aussehen würde. Meine Vermutung ist, dass es ein bisschen wie das Leben all derer um dich herum wäre, die Jesus nicht kennen: Familienmitglieder, Arbeitskollegen, Nachbarn. Wenn es Jesus nicht gäbe, wären wir mit unseren menschlichen Grenzen und Kämpfen mindestens genauso überfordert wie sie. Solange wir nicht Gottes Perspektive auf leidende Menschen haben, sind wir ihnen keine Hilfe. Wir verurteilen sie einfach und meiden sie. Vielleicht blockieren wir sogar den Eingang, damit sie nicht durchkommen.

Ja, die Menschen haben Probleme. Warum schockiert und entsetzt uns das? Wir hatten sie doch auch. Wir *haben* sie noch. Das ist das Werk der Sünde. Sie stiehlt, tötet und verdirbt. Sie raubt uns unsere Menschlichkeit und verdreht unsere Identität. Sie lähmt uns. Wir wissen das bereits – also hören wir doch besser auf, uns über die Probleme der Menschen aufzuregen, und helfen ihnen stattdessen, Jesus zu begegnen. Seien wir Freunde der Sünder.

Jeder ist willkommen

Das Haus in dieser Geschichte war völlig überfüllt. Es hätte einen Brandmeister zusammenzucken lassen. Man konnte keine weitere Person unterbringen (zumindest nicht mit konventionellen Mitteln – wir kommen gleich zum dramatischen Zutritt übers Dach). Es hatte sich herumgesprochen, dass Jesus in diesem bestimmten Haus war, und Menschen in Not ließen die Hütte aus allen Nähten platzen.

Ich liebe das Bild eines vollen Hauses, weil es die Leidenschaft Jesu für die Welt offenbart. Sein Herz ist gebrochen für eine gebrochene Menschheit. Alle sind willkommen; er wird niemanden wegschicken. Zweitausend Jahre später passiert das Gleiche. Menschen auf der ganzen Welt versammeln sich, um in Jesus Antworten zu finden. Sie sammeln sich in Häusern, sie sammeln sich in Kirchen, sie sammeln sich in Cafés. Jesus ist immer noch ein Garant für ein ausverkauftes Haus – weil er immer noch die Antwort ist.

Da unsere Gemeinde gewachsen ist, höre ich ab und zu Kommentare, die mir unangenehm sind. »Diese Gemeinde wird zu groß. Es sind so viele Menschen. Ich kenne nicht alle. Ist meine Handtasche überhaupt sicher? Der Parkplatz ist zu voll. Ich muss früh herkommen, um einen Platz zu finden.«

Geschichten wie die über den gelähmten Mann erinnern uns daran, dass es keine Gemeinde gibt, die zu groß ist, denn Menschen sind wichtiger als Komfort. Jesus starb nicht am Kreuz, damit wir sagen können: »Ich und du, zwei dazu, nur wir vier, das reicht uns hier.« Mit groß oder klein meine ich auch keine Mitgliederzahlen – ich spreche von einer Mentalität, die sagt: »Mir geht's gut, ich fühle mich hier wohl, wir schließen also besser die Türen, bevor noch jemand anderes hereinkommt.«

Ich war vor einiger Zeit in Tulsa, Oklahoma, bei einem Justin-Bieber-Konzert und als ich mich in der ausverkauften, vollgepackten Arena umsah, kam mir dieser Gedanke: *Ich hoffe, eines Tages sieht unsere Gemeinde so aus.* Ich konnte mir die Arena voller Menschen vorstellen, die kommen würden, um Jesus zu begegnen. Ich konnte mir vorstellen, wie all dieser Lärm und all die Begeisterung von Menschen kämen, die sich versammelt haben, um Gott anzubeten.

Vielleicht fragst du: »Warum, Rich? Willst du nur große Menschenmengen? Große Zahlen? Ruhm?«

Natürlich nicht. Die Vorstellung einer so großen Gemeinde ist sogar beängstigend. Ich träume von vollen Häusern aus nur einem einzigen Grund: Weil es so viele Menschen gibt, die Jesus sehen wollen, und ich möchte Raum und Gelegenheit für diese Begegnungen schaffen.

Überleg mal, wie traurig es gewesen wäre, wenn dieser Mann noch immer gelähmt wieder nach Hause gebracht worden wäre, weil er nicht zu Jesus gelangen konnte. Ich finde Justin Bieber toll, aber Justin kann deine Seele nicht retten. Er kann dich nicht erlösen. Wenn du krank wirst und ins Krankenhaus gehst, werden die Justin Biebers dieser Welt dich nicht besuchen. Der Einzige, der in jedem Moment da sein kann, ist Jesus. Er ist die Antwort, also machen wir doch unsere Kirchen voll und reden über ihn.

Es geht natürlich darum, sowohl die vielen als auch den einen zu erreichen. Wir wissen wahrscheinlich alle, wie es ist, sich in einer großen Menge einsam zu fühlen. Das Ziel sind nicht Zahlen, sondern Menschen. Das Ziel ist nicht, große Gemeinden zu haben, sondern große Menschen zu sein. Es besteht darin, großherzige Nachfolger Jesu zu werden, mit weit geöffneten Armen, in denen immer noch Platz für eine weitere Person ist. Menschen sind keine Projekte. Sie sind einfach nur – Menschen. Männer, Frauen, Junge, Alte, Sünder, Heilige, Wohlerzogene, nicht so Wohlerzogene. Sie sollten in unseren Kirchen, in unseren Häusern, in unseren sozialen Kreisen und in unseren Herzen willkommen sein. Jeder Einzelne ist bei Gott willkommen, also sollte jeder Einzelne auch bei uns willkommen sein.

**Ich will es laut und deutlich aussprechen:
Du bist in der Familie Gottes willkommen.**

Vielleicht hast du keine Schwierigkeiten damit, Menschen mit Problemen zu akzeptieren, weil du mehr Probleme als jeder andere hast. Du meidest weniger die Sünder, sondern eher die Gemeinde oder Christen. Vielleicht hast du das Christsein schon einmal ausprobiert und du wurdest abgestempelt, verurteilt und verworfen. Wenn das der Fall ist, dann tut es mir wirklich leid.

Ich will es laut und deutlich aussprechen: Du bist in der Familie Gottes willkommen. Es spielt keine Rolle, ob du Probleme, Komplexe, Süchte oder Zweifel hast. Deine Vergangenheit verfolgt dich vielleicht, deine Gegenwart mag dir peinlich sein oder deine Zukunft dir Angst machen. Jesus empfängt dich trotzdem. Es gibt immer noch Platz für einen mehr.

Laufband-Christen

Ich erwähnte vorhin, dass der gelähmte Mann jeden von uns repräsentiert, bevor wir zu Jesus kamen. Wir sind aber nicht nur der gelähmte Mann in dieser Geschichte. Ich glaube, Gott will, dass wir wie die vier Freunde sind. Er möchte, dass wir nicht nur unsere eigene Heilung erhalten, sondern auch anderen helfen, Wiederherstellung in Jesus zu erfahren.

Diese Männer weisen zwei außergewöhnliche Eigenschaften auf, die beispielhaft zeigen, wie unsere Einstellung zu den Menschen um uns herum sein sollte. Zunächst einmal waren sie *entschieden*. Wie eine militärische Spezialeinheit erklimmen sie ein Haus, zerstören ein Stück des Dachs und seilen jemanden durch das Loch ab. Das ist krass. Das ist anstrengend. Es war nicht so, dass sie sich eines Tages langweilten, nach einem Zeitvertreib suchten und sich zufällig auf einem Dach wiederfanden. Nein, das war gezieltes Handeln. Sie hatten beschlossen, alles zu tun, um ihren gelähmten Freund zu Jesus zu bringen.

Es wäre nachvollziehbar gewesen, wenn diese Männer ihrem Freund einfach nur das Beste gewünscht und sich dann wieder ihrem eigenen Leben zugewandt hätten. Schließlich schien sein Zustand chronisch zu sein. Und wie wir bereits gesehen haben, nahmen viele Leute an, dass es sowieso seine eigene Schuld war. Aber da war etwas in diesen Männern, das sie nicht nur dazu brachte, die Not ihres Freundes zu erkennen, sondern auch etwas dagegen zu unternehmen.

Sind wir uns der Bedürfnisse und Nöte der Menschen um uns herum bewusst? Sind sie uns so wichtig, dass wir uns für ihr Wohlergehen engagieren? Engagement kommt aus Interesse, und Interesse entsteht aus Bewusstsein. Der erste Schritt, um ein Freund zu werden, wie ein jeder dieser vier Männer es war, besteht darin, unsere Augen für die Menschen um uns herum zu öffnen.

Ich rede nicht davon, ein Wichtigtuer zu sein und die Nase in die Angelegenheiten anderer Leute zu stecken. Ich spreche einfach davon, aufmerksam gegenüber den Menschen zu sein, die verzweifelt nach Antworten suchend Hilfe benötigen und bereit sind, uns ihre Herzen zu öffnen. Ich meine insbesondere Menschen, zu denen wir eine Beziehung haben, vielleicht noch keine enge Beziehung, aber eine, die sich entwickeln könnte, wenn wir uns erlauben, ihnen wirklich zuzuhören, ihren Schmerz zu spüren, ihr Leid zu hören.

Die vier Freunde waren so entschieden, dass sie ihren Freund zu Jesus trugen. Das erwies sich als etwas komplizierter, als sie ursprünglich dachten.

»Jungs«, muss einer von ihnen gesagt haben. »Jesus ist wieder in der Stadt! Er hat alle möglichen Wunder vollbracht. Echt abgefahrene Sachen. Vielleicht könnte Jesus ihn heilen!«

»Hammeridee! Wie kriegen wir ihn dorthin?«

»Ich dachte, wir tragen ihn einfach. Es ist nur ein paar Meilen entfernt.«

»Alles klar! Tun wir es. Wie schwer kann es schon sein?«

Ein paar Stunden später standen sie auf einem Haus und balancierten einen Mann zwischen sich, während sie eine Dachluke bauten. Es war nicht das, was sie geplant hatten, aber sie zogen die Sache durch. Warum? Weil sie sich für eine Person und nicht für ein Projekt einsetzten. Es spielte keine Rolle, wie lange es dauerte oder was es sie persönlich kostete – sie würden ihren Freund auf jeden Fall zu Jesus bringen.

Vor ein paar Jahren war ich mit einer meiner Nichten, die damals etwa zwei Jahre alt war, in Disney World. Sie entschied plötzlich, dass sie nicht mehr in der Lage war, sich vorwärts zu bewegen. Komisch, wie das bei kleinen Kindern ist. »Ich kann nicht laufen«, stöhnte sie.

»Dir geht's gut«, sagte ich. Ich hatte nicht wirklich Lust darauf, den Rest des Tages still stehen zu bleiben.

»Nein, ich kann nicht mehr laufen. Meine Beine sind gebrochen.«

»Na schön, ich werde dich tragen«, sagte ich. Ich setzte sie mir auf die Schultern. Fünf Minuten später dachte ich, ich würde mein Kreuz tragen. Ich konnte nicht glauben, wie schwer sie war.

Menschen zu tragen ist oft eine Herausforderung. Es ist leicht zu sagen, dass wir Menschen lieben, und es ist leicht, für Menschen zu beten, aber sind wir bereit, dorthin zu gehen, wo sie sind, uns zu ihnen zu beugen und ihnen zu helfen, zu Jesus zu gelangen? Wenn man Menschen trägt, kann einen das verlangsamen. Es kann anstrengend sein. Es kann unbequem sein. Aber schau dir das Ergebnis an: Ein Mann ohne Hoffnung und ohne die Fähigkeit, sich selbst zu retten, fand größere Freiheit, als er es sich hätte vorstellen können.

Wenn wir nicht vorsichtig sind, können wir das sein, was ich Laufband-Christen nenne. Vielleicht magst du Laufbänder, vielleicht auch nicht. Die öffentliche Meinung ist gespalten, wie ich herausgefunden habe. Meine persönliche Beziehung zu Laufbändern ist von Hassliebe geprägt: Früher habe ich sie geliebt, aber jetzt hasse ich sie.

Ich bin mir nicht sicher, an welchem Punkt sich die Dinge änderten. Als ich aufs College in Cleveland, Tennessee, ging, liebte ich es, auf einem Laufband zu trainieren. Ich will hier wirklich nicht angeben, aber ich hatte mir einen Ruf aufgebaut. Ich war der Laufband-König. Ich glaube nicht, dass mich jemand tatsächlich so nannte, aber so sah ich mich selbst. Ich ging regelmäßig ins Fitnessstudio und trug mein komplettes Nike-Outfit: Dri-

FIT-Knöchelsocken, Roshe-Schuhe, Laufshorts, Trainingsoberteil und natürlich meinen iPod und meine Wasserflasche – ich war gerüstet.

Ich fing immer langsam an. Für gewöhnlich war die Klimaanlage eingeschaltet. Ich schaute den Sportsender ESPN, während ich mich gehend in Bewegung setzte. Irgendwann steigerte ich dann das Tempo und übernahm die Kontrolle über das Laufband. Wenn Leute vorbeigingen, blickte ich von meinem hohen Laufband-Ross auf sie hinab. »Hey. Hi. Schön, euch zu sehen. Ja, ich bin der coole Typ auf dem Laufband. Der Laufband-König.«

Eines Tages war eine Starspielerin der Mädchenfußballmannschaft im Fitnessstudio. Sie war damals mit einem meiner besten Freunde zusammen. Sie kam zu mir und sagte: »Rich, wir haben von dir gehört. Wir haben von deinen Laufband-Aktivitäten gehört.«

Ich sagte: »Überrascht mich nicht. Das haben viele Leute.«

»Möchtest du morgen mit den Mädels einen Lauf machen?«, fragte sie.

»Ja, das würde ich gerne«, sagte ich. »Wann wollen wir uns bei den Laufbändern treffen?«

»Ähm, nein, Rich. Wir werden nicht auf Laufbändern laufen.«

Ich war verwirrt. »Wo habt ihr vor, zu laufen?«

Sie antwortete: »Wir werden draußen laufen.«

»Draußen? Noch nie von draußen gehört.«

Sie sagte: »Triff uns um 16 Uhr beim Fußballplatz.«

»Alles klar, machen wir das. Wir sehen uns dort. Draußen.«

Am nächsten Tag fand ich heraus, dass es einen großen Unterschied gibt zwischen Laufen auf einem Laufband und Laufen im Freien. Draußen greifen dich die Elemente an: Regen, Sonne, Wind, Tornados. Autos versuchen, dich zu überfahren. Hunde bellen dich an und beißen dich beinahe. Steine bringen dich absichtlich zum Stolpern. Fußballerinnen überholen und verspotten dich. Es ist hart.

Ich wurde an diesem Tag total fertiggemacht, dabei ging es nicht einmal um einen Wettlauf. Sie wollten nur joggen, aber ich konnte nicht mithalten. Hast du jemals so hart trainiert, dass du schließlich überzeugt warst, an Tuberkulose zu leiden? Exakt so ging's mir, als ich draußen lief.

Hier ist der springende Punkt: Wir können christliche Laufband-Könige sein. Wir glauben großartig zu sein, wir arbeiten hart, wir sind erfolgreich, wir sind geistlich – aber wir praktizieren unseren Glauben eigentlich nicht in der echten Welt, mit echten Menschen und echten Problemen. Wir laufen lediglich auf der Stelle und genießen dabei die Anerkennung und die Klimaanlage.

Jesus starb nicht am Kreuz, damit wir Laufband-Christen sein könnten. Er will, dass wir da rausgehen und etwas zustande bringen. Viele von uns kennen mehr Hillsong-Lieder, als wir damit anzufangen wissen. Wir haben die Hälfte des Textes in unseren Bibeln markiert. Aber wenn wir das, was wir wissen, in der echten Welt nicht leben, welchen Sinn macht es dann? Reden können wir über vieles, aber können wir den Worten auch Taten folgen lassen? Können wir uns für Menschen einsetzen? Es ist Zeit, vom Laufband zu steigen, jemanden in Not zu finden und sich für ihn einzusetzen. »Wie kann ich dir dienen? Wie kann ich dir helfen? Wie kann ich ein besserer Freund sein?«

Dieser gelähmte Mann war allein und hilflos. Dann gruppierten sich plötzlich vier Kerle um ihn herum. Sie hoben ihn hoch. Sie trugen ihn zu Jesus. Aus seinen zwei kranken wurden acht gesunde Beine, und sein Leben war nie wieder dasselbe. Lass uns Menschen sein, die entschieden sind, einander zu tragen.

Diese vier Freunde waren nicht nur engagiert, sie waren auch kreativ. Engagement kann sich in Starrköpfigkeit verwandeln, wenn es nicht mit Kreativität gepaart ist. Das Ziel ist nicht, Lösungen zu erzwingen, sondern Lösungen zu finden. Der Eintritt durch das Dach fällt definitiv in die Kategorie »Denken über den Tellerrand hinaus«. Das war so innovativ und effektiv, dass wir heute noch darüber sprechen.

Dies ist eine dieser Bibelgeschichten, durch die wir oft durchgaloppieren, ohne uns die Szene wirklich vorzustellen, aber es lohnt sich, einen Moment darüber nachzudenken. Es war so verrückt, so maßlos, dass ich sicher bin, dass die Jünger noch jahrelang darüber gelacht haben. Die Geschichte hat es in mehrere der Evangelien geschafft, also hat sie ganz sicher Eindruck hinterlassen. Einige Gelehrte sagen, dass es sehr wahrscheinlich das Haus von Petrus war, was die Geschichte noch besser macht. Ich bin mir sicher, dass er an diesem Tag ein paar deutliche Worte zu sagen hatte.

Stell dir vor, du wärst einer der Jünger in dieser Szene. Überall drängten sich eng die Menschen. Es war kein Platz mehr, um sich zu bewegen. Jesus heilte die Kranken, beantwortete Fragen und lehrte über Gott; es war anders als alles, was die Menschen je gesehen hatten. Die Atmosphäre war spannungsgeladen.

Dann, den Lärm der Menge übertönend, war ein seltsames Geräusch vom Dach zu hören. Am Anfang war es nur ein Kratzen. Ich stelle mir vor, wie Johannes vielleicht sagte: »Petrus, du hast wieder Ratten.« Dann wurde aus dem Kratzen ein Klopfen. Staub rieselte auf die Haare und in die Augen der Menschen. Und begleitet wurde der vom Dach kommende Lärm von Stimmen. So viel zur Ratten-Theorie.

Bald fiel mehr als nur Staub herab: Tonbrocken und Ziegelteile regneten in die Mitte der nun völlig abgelenkten Menge. Petrus muss ausgeflippt sein. Überall gab es ein Durcheinander. Wie wollte er das seiner Frau erklären?

Nach ein paar weiteren Schlag- und Kratzgeräuschen zeigte sich im Dach ein Loch. Das Tageslicht strömte herein und beschien den in der Luft wirbelnden Staub. Gegen das helle Licht des Himmels zeichneten sich die Umrisse von vier Gestalten ab, die tatkräftig Ziegel wegräumten, um das Loch noch zu erweitern. Sie schienen mit jemandem zu sprechen. »Warte, Kumpel. Fast geschafft. Das wird funktionieren. Das wird eine tolle Sache.«

Ich kann mir vorstellen, wie Petrus protestiere. »Was *macht* ihr da? Ihr könnt nicht einfach ein Loch in mein Dach brechen! Ich schlag euch das Ohr ab, ihr Nichtsnutze, ihr wisst, dass ich das mache!«

Nichts schreckte diese Männer ab. Nicht das Chaos, nicht der Spott, nicht der mürrische Hausbesitzer. Um jemandem zu helfen, dem niemand sonst half, mussten sie etwas tun, was niemand sonst tat.

Hier ist die Lektion in all dem: *Die Menschen sind es wert.*

»Was wert?«, fragst du. Alles wert. Das Durcheinander und das Chaos wert. Den Aufwand und die Kosten wert. Wenn wir entschieden sind, Menschen zu helfen, müssen wir unsere Kreativität einsetzen. Wenn wir Menschen erreichen wollen, die niemand sonst erreicht, müssen wir Dinge tun, die niemand sonst tut.

Ich möchte die Art von Person sein, die Löcher in Dächer reißt. Ich möchte Teil einer Gemeinschaft sein, einer Kirche, die Dächer aufbricht. Warum veranstaltete unsere Gemeinde vor ein paar Jahren eine Reality-Show? Wir haben ein Loch in ein Dach gebrochen. Warum ließen wir zwanzigtausend Ostereier aus einem Hubschrauber fallen? Wir haben ein Loch in ein Dach gebrochen.

Wofür haben wir die Bühne, das Licht, die Musik, die Atmosphäre, die wir haben? Wir brechen das Dach auf. Wir helfen Menschen, Jesus zu sehen, die ihn anders vielleicht nicht sehen.

Ich finde, dass ein Mangel an Kreativität oft nur ein Mangel an Einsatzwille ist. Manchmal hören wir eine Botschaft darüber, Menschen zu helfen, darüber, ihnen von Jesus zu erzählen, und sofort beginnen wir, eine Liste von Gründen durchzugehen, warum wir das gerade jetzt nicht tun können. »Es ist nicht meine geistliche Gabe.« »Ich bin in einer anderen Lebensphase.« »Ich bin zum Beten berufen.« Einige Menschen sind bei ihren Ausreden kreativer als bei ihren Bestrebungen, Menschen zu erreichen.

Du brauchst nicht darüber zu beten, ob du leidenden Menschen helfen solltest. Lies einfach die Bibel. Liebe ist deine Berufung, und Liebe gibt, Liebe hilft, Liebe dient. Wenn du darüber beten musst, ob du Menschen mit der Liebe Jesu lieben sollst oder nicht, hast du etwas nicht verstanden. Denke nicht zu viel darüber nach und vergeistliche es nicht übermäßig. Hör auf zu beten; fang an zu gehorchen.

Liebe ist deine Berufung, und Liebe gibt, Liebe hilft, Liebe dient.

Wenn du Jesus nachfolgst, wirst du feststellen, dass dir gelähmte Menschen auffallen. Oft wirst du sie nicht einmal suchen müssen. Es könnte sogar jemand sein, den du schon tausend Mal gesehen hast, aber plötzlich blickst du hinter die Fassade und erkennst, dass seine Wut oder ihr Zynismus einfach nur die Nebenwirkungen davon sind, Jesus nicht zu kennen.

In deinem Herzen wird sich etwas rühren und du wirst feststellen, dass du Mitgefühl empfindest. Anstatt auf ihre Negativität zu reagieren oder angesichts ihrer Sünde zurückzuschrecken, wirst du dich in diesen Personen wiedererkennen. Du wirst von der Liebe Gottes durchflutet werden und du wirst feststellen, dass du Dinge tust, Dinge sagst und dich mit Menschen anfreundest, wie du es dir nie vorgestellt hättest.

Mitgefühl wird dich zu Engagement führen. Und Engagement schafft Kreativität. Du wirst vom kritischen Außenstehenden zum engen Freund. Du wirst bei dir bemerken, wie du alles tust, was nötig ist, um Menschen zu erreichen, Menschen zu helfen und Menschen zu heilen.

Gruppenglauben

Die Bibel sagt uns etwas Tiefgründiges darüber, was Jesus motiviert hat, in das Leben dieses Mannes einzugreifen. In Vers 5 von Markus 2 heißt es: »Als Jesus ihren Glauben sah, sagte er zu dem Gelähmten: ›Mein Sohn, deine Sünden sind dir vergeben‹«.

Beachte, wessen Glaube die Aufmerksamkeit Jesu erregte: *ihr* Glaube. Jesus sah nicht nur den Glauben des Mannes, sondern auch den Glauben der Freunde. Da waren noch vier andere Kumpel, die die Hoffnung, den Glauben und die Erwartung hatten, dass Jesus etwas für ihren kranken Freund tun würde. Mit anderen Worten, Wunder sind oft ein Gruppenprojekt.

Vielleicht kannst du dich damit identifizieren, weil du weißt, dass du tot sein solltest, aber es gab eine Großmutter, die sich nie von ihren Knien erhob. Sie betete für dich, als dir Gebet völlig egal war. Vielleicht solltest du im Gefängnis sein, aber deine Mutter betete und glaubte immerzu, dass du Jesus finden würdest. Ihrer beider Glaube war wichtig.

Etwas Kraftvolles geschieht, wenn wir Glauben mit Blick auf andere Menschen haben. Gott nimmt davon Notiz und er tut unmögliche Dinge um ihretwillen. *Dein* Glaube ist wichtig. Wenn du jene Mutter bist, die für ihren Jungen betet, hör nicht auf. Wenn du jene Großmutter bist, glaub weiter um deines verlorenen Enkels oder deiner verlorenen Enkelin willen. Wenn du ein Teenager bist, der für die Ehe seiner Eltern betet, gib nicht auf. Wenn du Student oder Studentin bist und immer noch entgegen aller Hoffnung daran festhältst, dass dein Vater von der Sexsucht, die sein Leben ruiniert, loskommen kann, dann bete weiter.

Zwänge Menschen nicht in einen bestimmten Zeitrahmen; stemple ihnen kein Verfallsdatum auf; stufe sie nicht als »unvollständig« ein, um dann weiterzuziehen. Glaub daran, dass Gott eingreifen kann, auch wenn deine Geduld längst erschöpft ist.

Oft denken wir, dass *wir* die Menschen verändern müssten; wir nehmen an, dass die Last, sie zurechtzubringen, auf uns liegt. Unsere Beweggründe mögen gut sein, aber mit unserer Zielsetzung liegen wir weit daneben. Wir können niemanden ändern. Die meiste Zeit können wir nicht einmal *uns selbst* ändern. Nur Gott kann einen gelähmten Menschen heilen; nur Gott kann Sünden vergeben.

Wir wollen, dass Gott sie liebt und wir sie verändern, das ist unser Problem. Wie wäre es, wenn wir sie einfach nur lieben und es Gott überlassen, sie zu verändern?

Das erste Wunder

Pass auf, wie Jesus sich um das Ewige kümmerte, bevor er in dieser Geschichte das zeitlich Begrenzte heilte. Als er sagte: »Mein Sohn …«, muss sich jeder vorgebeugt und ein spektakuläres Wunder erwartet haben. Der junge Mann selbst muss gedacht haben: *Es ist so weit! Ich glaube, er wird mich heilen. Das wird super.*

Dann fuhr Jesus fort: »Deine Sünden sind dir vergeben.«

Ich glaube, der junge Mann war verwirrt. Ähm, danke? Ich bin mir nicht sicher, wovon du redest. Ich will nur geheilt werden. Ich will nur laufen können.

Was tat Jesus da? Er kümmerte sich um ein größeres Bedürfnis, als es irgendjemand hätte voraussehen können. Der junge Mann, seine Freunde und vermutlich die ganze Menge hofften, dass Jesus seine Lähmung heilen würde. Es war doch offensichtlich, dass der Mann diese Heilung brauchte. Dies war Jesu großer Moment, seine Chance, seine göttliche Kraft unter Beweis zu stellen. Und dann entschied er, Sünden zu vergeben? Wollte er die Leute im Stich lassen? Nein, er wollte auf etwas Bestimmtes hinaus.

Das größte Wunder in dieser Geschichte ist nicht die körperliche Heilung. Nicht einmal annähernd. Es ist die geistliche. Jesus wusste, dass das eigentliche Problem, mit dem dieser junge Mann konfrontiert war, die Sünde war. Es war die Trennung von Gott. So sprach er nur einen Satz und der Himmel hieß einen Sünder in der Familie willkommen. Das erste und beste Wunder hier war eines, das niemand sehen konnte.

Die Pharisäer reagierten, wie Pharisäer es tun: mit selbstgerechter Empörung und theologischen Argumenten, die am Offensichtlichen vorbeigingen. Sie sagten: »Nur Gott allein kann Sünden vergeben!« (V. 7).

Genau, muss Jesus gedacht haben. *Ich hätte es selbst nicht besser sagen können.*

Jesus sagte es nicht in so vielen Worten, aber für die Menschenmengen war es deutlich erkennbar. Gott war im Haus. Und seine Kraft war nicht nur da, um zeitlich begrenzte Probleme zu beheben, sondern auch, um ewige Probleme zu lösen.

Die Theologie der Pharisäer kam mit der Aussage »Deine Sünden sind dir vergeben« nicht klar. Sie waren sich sicher, dass der Mann wegen seiner Sünde nicht laufen konnte. Wie konnte ihm also vergeben sein und er trotzdem nicht laufen können? Wie könnte er flachliegen, wenn er wirklich frei von Sünde wäre?

Oft denken wir das Gleiche. Wir wollen messbare, sichtbare Veränderungen im Leben der Menschen. Und bis wir diese Veränderungen sehen, fällt es uns bei bestimmten Menschen schwer zu glauben, dass zwischen ihnen und Gott alles in Ordnung ist. Wir müssen uns daran erinnern, was die Pharisäer vergaßen: Obwohl Menschen vielleicht auch nach der Begegnung mit Jesus noch flachliegen, ist ihnen bereits vergeben. Sie sind auf einer Reise mit Gott und er tut etwas in ihrem Inneren.

Dad hat mir geholfen

Nachdem er die Pharisäer zur Rede gestellt hatte, heilte Jesus den Körper des Mannes. Es war dramatisch, gigantisch, unvergesslich. Und es machte seinen Standpunkt noch deutlicher. Er ist Gott; deshalb kann er Sünden vergeben und Körper heilen. Er macht den schweren Teil, den unmöglichen Teil. Alles, was wir wirklich tun können, ist, Menschen zu Jesus zu bringen. Es ist Jesus, der vergibt, heilt, Sinn stiftet, rettet und wiederherstellt.

Als ich mein Vulkanprojekt für die Forschungsausstellung in der fünften Klasse machte, erinnere ich mich, wie ich meine Klassenkameraden mit ihren Projekten hereinkommen sah. Mein Vulkan war eine Schande für alle Vulkane und Forschungsausstellungen, aber einige meiner Freunde hatten Projekte, die viel zu gut aussahen, als dass sie das Produkt eines Fünftklässlers hätten sein können. Ein Kind hatte ein Sonnensystem mit Schwarzlicht, Ventilatoren und Titelmusik. Ein anderer Typ hatte einen Vulkan, der tatsächlich ausgebrochen ist.

Ich fragte sie: »Wie hast du das geschafft? Das sieht echt toll aus.«

Sie alle hatten die gleiche Antwort: »Meine Eltern haben mir geholfen.«

Ich erinnere mich, dass ich dachte: *Ich hätte meinen Vater schon vor langer Zeit um Hilfe bitten sollen. Das war zu viel für mich allein.*

Ich hätte auch eher als zwölf Stunden, bevor es fertig sein musste, mit meinem Projekt beginnen sollen, aber das ist nicht mein Punkt. Ich will darauf hinaus, dass wir Gott um Hilfe bitten müssen, wenn es um Menschen geht. Es ist zu viel für uns allein. Ganz gleich, wie viel Planung, Vorbereitung oder Arbeit wir in Menschen investieren, wir können das Ergebnis nicht kontrollieren. Gott muss die Arbeit in ihren Herzen verrichten.

Wir sind aufgerufen, zu helfen, Menschen zu Jesus zu führen. Er ist der Einzige, der Leben und Hoffnung in eine notleidende Welt bringen kann.

TEIL 3

GEMEINDE: DIE MISSION DES GLÄUBIGEN

Im ersten Abschnitt dieses Buches haben wir uns die skandalöse Botschaft Jesu angesehen: seine Gnade, seine Annahme und seine Liebe, die jedermann gilt. Unsere guten Absichten und Bemühungen könnten nie genug sein – aber er ist genug. Er ist mehr, als wir verdienen, und er ist alles, was wir brauchen.

Dann, im zweiten Abschnitt, sprachen wir über Gottes Leidenschaft für die Welt und die Kultur, in der wir leben. Gott ist ein aktiver Gott. Sein Denken und Handeln wird von seiner leidenschaftlichen Liebe zur Menschheit bestimmt. Deshalb hat er Jesus gesandt – um die Welt zu retten und sie zurück in die Freundschaft mit ihm zu bringen.

Nun möchte ich mehrere Kapitel lang unsere Berufung als Nachfolger Jesu betrachten, als die Gemeinde, die Jesus gegründet hat. Wenn Jesus der Freund der Sünder ist und wenn er die Welt so sehr liebt, dass er sein Leben gegeben hat, um uns von der Sünde zu retten, was bedeutet das für uns? Wie reagieren wir darauf? Was ist unsere Berufung?

Einfach ausgedrückt: Die Rolle der Gemeinde und eines jeden von uns besteht darin, der Freund der Sünder zu sein. Es geht nicht darum, »Menschen zu retten« – nur Gott kann retten. Es geht darum, der Liebe Jesu zu erlauben, durch uns zu anderen Menschen zu fließen. Auf den nächsten Seiten lernst du einige praktische Schlüssel, um die Art von Freund zu sein, die Jesus war. Es ist viel einfacher, als du vielleicht denkst, und es ist unglaublich erfüllend. Jemanden zu sehen, der Freiheit und Vergebung in Jesus findet, ist mit nichts auf der Welt zu vergleichen.

KAPITEL 8

WILLKOMMEN IN DER NACHBARSCHAFT

Ich lebte in Tacoma, Washington, bis ich vierzehn Jahre alt war. Auch nach all den Jahren habe ich lebhafte Erinnerungen an einige unserer Nachbarn.

Da gab es insbesondere einen Jungen, einen Tyrann, der mich regelmäßig verprügelte. Ich werde ihn Aaron nennen. Ich ändere seinen Namen, um den Schuldigen zu schützen. Ich tat mein Bestes, um Frieden zu halten, Konflikte zu vermeiden, aber es schien nicht zu helfen. Er spürte mich auf und schlug mich, wieder und wieder.

Nach meinen Begegnungen mit Aaron dem Tyrannen ging ich für gewöhnlich nach Hause und erzählte meinem Vater von ihm. Er sagte dann immer: »Rich, du musst Aaron mit der Liebe des Herrn lieben.«

Ich erinnere mich, wie ich dachte: *Die Liebe des Herrn? Was bedeutet das überhaupt?*

Ein anderer Nachbar, ein älterer Herr, den wir Tom nennen, hat auch einen besonderen Platz in meinen Albträumen – äh, in meiner Erinnerung. Er war das Klischee des mürrischen Nachbarn und anscheinend war ich sein Dennis, die kindliche Nervensäge aus dem gleichnamigen Film. Ich bin überzeugt, dass er an seinem Fenster Wache stand und nur darauf wartete, dass die Kinder aus der Nachbarschaft es wagen würden, auf eine Ecke seines Gartens zu treten. In dem Moment, in dem wir es taten, schrie eine schroffe Stimme von irgendwo her: »Runter von meinem Rasen!« Meine Cousins und ich führten Experimente durch und betraten seinen Garten zu verschiedenen Tageszeiten, nur um zu sehen, ob er Ausschau hielt. Er tat es immer!

Während meiner gesamten Kindheit rief Tom an jedem 4. Juli die Polizei an, um zu melden, dass wir Feuerwerkskörper anzündeten. Das taten wir natürlich auch – so wie alle anderen. Wir haben Unabhängigkeit, Freiheit und amerikanischen Stolz gefeiert, und Zeugs in die Luft zu sprengen, war die logische Art und Weise, dies zu tun. Er hat das nie verstanden. Er rief jedes Mal die Polizei an.

Als ich mich bei meinem Vater über Tom beklagte, sagte Dad: »Rich, liebe ihn mit der Liebe des Herrn.« Also versuchte ich mein Bestes, ihn zu lieben, gab aber irgendwann auf und verlegte mich darauf, ihm im Stillen zu grollen.

Es gibt ein altes Lied, das wir damals in der Kirche sangen, und darin war dieser Satz enthalten: »Ich liebe dich mit der Liebe des Herrn.« Für gewöhnlich lächelte man während des Singens die Person neben sich an, als wollte man ihr sagen, wie sehr man sie liebte. Natürlich nicht auf romantische Weise – es ging strikt um die Liebe des Herrn. Aber es war ein bisschen gruselig, um ehrlich zu sein.

Ich nahm an, dass es das war, was wir Christen sagten, wenn wir jemanden zu tolerieren versuchten, den wir nicht mochten. Nur Gott konnte einen solchen Menschen lieben, also sagten wir: »Ich liebe ihn mit der Liebe des Herrn.« Ich dachte, es sei ein christlicher Code für »Ich kann diese Person nicht ausstehen und ich wünschte, der Herr würde ihn jetzt zu sich holen«.

Meine Großeltern waren auch unsere Nachbarn. Sie wohnten direkt neben uns und im Gegensatz zu Aaron und Tom waren sie echt toll. Meine Großmutter brachte mir das Klavierspielen bei, sie kochte für uns, mein Großvater fuhr uns jeden Tag zur Schule – sie waren die Besten. Wenn ich wusste, dass ich wegen etwas Ärger bekommen würde, rannte ich zu ihnen nach Hause. »Oma, Mama wird mich verhauen!« Großmutter trug dann immer meine Kämpfe für mich aus. Es war einfach toll. Ich ging gerne zu ihnen nach Hause. Die besten Nachbarn überhaupt.

Meine Erinnerungen an unsere Nachbarn in Tacoma haben auch immer mein Verständnis dessen geprägt, was Jesus in einem seiner bekanntesten Gleichnisse erzählte. Es wird normalerweise das Gleichnis vom barmherzigen Samariter genannt, aber es hätte genauso gut den Titel »Wer ist mein Nächster?« tragen können. So hält die Bibel das Gleichnis und seinen Kontext in Lukas 10,25–37 fest:

Ein Mann, der sich im Gesetz Moses besonders gut auskannte, stand eines Tages auf, um Jesus mit folgender Frage auf die Probe zu stellen: »Meister, was muss ich tun, um das ewige Leben zu bekommen?« Jesus erwiderte: »Was steht darüber im Gesetz Moses? Was liest du dort?« Der Mann antwortete: »›Du sollst den Herrn, deinen Gott, von ganzem Herzen, von ganzer Seele, mit deiner ganzen Kraft und all deinen Gedanken lieben.‹ Und: ›Liebe deinen Nächsten wie dich selbst.‹« »Richtig!«, bestätigte Jesus. »Tu das, und du wirst leben!«
Der Mann wollte sich rechtfertigen; deshalb fragte er Jesus: »Und wer ist mein Nächster?« Jesus antwortete: »Ein Mann befand sich auf der Straße von Jerusalem nach Jericho, als er von Räubern überfallen wurde. Sie raubten ihm seine

Kleider und sein Geld, verprügelten ihn und ließen ihn halb tot am Straßenrand liegen. Zufällig kam ein jüdischer Priester vorbei. Doch als er den Mann dort liegen sah, wechselte er auf die andere Straßenseite und ging vorüber. Dann kam ein Tempeldiener und sah ihn ebenfalls dort liegen; doch auch er ging auf der anderen Straßenseite vorüber. Schließlich näherte sich ein Samaritaner. Als er den Mann sah, empfand er tiefes Mitleid mit ihm. Er kniete sich neben ihn, behandelte seine Wunden mit Öl und Wein und verband sie. Dann hob er den Mann auf seinen eigenen Esel und brachte ihn zu einem Gasthaus, wo er ihn versorgte. Am nächsten Tag gab er dem Wirt zwei Denare und bat ihn, gut für den Mann zu sorgen. ›Sollte das Geld nicht ausreichen‹, sagte er, ›dann werde ich dir den Rest bezahlen, wenn ich das nächste Mal herkomme.‹ Wer von den dreien war nun deiner Meinung nach der Nächste für den Mann, der von Räubern überfallen wurde?«, fragte Jesus. Der Mann erwiderte: »Der, der Mitleid hatte und ihm half.« Jesus antwortete: »Ja. Nun geh und mach es genauso.«

Jesus sagte dem Gesetzeslehrer, dass das gesamte Gesetz – also alles, was nötig ist, um heilig zu leben und Gott zu gefallen – in zwei Geboten zusammengefasst ist: Gott lieben und seinen Nächsten lieben (V. 27). Wenn ich das sehe, denke ich sofort an meine Großeltern. Was gibt es da nicht zu lieben? Sie waren die Besten. Natürlich liebe ich *diese* Nächsten.

Doch meine übrigen Nächsten – nicht so sehr. Das wirft natürlich die Frage auf: »Jesus, von wem sprichst du genau? Welche Nächsten? Denn es gibt Nächste, und es gibt *Nächste*, wenn du weißt, was ich meine, Jesus.«

Der Gesetzeslehrer hatte genau diese Frage, und das Gleichnis vom barmherzigen Samariter war die Antwort Jesu. Die Chancen stehen gut, dass du diese Geschichte schon mal gehört hast, wenn du schon länger in der Kirche bist. Ich möchte dich jedoch einladen, sie mit mir neu zu untersuchen, nämlich im Hinblick auf unser übergeordnetes Thema – dass Jesus der Freund der Sünder ist.

Der Grund ist Folgender. Wenn wir versuchen, die »spannungsreichen« Menschen in unserem Leben so zu lieben, wie ich Aaron und Tom zu lieben versuchte, werden wir wahrscheinlich genauso frustriert sein, wie ich es als Kind gewesen bin. Wie liebst du Menschen, wenn sie dich ständig verprügeln oder laufend die Bullen wegen dir rufen? Geht es nur darum, »Ich liebe dich mit der Liebe des Herrn« zu singen, und ihnen in deinem Herzen weiterhin zu grollen?

Ich denke, es steckt mehr dahinter. Der Schlüssel zur Liebe zu unseren Nächsten liegt darin, das Herz Gottes gegenüber der Menschheit zu verstehen. Wir müssen erkennen, was ihn motiviert hat, die Initiative zu ergreifen und ein Freund der Sünder zu sein.

Nachbarn im Krieg

Um die ganze Bedeutung dieser Geschichte für die Hörer zu verstehen, müssen wir den historischen Kontext kennen. Mehr als neunhundert Jahre vor der Zeit dieser Geschichte durchlebte Israel einen Bürgerkrieg und spaltete sich in zwei Länder auf. Der nördliche Teil behielt den Namen Israel, während der südliche Teil den Namen Juda annahm.

Zweihundert Jahre später eroberte eine fremde Nation namens Assyrien das nördliche Königreich Israel. Die Assyrer deportierten viele Bewohner des Landes und besiedelten es mit Menschen aus anderen eroberten Nationen. In den folgenden Jahrhunderten schlossen die ursprünglichen Israeliten mit den neueren Einwohnern Mischehen. Dabei übernahmen sie viele Aspekte der Kulturen und Religionen der anderen ethnischen Gruppen. Infolgedessen waren sie keine »reinen« Juden mehr, weder in der Blutlinie noch im Glauben oder im Verhalten. Diese Region wurde als Samarien bekannt und die Einwohner waren Samariter.

Die südliche Nation Juda überdauerte noch einige Jahrhunderte, aber schließlich wurde auch sie erobert, diesmal von der Nation Babylon. Juda bewahrte seine Reinheit jedoch besser als der Norden und etablierte sich schließlich wieder als Nation. Die Bewohner folgten den alten Traditionen, die ihnen von Abraham, Mose, David und anderen hebräischen Helden überliefert wurden. Sie hielten das Gesetz, beteten im Tempel an und taten ihr Bestes, um dem einen wahren Gott zu gehorchen.

Machen wir einen Sprung vorwärts in die Zeit von Jesus. Rom war die herrschende Weltmacht und sowohl Juda als auch Samarien waren ihnen unterworfen. Die beiden Völker waren Nachbarn, aber es gab eine jahrhundertealte Kluft zwischen ihnen. Zuerst der ursprüngliche Bürgerkrieg, dann Jahrhunderte des Konflikts, dazu massive kulturelle und lehrmäßige Unterschiede – es war ein Chaos.

Die »echten« Juden aus Juda verabscheuten und verachteten ihre nördlichen samaritanischen Nachbarn mit heiligem Eifer. Sie fühlten sich in ihrem Hass göttlich gerechtfertigt, weil Samarien Sünde, Unreinheit und Vermischung darstellte, was der Gegensatz zu einem heiligen Gott war. Es war Rassismus und Voreingenommenheit in seiner unverhohlensten Form. Die Juden mieden die Samariter, machten sich über die Samariter lustig und diskriminierten die Samariter. Sie behandelten sie als Bürger zweiter Klasse und als Feinde.

Jesus hat die Figuren für seine Geschichte ganz bewusst ausgewählt. Zuerst ignorierte ein Priester, eine vertrauenswürdige und angesehene Persönlichkeit in der Gemeinschaft, den Mann in Not. Dann tat ein Levit, der auch angesehen war, dasselbe. Die Zuhörerschaft muss sich an dieser Stelle gefragt haben: *Wenn weder der Priester noch der Levit stehen blieben, um zu helfen, wer wird es dann tun? Dieser Kerl ist ohne jede Hoffnung.*

Dann kam die unerwartete Wendung: ein Samariter. Ich bin sicher, dass das Publikum hörbar nach Luft schnappte. *Ein Samariter?* Die Leute müssen sich gefragt haben: *Warum ist der in der Geschichte?*

Sie hätten mindestens erwartet, dass der Samariter genauso gleichgültig wie der Priester und der Levit sei. Einige von ihnen dachten wahrscheinlich, er hätte die Rolle des Bösewichts in der Geschichte, der den Verwundeten vielleicht umbringen oder ihn verspotten würde, während er an ihm vorbeiging.

Dann kam das überraschende Ende: Der Samariter war der Held der Geschichte. Der Menge stockte der Atem und sie fing an zu murmeln. Jesus stellte dem Gesetzeslehrer eine letzte Frage: »Wer von den dreien war nun deiner Meinung nach der Nächste für den Mann …?« (V. 36).

Zweitausend Jahre später steckt in jedem von uns noch ein wenig von diesem Gesetzeslehrer, fürchte ich. Wir suchen immer noch nach Wegen der Rechtfertigung, weshalb wir unsere guten Nächsten lieben und gleichzeitig unsere schlechten Nächsten ignorieren. Ich spreche nicht nur von den Menschen, die in unserer Straße oder in unserem Wohnblock wohnen. Ich meine diejenigen, deren Leben sich regelmäßig mit unserem überschneidet; Menschen, die wir ständig sehen, aber nie wirklich wahrnehmen, Menschen, die Hilfe brauchen, aber nur allzu leicht zu ignorieren sind.

Es gibt drei typische Reaktionen, wenn wir auf einen hilfebedürftigen Nächsten stoßen. Wir wollen kurz auf jede von ihnen eingehen.

Es ist nicht mein Problem

In Vers 31 steht: »Zufällig kam ein jüdischer Priester vorbei. Doch als er den Mann dort liegen sah, wechselte er auf die andere Straßenseite und ging vorüber.« Priester vertraten das Volk vor Gott. Ihre Aufgabe war es, Opfer darzubringen und andere religiöse Aufgaben zu erfüllen, die sündige Menschen einem heiligen Gott näher bringen würden.

Wenn irgendjemand eine Passion für leidende Menschen hätte haben müssen, dann dieser Priester. Anscheinend hatte er jedoch dringendere Angelegenheiten. Er hatte anderswo etwas Wichtigeres zu tun. Er überquerte die Straße, als wollte er Augenkontakt vermeiden. Schließlich ist das, was man nicht sieht, einfacher zu ignorieren. Anstatt also Zeit und Mühe in die Hilfe für diesen Mann zu investieren, wandte er seine Energie dafür auf, ihm aus dem Weg zu gehen.

Wenn wir nicht aufpassen, werden wir an Problemen vorbeigehen, auf die wir die Antwort haben. Wir werden sagen: »Es ist nicht mein Problem, weil es nicht meine Schuld ist. Ich habe das nicht verursacht, also muss ich nicht helfen.« Aber nur weil du ein Problem nicht verursacht hast, bedeutet das nicht, dass du nicht die Antwort auf das Problem hast.

Zu sagen: »Es ist nicht mein Problem«, ist oft ein Hinweis darauf, dass wir für uns selbst und nicht für andere Menschen leben. Auch wenn wir das Leiden, das wir sehen, nicht ändern können, sollten wir dennoch zulassen, dass unsere Herzen von der Not berührt und sogar gebrochen werden. Wechsle nicht einfach die Straßenseite; das hilft niemandem.

Dieser Mann war ein Priester. Es war seine Aufgabe und seine Berufung, Menschen zu helfen, und da lag eine verletzte Person direkt vor ihm – aber er ignorierte sie. Sein Verhalten widersprach seinem Titel.

Geht es bei der Nachfolge Jesu um einen Titel? Geht es darum, uns »Christ«, »Leiter«, »Pastor« zu nennen? Oder darum, Menschen zu lieben, wie Jesus sie liebt? Es ist interessant, dass die Schurken in diesem Szenario alle Titel hatten: der Priester, der Levit, ganz zu schweigen vom Gesetzeslehrer selbst, dem Jesus die Geschichte erzählte. Es war jedoch der namenlose und unbekannte Samariter, der wirklich Ehre verdiente.

König Salomo, in der Bibel als weisester Mann der Geschichte bekannt, stand einst vor einem Dilemma. Zwei Frauen beanspruchten dasselbe Baby als ihr eigenes. Offensichtlich war ein DNA-Test keine Option, also griff Salomo zu einer extremeren Lösung. Er forderte einen Soldaten auf, das Baby in zwei Hälften zu teilen.

So hält die Bibel fest, was als Nächstes geschah:

> *Da schrie die Mutter des lebenden Kindes voller Mitgefühl zum König: »Bitte, mein Herr! Gebt ihr das lebende Kind – aber tötet es nicht!«*
> *Die andere Frau jedoch sagte: »Es soll weder dir noch mir gehören; teilt es.«*
> *Da sprach der König: »Tötet es nicht, sondern gebt das lebende Kind der ersten Frau, denn sie ist seine Mutter!«*
> *– 1. Könige 3,26–27*

Die echte Mutter interessierte sich nicht für einen Titel. Ihr war die Anerkennung egal. Sie sorgte sich nur um ihr Baby und war deshalb bereit, alles zu tun, um es zu retten. Sie hatte das Herz einer Mutter, und das ist viel wichtiger als der Titel der Mutter.

In gleicher Weise ist die Nachfolge Jesu mehr als ein Name oder ein Etikett, und Gott zu kennen ist mehr als ein Auftrag. Wenn wir Jesus, dem Freund der Sünder, wirklich begegnet sind, werden wir nicht in der Lage sein, unseren Kopf einzuziehen, die Straße zu überqueren und unseres Weges zu eilen. Wir werden stehen bleiben und in die Situation vor uns eingreifen. Uns motiviert kein Titel und keine Berufsbezeichnung, sondern etwas tief in unseren Herzen und Seelen: das Mitgefühl und die Liebe Jesu für leidende Menschen.

Jesus nachzufolgen ist mehr als ein Name oder ein Etikett, und Gott zu kennen ist mehr als ein Auftrag.

Das Problem ist zu groß

Manchmal vermeiden wir die erste falsche Antwort – zu sagen, dass es nicht unser Problem sei –, lassen uns dann aber zu folgender Antwort hinreißen: das Problem ist zu groß. Wir fühlen uns überfordert und nicht ausreichend qualifiziert, um den Problemen und dem Schmerz der Menschen zu begegnen, also gehen wir weg.

Ich denke, das ist es, wofür der Levit in dieser Geschichte über den guten Samariter steht. Die Leviten waren in der Regel Assistenten der Priester. Ihre Aufgaben standen im Zusammenhang mit dem Tempel. Als dieser Levit einem echten Menschen gegenüberstand, der mit echten Problemen zu kämpfen hatte, mag er gedacht haben: *Das ist zu viel. Das ist ein Job für einen Priester. Zu schade, dass es hier niemanden gibt, der diesem Mann helfen kann.* Und auch er überquerte die Straße und eilte davon.

Darf ich offen sein? Sätze wie »Ich kann das nicht« oder »Ich bin nicht qualifiziert« oder »Ich bin nicht bereit dafür« sind oft eine Maske für Faulheit oder Angst. Es ist einfacher, sich auf Unwissenheit zu berufen, als ein Wagnis einzugehen und zu schauen, was dabei herauskommt. Das sage ich nicht verurteilend. Ich habe das selbst schon oft gemacht. Aber Jesus ist der Freund aller Menschen, einschließlich der Toms und Aarons im Leben; und wenn wir ihm folgen wollen, wird er uns in Situationen führen, für die wir uns vielleicht nicht qualifiziert fühlen.

Faulheit lügt uns an und sagt uns, dass jemand anderes das Problem lösen wird. Es ist die Mentalität eines Mieters gegenüber der Mentalität eines Eigentümers. Die Mentalität eines Mieters sagt: »Ich bin nicht lange hier. Ich bin nur auf der Durchreise, also ist es nicht so wichtig, was ich tue.«

Hast du schon mal ein Auto gemietet? Wenn ich einen Mietwagen fahre, behandle ich ihn anders als mein eigenes Auto. Der Mietwagen mag ein Ford Focus sein, aber ich fahre ihn, als wäre er ein Ferrari. Ich fahre in Fast-Food-Restaurants durch den Drive-in und denke keine Sekunde daran, meinen Müll zu entsorgen. Ich fahre über Bodenschwellen mit einer Geschwindigkeit, die mich fast abheben lässt. Es ist nicht so, dass ich es absichtlich anders behandle – ich habe einfach keine Eigentumsrechte an dem Fahrzeug, also denke ich nicht langfristig.

Wenn wir jedoch nicht aufpassen, können wir auch Menschen gegenüber eine flüchtige Ich-bin-nur-auf-der-Durchreise-Mentalität annehmen. Anstatt unsere Verantwortung und unser Potenzial wahrzunehmen, bei jeder Begegnung zu helfen, könnten wir davon ausgehen, dass sich jemand anderes Zeit für sie nimmt: jemand besser Qualifiziertes, jemand Erfahreneres, jemand mit mehr Zeit.

Ich kenne die Antwort

Die dritte Antwort ist natürlich die richtige, und der Samariter demonstriert sie. Er ist der Protagonist, der Held in dieser Geschichte. Der Priester sagte, es sei nicht sein Problem, der Levit war von der Größe des Problems überwältigt, doch der Samariter fand eine Lösung für das Problem.

Ironischerweise schien der Samariter der am wenigsten Qualifizierte der drei zu sein. Ich bin mir sicher, die Zuhörer hätten auf ihn als den Kandidaten getippt, der am wahrscheinlichsten vorbeigeht. Niemand hätte es ihm verübelt, wenn er es getan hätte.

Aber er tat es nicht. Lukas sagt, dass der Samariter, als er den Mann sah, Mitleid für ihn empfand. Anstatt vor ihm wegzulaufen, lief er auf ihn zu. Er reinigte seine Wunden. Er hob ihn auf und setzte ihn auf seinen eigenen Esel. Er brachte ihn in ein Gasthaus. Er bezahlte für sein Essen, seine Unterkunft und für die Zeit seiner Genesung. Und er versprach, wieder vorbeizukommen und sich nach ihm zu erkundigen.

Der kleine Satz »[er] empfand tiefes Mitleid« (Lk 10,33) ist zentral in dieser Erzählung. Mitleid ist zum Teil Gefühl, zum Teil Liebe, zum Teil Leidenschaft. Es ist eine komplexe Sache. Man kann es nicht vortäuschen, man kann es nicht genau bestimmen und man kann es nicht zurückhalten. Sobald Mitleid in unserem Herzen entsteht, nimmt es ein Eigenleben an.

Um ehrlich zu sein, Mitleid kann sehr frustrierend sein. Du blickst einer Situation ins Auge, von der du weißt, dass sie sich ändern muss, und dein Herz wird dich nicht einfach davon gehen lassen. Aber was tust du, wenn die Situation deine Fähigkeit, etwas zu ändern, übersteigt? Wie reagierst du, wenn du angesichts einer Ungerechtigkeit Schmerz, ja sogar Wut empfindest, dich aber hilflos fühlst, etwas gegen sie zu unternehmen?

Oftmals geben wir uns damit zufrieden, darüber zu klagen. Wir geben uns damit zufrieden, über das Problem zu sprechen, online über das Problem zu posten oder vielleicht sogar über das Problem zu weinen. Hoffentlich beten wir auch über das Problem, denn Gebet ist immer angebracht.

Aber oft *tun* wir nicht wirklich etwas gegen das Problem, also leben wir mit frustriertem Mitleid. Mitleid soll nicht in uns bleiben – es soll uns zum Handeln motivieren. Es soll etwas bewirken. Es ist Frustration mit einem Ziel. Mitleid veranlasst uns, unser Engagement und unsere Ressourcen auf etwas zu konzentrieren, bis wir Ergebnisse sehen.

Wenn du derjenige bist, den etwas am stärksten betroffen macht und beunruhigt, dann bist du vielleicht auch die Person, die berufen ist, es zu ändern.

Frustration ist oft ein Hinweis auf die eigene Berufung. Sie zeigt uns, wo wir uns persönlich investieren sollen. Fragst du dich, warum andere Leute gegenüber einer Sache oder Situation, die dich nachts wachhält, gleichgültig zu sein scheinen? Ja, sie brauchen wahrscheinlich ein größeres Bewusstsein für das Thema, aber sie werden vielleicht nie das fühlen, was du fühlst. Wenn du derjenige bist, den etwas am stärksten betroffen macht und beunruhigt, dann bist du vielleicht auch die Person, die berufen ist, es zu ändern. Oft ist die Sache oder Situation, über die wir uns beschweren oder die uns am meisten stört, genau das, was wir lösen sollen.

Der Samariter in dieser Geschichte ist ein klares Beispiel dafür, dass Mitleid uns zum Handeln motivieren kann. Er hat sich nicht endlos den Kopf über das Problem zerbrochen. Er gab keine Studie in Auftrag, um festzustellen, wer das Problem verursacht hat. Er hat seine Meinung zu dem Problem nicht auf Facebook gepostet. Er stieg von seinem Esel und machte sich an die Arbeit. Diese Geschichte zeigt vier einfache Schritte, wie man Mitgefühl freisetzt, die meiner Ansicht nach auch für uns heute umsetzbar sind.

Fühle: Erlaube dir, zu fühlen, was leidende Menschen empfinden.
Fokussiere: Du kannst nicht alles tun, aber du kannst etwas tun.
Investiere: Setze deine Ressourcen für die Lösung ein.
Zieh es durch: Fang nicht nur an, sondern bring es auch zu Ende.

Diese ganze Geschichte entstand aus einer Frage, die der Gesetzeslehrer stellte: »Wer ist mein Nächster?« Die Bibel nennt uns sogar das Motiv hinter seiner Frage. Vers 29 sagt: »Der Mann wollte sich rechtfertigen; deshalb fragte er Jesus: ›Und wer ist mein Nächster?‹«

Und Jesus antwortete mit einer Geschichte. So typisch Jesus. Er hat die Frage übrigens nie beantwortet. Stattdessen schloss er in Vers 36 mit einer anderen Frage: »Wer von den dreien war nun deiner Meinung nach der Nächste für den Mann, der von Räubern überfallen wurde?«

Mit anderen Worten, der Gesetzeslehrer stellte die falsche Frage. Die Frage ist nicht: »Wer ist mein Nächster?« Die Frage ist: »Bin ich ein guter Nächster?« Es geht nicht um *wer*, sondern um *dich*. Ein Nächster zu sein ist aktiv, nicht passiv. Der Gesetzeslehrer kannte das Gesetz – liebe Gott, liebe deinen Nächsten –, aber ihm war völlig entgangen, worum es eigentlich ging.

Weißt du, was ich Jahre später über meine problematischen Nachbarn herausgefunden habe? Aarons Vater war Alkoholiker und er misshandelte seinen Sohn. Aaron lebte in einem Umfeld voller Sucht, Gewalt und Schmerz. Kein Wunder, dass er ein Tyrann war. Tom hatte chronische Migräne. Er litt unter ständigen Schmerzen und Pfeifgeräuschen in seinen Ohren und jeder zusätzliche Lärm ließ ihn durch die Decke gehen. Das erklärt die Beschwerden über die Feuerwerke. Es entschuldigt ihre Taten nicht, aber es hilft, sie zu erklären. Und es weckt Mitleid in mir. Es hilft mir, sie nicht durch die Filter der Wut oder Bitterkeit zu sehen, sondern durch den Filter der Liebe. Es lässt mich auch wünschen, dass ich ein besserer Nachbar oder Nächster gewesen wäre. Ich kann nur hoffen, dass sie meine Familie und mich beobachten und Jesus sehen konnten.

Der beste Nächste

An diesem Punkt fühlst du dich möglicherweise wegen der Art und Weise schlecht, wie du einige der Aarons und Toms in deinem Leben behandelt hast. Oder dir fällt vielleicht gerade jemand ein, den du kennst und der verletzt ist, und du bist dir nicht sicher, wie du helfen kannst. Die Überlegung, diese Art von Nächstem für jeden zu sein, dem wir begegnen, kann erdrücken. Ich weiß nicht, wie es dir geht, aber ich habe nicht das Gefühl, dass ich dieser Aufgabe gewachsen bin. Ich versuche immer noch zu lernen, wie ich meine Frau richtig liebe; ich weiß nicht, ob ich meine Feinde lieben kann. Selbst an meinem besten Tag komme ich dem guten Samariter nicht einmal nahe.

Nachdem der Gesetzeslehrer erkannte, dass der wahre Nächste der Samariter war, sagte Jesus zu ihm: »Nun geh und mach es genauso« (V. 37). Das klingt toll, aber letztendlich ist es unmöglich. Niemand kann zu jeder Zeit so barmherzig, so großzügig sein.

Die Zuhörer von Jesus tuschelten wahrscheinlich untereinander: »Das ist verrückt. Das ist es, was wir tun müssen, um das Gesetz zu halten? Das bedeutet es, Gott zu gefallen? Das ist unmöglich. Wer könnte das jemals schaffen?«

Jesus hat wahrscheinlich gelächelt. »Ich kenne so jemanden. Mich.«

Ja, es ist unmöglich, so zu lieben. Darauf wollte Jesus hinaus. Letztendlich geht es in dieser Geschichte nicht um dich und mich, sondern um Jesus. Wir müssen an etwas erinnert werden. Ich habe es schon ein Dutzend Mal gesagt, aber es ist erstaunlich, wie leicht wir es übersehen: *Wir sind nicht die Antwort.* Wir kennen die Antwort, aber wir sind nicht die Antwort. Jesus ist sie.

Ja, wir sollten die Menschen lieben. Ja, Gott wird uns Menschen über den Weg schicken, denen wir helfen können. Ja, Mitgefühl wird uns motivieren, Menschen in Not zu suchen und zu unterstützen. Wir haben das Vorrecht, Menschen zu helfen, aber wir gehen nicht auf der Grundlage unserer eigenen Güte, unserer eigenen Heiligkeit oder unserer eigenen Bemühungen zu einer leidenden Welt. Wir bringen Jesus in eine leidende Welt, weil Jesus der barmherzige Samariter in dieser Geschichte ist. Das hat er zu sagen versucht. Die ganze Geschichte war ein ausgeklügelter Plan, um die Menschen auf ihn selbst zu verweisen.

Ich möchte noch einen Schritt weiter gehen. Die Person am Straßenrand bist du, bin ich. Die Sünde ließ uns erledigt und blutend in einem Graben zurück. Wir waren verletzt und hilflos. Wir brauchten einen Retter. Religion und Gesetz konnten nicht helfen – sie gingen einfach vorbei. Aber Jesus fand uns, Jesus blieb für uns stehen, und Jesus rettete uns. Jesus ist der ultimative barmherzige Samariter, der beste Nächste, um den wir je bitten konnten.

Paulus schrieb in Römer 5,10 (SLT): »Denn wenn wir mit Gott versöhnt worden sind durch den Tod seines Sohnes, als wir noch Feinde waren, wie viel mehr werden wir als Versöhnte gerettet werden durch sein Leben!«

Wir brauchten genauso dringend einen Retter wie dieser verprügelte Mann am Straßenrand. Wenn wir uns daran erinnern, verändert das etwas in unserem Herzen. Es ist das, worüber ich die ganze Zeit in diesem Buch spreche. Jesus ist der Freund der Sünder. Er ergriff die Initiative, auf die Erde zu kommen, für unsere Sünden zu sterben, sich nach uns auszustrecken, als wir nicht in der Lage waren, uns selbst zu retten.

Unsere Nächsten zu lieben bedeutet nicht, uns allergrößte Mühe zu geben, warme, wohlige Gefühle für gemeine Menschen zu empfinden. Das funktioniert nicht. Es bedeutet nicht, sich selbst zu zwingen, Menschen zu helfen, die wir viel lieber unter die Erde bringen würden. Auch das funktioniert nicht. Bei der Nächstenliebe geht es weniger um uns, sondern vielmehr um Jesus. Nächstenliebe bedeutet, so erfüllt zu sein von Gottes Herz für die Menschheit und seiner Barmherzigkeit für leidende Menschen, dass wir ihnen ganz natürlich helfen. Sie bedeutet, dass wir diese Menschen zum ultimativen barmherzigen Samariter führen, zu Jesus.

Im vierten Jahrhundert nach Christus ärgerte der Aufstieg des Christentums den römischen Kaiser Julian und er wollte den Einfluss der römischen heidnischen Religionen wiederherstellen. Er schrieb das Folgende über Christen:

> *Diese niederträchtigen Galiläer speisen nicht nur ihre eigenen Armen, sondern auch unsere; indem sie sie in ihrer Agape willkommen heißen, ziehen sie sie an sich, wie man Kinder an sich zieht, mit Kuchen. … Während die heidnischen Priester die Armen vernachlässigen, widmen sich die verhassten Galiläer wohltätigen Werken und haben durch eine Zurschaustellung falscher Barmherzigkeit ihre verderblichen Irrtümer begründet und erstarken darin. Seht, wie sich ihre Liebesfestmahle und ihre Tische für die Bedürftigen ausbreiten. Eine solche Praxis ist unter ihnen üblich und führt zu einer Verachtung unserer Götter.*[4]

Wie großzügig, wie liebevoll und wie »gutnachbarlich« müssen Christen gewesen sein, um die Aufmerksamkeit des Kaisers zu erregen? Es waren nicht ihre Reden oder Proteste, die er bemerkte; es waren nicht ihre Lehren; es war nicht ihre politische Haltung. Es war ihre Liebe. Ihr Glaube war so greifbar und real, dass sich die Menschen im ganzen Reich zu Jesus bekehrten.

Es geschieht etwas, wenn wir wirklich Jesus folgen, dem Freund der Sünder: Auch wir werden Freunde der Sünder. Wir werden für alle zu Nächsten. Kulturelle Barrieren und rassische Vorurteile finden keinen Platz in unseren Herzen, denn anstatt Menschen auszuschließen, indem wir fragen: »Wer ist mein Nächster?«, be-

---

4 Michael Craven, *The Christian Conquest of Pagan Rome*, Crosswalk.com, 2012, http://www.crosswalk.com/blogs/michael-craven/the-christian-conquest-of-pagan-rome-11640691.html.

ziehen wir alle mit ein, indem wir fragen: »Wie kann ich ein besserer Nächster sein? Wem kann ich ein Nächster sein?«

Jesus will einer zerbrochenen Welt Frieden und Einheit bringen. Er liebt die ganze Welt, nicht nur eine Nation oder einen ethnischen Hintergrund. Sein Plan, Heilung zu bringen, bezieht dich und mich ein. Unsere Berufung ist es, diejenigen zu suchen und zu retten, die vom Leben gebeutelt sterbend am Straßenrand zurückgelassen wurden, bildlich gesprochen. Es spielt keine Rolle, ob sie sich von uns unterscheiden. Es spielt keine Rolle, ob sie sich selbst in ihren Schlamassel gebracht haben. Es spielt keine Rolle, ob es sich um »Sünder« handelt, was auch immer das für dich bedeutet – denn wie wir bereits gesehen haben, sündigen wir alle, also ist das Etikett etwas sinnlos.

Es geschieht etwas, wenn wir wirklich Jesus folgen, dem Freund der Sünder: Auch wir werden Freunde der Sünder.

Wir sind berufen, gute Nächste zu sein, und wir haben den besten Nächsten, Jesus selbst, als unser Vorbild. Ich denke immer noch, dass das Lied »Ich liebe dich mit der Liebe des Herrn« ein wenig unheimlich war. Aber es ist auch viel Wahres daran. Gottes Liebe ist viel besser als unsere Liebe, und seine Liebe steht für alle zur Verfügung.

Wer ist für dich schwer zu lieben? Ist es ein Nachbar, ein Mitarbeiter, ein Schwager, ein Schüler? Anstatt dir ein lustloses Lächeln abzuquälen, nimm dir einen Moment Zeit, um die betreffende Person wirklich zu sehen. Lass zu, dass Mitgefühl in deinem Herzen entsteht. Erlaube dir, die Wunden, den Schmerz, die Hoffnungslosigkeit zu sehen. Dann lass die Liebe Jesu durch dich fließen. Lass Jesus die Person heilen. Jesus soll ihr Leben einhauchen. Du wirst erstaunt sein, was der barmherzige Samariter alles tun kann.

KAPITEL 9

BEQUEM UNBEQUEM

Kürzlich habe ich ein bisschen Selbstreflexion betrieben, wobei mir etwas klar wurde: Ich liebe es zu reden. Wenn ich auf mein Leben zurückblicke, erkenne ich, dass ich schon immer ein Redner war. Ich vermute, viele Leute wussten das schon vor mir. Ich kann nicht anders – wenn ich von etwas begeistert bin, möchte ich es auch mitteilen. Ich möchte dich dann überzeugen, davon genauso begeistert zu sein wie ich.

Weil wir gerade über mich sprechen – was mich ein wenig verlegen macht, aber ich will damit auf etwas hinaus, versprochen –: Ich greife auch liebend gern neue Hobbys auf. Auf dem College war ich eine Zeit lang von der Jagd begeistert. Dann kam ich zum Tauchen. Dann war es Golf. Dann Radfahren. Dann kaufte ich einen Hund, der sich als von Dämonen besessen herausstellte, aber das ist eine andere Geschichte.

Ich liebe die Begeisterung, die mit neuen Hobbys einhergeht. Leider denke ich, dass das den Zweck eines Hobbys zunichte macht, denn ein Hobby ist etwas, das man lange genug tun sollte, um tatsächlich gut darin zu werden. Ich begeistere mich einfach für etwas, probiere es ein paar Monate lang und lasse es dann wieder fallen. Ich schätze, mein Hobby ist es, mir neue Hobbys zuzulegen.

Wenn wir uns also eines Tages treffen sollten, sei gewarnt: Ich werde sofort anfangen, mit dir zu reden, denn das ist mein Ding. Und das Thema unseres Gesprächs wird die tollste Sache der Welt sein, die ich gerade entdeckt habe und die du unbedingt ausprobieren musst, weil ich sicher bin, dass auch du sie lieben wirst, also worauf wartest du noch? Es ist nur so: Wenn du dann so richtig davon begeistert sein wirst, werde ich längst etwas Neues entdeckt haben.

Und hier kommt das, worauf ich hinauswollte: Wir neigen dazu, über das zu reden, wofür wir eine Leidenschaft haben. Einige Persönlichkeitstypen verwenden vielleicht weniger Superlative und Übertreibungen als ich, aber wir alle reden über unsere Leidenschaften. Es liegt in der menschlichen Natur, mit anderen Menschen die Dinge zu teilen, die uns begeistern.

Ich denke, wir teilen besonders gern gute Nachrichten. Ich weiß, dass ich das tue. Das hat mich mehr als einmal in Schwierigkeiten gebracht, weil ich viel Zeit mit einem Mikrofon in der Hand verbringe. Wenn ich etwas Aufregendes über jemanden weiß, möchte ich es öffentlich mitteilen. Vor kurzem hat sich ein Paar in meiner Gemeinde verlobt. Sie planten ihre Hochzeit, aber sie hielten sie geheim, weil sie nur eine kleine Zeremonie wollten. Das wusste ich nicht. Ich verkündete von der Bühne, wie begeistert ich sei und wie cool diese Hochzeit sein würde.

Ein anderes Paar erzählte mir, dass es einen kleinen Jungen bekommen würde. Die beiden sind gute Freunde von mir. Der Mann leitet unser Foto-Team und die Frau ist für unser Begrüßungsteam verantwortlich. Ich freute mich so sehr für sie und ich sagte ihnen, dass ich es allen erzählen würde. Sie sagten: »Rich, ähm, das sind Neuigkeiten, die nicht *du* bekanntgeben solltest.«

Ich sagte: »Oh, in Ordnung. Ich werde es vertraulich behandeln.« Was, wie wir alle wussten, bedeutete, dass ich zwar nicht das Mikrofon und die Bühne benutzen würde, um es den Leuten zu erzählen, aber es bedeutete nicht, dass ich mich darüber völlig ausschweigen würde.

Wie behandelt man gute Nachrichten vertraulich? Wie behält man etwas für sich, das man leidenschaftlich liebt? Man tut es nicht! Irgendwie findet man immer einen Weg, es in ein Gespräch einfließen zu lassen.

Vielleicht hast du gerade ein Haus gekauft. Deine Arbeitskollegen reden gerade über die neueste glutenfreie, laktosefreie, genussfreie Ernährung und du meldest dich zu Wort: »Wisst ihr, wo man solche Gerichte kochen kann? In meiner neuen Küche! Ihr wisst schon, die Küche in meinem *neuen Haus*. Es ist neu! Hab ich das schon erwähnt?«

Vielleicht hast du gerade herausgefunden, dass du Mutter oder Vater wirst. Nichts wird dich davon abhalten, deine Begeisterung mitzuteilen. Du kannst auf einer Beerdigung sein und trotzdem einen Weg finden, wie du den Leuten davon erzählen kannst. Du zückst dein Smartphone und zeigst Fremden Bilder vom Ultraschall.

Wenn du gerade deinen Traumjob bekommen hast, erzählst du es allen. Wenn du dich frisch verlobt hast, lässt du deinen Ring hervorblitzen, wohin du auch gehst. Wenn du gerade ein neues Auto gekauft hast, parkst du es so gut sichtbar wie möglich. Wenn du in den Urlaub fährst, stellst du Bilder online, um so vielen Menschen wie möglich zu zeigen, wie toll alles ist.

Es ist der unwiderstehliche, unvermeidliche, unerbittliche Ruf guter Nachrichten. Sie müssen zum Ausdruck gebracht werden. Sie verlangen danach, gehört zu werden.

Vor fast dreitausend Jahren gab der Prophet Jesaja dem Volk Juda eine Botschaft über gute Nachrichten. Es war eine Prophezeiung, die zwei Ereignisse voraussagte, die weit in der Zukunft lagen. Erstens, in etwa hundert Jahren sollte Juda von Babylon erobert werden. Zweitens, in etwa tausend Jahren sollte ein Messias, ein Retter, geboren werden, um sein Volk zu erretten. Hier ist ein Teil der Botschaft:

> *»Tröstet, ja, tröstet mein Volk«, spricht euer Gott.*
> *»Redet zum Herzen Jerusalems. Sagt ihm, dass seine Leidenszeit vorüber ist und dass seine Sünden bezahlt wurden. Denn der Herr hat es für alle seine Sünden doppelt gestraft.«– Jesaja 40,1–2*

Die Leute, die Jesaja hörten, hatten keine Ahnung, wovon er sprach. Die Prophetie gab nicht viele Details und keine Zeitpunkte an. Viele Jahrzehnte später, als Babylon einmarschierte und die Nation anfing, den Herzschmerz und das Gericht zu erfahren, das ihre Sünde verursacht hatte, erinnerten sich die Menschen jedoch an die Botschaft Jesajas. Sie trösteten sich in seiner Verheißung, dass ein Messias kommen würde, um sie zu retten, obwohl sie immer noch nicht wussten, wen sie erwarten sollten oder wann sie ihn erwarten sollten.

Dann kam Jesus auf die Erde. Es dauerte eine Weile, bis die Leute es begriffen, aber schließlich erkannten viele, dass er der verheißene Retter war. Seine Rettung ist nicht politisch – sie ist viel besser als das. Seine Rettung ist geistlich und ewig. Letzten Endes findet wir unseren Trost in der frohen Botschaft, der besten Nachricht, die je gepredigt wurde: dass Gott auf die Erde kam, für unsere Sünden starb und uns Vergebung schenkte.

Um es also kurz zusammenzufassen: Jesaja verhieß Trost, und Jesus ist die Erfüllung dieser Verheißung. Jesus schenkt uns die Freiheit von Sünde und Schuld. Er ist unser Retter, unser Messias, unser Erlöser. Egal, wer wir sind, die gute Nachricht von Jesus gilt uns. Ich habe die ersten vier Kapitel dieses Buches dazu verwendet, über diese Botschaft der Gnade und Vergebung zu sprechen, die Jesus der Menschheit gebracht hat.

Das war aber nicht Jesajas ganze Botschaft. Zuerst verhieß er Trost, dann gab er eine Anweisung. Er sagte Juda, was mit der Botschaft von Gottes Trost getan werden müsse. Hier sind seine Worte:

> *Steige auf einen hohen Berg, o Zion,*
> *die du frohe Botschaft verkündigst!*
> *Erhebe deine Stimme mit Macht, o Jerusalem,*
> *die du frohe Botschaft verkündigst;*
> *erhebe sie, fürchte dich nicht;*
> *sage den Städten Judas:*
> *Seht, da ist euer Gott!*
> *Siehe, GOTT, der Herr, kommt mit Macht,*
> *und sein Arm wird herrschen für ihn;*
> *siehe, sein Lohn ist bei ihm,*
> *und was er sich erworben hat, geht vor ihm her.*
> *Er wird seine Herde weiden wie ein Hirte;*
> *die Lämmer wird er in seinen Arm nehmen*
> *und im Bausch seines Gewandes tragen;*
> *die Mutterschafe wird er sorgsam führen.*
> *– Jesaja 40,9–11* SLT

Mit anderen Worten, die gute Nachricht von Gottes Trost und Vergebung soll kein Geheimnis sein. Sie soll von den Berggipfeln gerufen und in den Straßen verkündet werden.

Manchmal denken wir, dass wir uns selbst besonders motivieren müssen, bevor wir Menschen von Jesus erzählen. Wir glauben, dass wir unseren ganzen Mut zusammennehmen und alle unsere

Argumente vorbereiten müssen. Kein Wunder, dass es sich künstlich oder gezwungen anfühlt, wenn es uns dann gelingt, über Jesus zu sprechen – denn das ist es!

In Wahrheit müssen wir nur Leidenschaft für Jesus empfinden. Sobald wir seine Liebe und Gnade selbst erfahren, müssen wir nichts mehr erzwingen. Wir werden ganz natürlich über ihn sprechen. Wir werden seine Liebe in unsere Gespräche einbringen, nicht weil wir uns darum bemühen, sondern weil wir gar nicht anders können. Wir sprechen über das, was uns begeistert, also müssen wir von ihm begeistert sein.

Jesaja sagte: »Steige auf einen hohen Berg« und »Erhebe deine Stimme mit Macht« (V. 9). Ich liebe dieses Bild. Er sagt: »Diese Botschaft muss gehört werden. Sie ist wichtig. Sie ist eine frohe Botschaft, eine gute Nachricht.«

Mit anderen Worten, es geht nicht um den Boten, sondern um die Botschaft. Die Botschaft ist so gut, dass sie erzählt werden muss. Die Nachricht ist so genial, dass wir nicht schweigen können.

Wie ich bereits erwähnte, hatte unsere Gemeinde im Herbst 2015 die Gelegenheit, eine Reality-Show zu machen, die im Oxygen Network ausgestrahlt wurde und *Rich in Faith* hieß. Es war eine Dokureihe, in der man meine Frau und mich begleitete, als wir VOUS Church starteten. Das Erlebnis war herausfordernd und fantastisch zugleich. Es war eine Herausforderung, weil der prüfende Blick auf unsere Ehe, unseren Dienst und unser persönliches Leben anstrengend war; aber es war fantastisch, weil wir in der Lage waren, Menschen mit der Botschaft Jesu zu erreichen, die sonst vielleicht nicht zugehört hätten.

Neulich fragte mich jemand: »Warum um alles in der Welt sollte man eine Reality-Show machen?« Weil wir diese Botschaft an die höchsten Orte, die sichtbarsten Orte, die einflussreichsten Orte unserer Gesellschaft tragen sollen. Ich glaube, dass das Evangelium das Fernsehen beeinflussen sollte. Ich glaube, dass es die Musikindustrie beeinflussen sollte. Ich glaube, dass es Mode, Kunst, Bildung und Politik beeinflussen sollte.

Ich sage nicht, dass wir die Leute zwingen sollten, zu glauben, was wir glauben. Ich sage, dass wir der guten Nachricht Gehör verschaffen sollten, dann können die Menschen selbst entscheiden. Wir leben in einer Kultur, die von schlechten Nachrichten überschwemmt wird. Warum sollten die Menschen zur Abwechslung nicht mal ein paar gute Nachrichten zu hören bekommen?

Werde nicht bequem

Es heißt wohl: »Jesus tröstet die Bedrängten und bedrängt die Bequemen.« Wir sollen Trost in Jesus finden, aber das bedeutet nicht, dass unser Leben immer gemütlich sein wird. Die Befreiung, der Friede und die Freude, die wir in Jesus finden, sind nicht nur für uns, sondern auch für die Menschen um uns herum. Wenn wir das christliche Leben nur um uns selbst kreisen lassen – unser Trost, unser Glück, unser Segen –, haben wir die Hälfte der Botschaft Jesajas übersehen, und wir haben Gottes Herz nicht erkannt.

Gott liebt die ganze Welt, nicht nur dich und mich. Er will der ganzen Welt helfen und die ganze Welt trösten. Und damit das geschieht, müssen wir vielleicht von Zeit zu Zeit zulassen, dass es unbequem wird. Gott will, dass wir seinen Trost genießen, aber er will nicht, dass wir ihn nur für uns selbst behalten. Es gibt da einen ganzen Planeten, der leidet und verzweifelt nach der guten Nachricht Jesu und dem Trost, den er bringt, sucht. Wir sind die Nachrichtenüberbringer. Wir sind die Evangeliums-Verkünder. Wir sind die Boten und Jesus ist die Botschaft.

Jesus selbst ist das beste Beispiel dafür. Er verließ den Komfort des Himmels und wurde in einem Stall geboren. Das ist die krasseste Vom-Tellerwäscher-zum-Millionär-Geschichte aller Zeiten – nur eben umgekehrt. Dann starb er am Kreuz einen der grausamsten, schmerzhaftesten Tode, die man sich vorstellen kann. Er gab alles auf, damit du und ich wieder Hoffnung finden könnten. Er ließ es für sich selbst unangenehm werden, damit wir getröstet werden könnten. Wie könnten wir es da anders machen?

Wenn wir von Gott getröstet wurden, sollten wir bereit sein, uns für ihn auch mal unwohl zu fühlen. Jesus hatte kein Problem damit, in dieser Art mit seinen Jüngern zu reden. Er sagte Dinge wie: »Wenn jemand mir nachkommen will, so verleugne er sich selbst und nehme sein Kreuz auf sich und folge mir nach!« (Mt 16,24 SLT). Das klingt schon ein wenig ungemütlich.

Bei einer anderen Gelegenheit sagte er: »Ich sende euch wie Schafe mitten unter die Wölfe« (Mt 10,16 SLT). Ich lese das und denke: *Fressen Wölfe nicht Schafe? Jesus, war das der ermutigendste Vergleich, der dir einfiel?*

In seinen letzten Augenblicken auf Erden sagte Jesus zu seinen Jüngern: »Geht nun hin und macht alle Nationen zu Jüngern« (Mt 28,19 ELB). Auch hier ist sein Ansinnen klar. Wir sind nicht dazu berufen, herumzusitzen und uns gegenseitig zu unserer Zukunft im Himmel zu gratulieren. Es gibt einen Auftrag, anderen über den Trost und die Hoffnung in Jesus zu erzählen.

Dieses Prinzip der Aufnahme und Abgabe ist so natürlich wie die Atmung. Wie lange kannst du die Luft anhalten? Ein paar Sekunden? Eine Minute? Zwei Minuten, wenn du Meisterschwimmer Michael Phelps oder ein Mutant bist? Den Atem anzuhalten wird sehr schnell sehr unangenehm. Wir wurden so konzipiert, dass wir einatmen, dann ausatmen, dann wieder einatmen. Auf die gleiche Weise empfangen wir Trost, dann geben wir Trost, dann empfangen wir wieder Trost. Es ist ein Rhythmus und ein Kreislauf, der dem Leben innewohnt.

Manchmal sind wir als Nachfolger Jesu mehr auf das Empfangen als auf das Geben fixiert. Wenn wir die Reihenfolge durcheinander bringen, gerät das Leben durcheinander. Es geht nicht ums Bekommen, sondern ums Geben. Es gibt einen Rhythmus.

Ich war kürzlich am Flughafen – so weit nichts Ungewöhnliches – und saß in einem Shuttle-Zug, der für die Passagiere zwischen den Terminals pendelt. Ich kam an meine Haltestelle und die Türen öffneten sich. Eine Gruppe von uns wollte gerade aussteigen, aber da war eine Familie von vielleicht zehn Personen, alle mit Taschen bepackt, die versuchte, sofort nach dem Öffnen der Türen einzusteigen. Sie passten sich nicht dem richtigen Rhythmus und Fluss an. Sie bestanden darauf, sich reinzudrängen, obwohl sie Vorrang hätten gewähren sollen, dabei entstand ein völlig unnötiger Stau.

Es gibt einen von Gott geschaffenen Rhythmus im Leben. Man kann es in der Natur sehen, darin, wie Samen zu Bäumen werden und Bäume Samen hervorbringen; wie Babys großwerden und als Erwachsene neue Babys bekommen; wie Sterne entstehen und explodieren und weitere Sterne erzeugen – oder, in einigen Fällen, sich in schwarze Löcher verwandeln und alles in ihrer unmittelbaren Umgebung zerstören. Aber du weißt schon, was ich meine.

Wenn du dich dem Rhythmus von Empfangen und Geben fügst, entdeckst du, dass Gott mehr für dich bereithält. Gott füllt dich auf, damit er dich anschließend ausgießen kann.

Warum kommst du in die Gemeinde? Um voll zu werden.

Warum liest du deine Bibel? Um voll zu werden.

Warum betest du an? Um voll zu werden.

Warum nimmst du dir Zeit zum Beten? Um voll zu werden.

Aber warum sollten wir uns auffüllen lassen? Nur um wirklich volle, wirklich bequeme Christen zu sein? Nein! Du und ich werden gefüllt, damit wir auch genug für andere haben, damit wir für andere ausgegossen werden können, damit es uns unbequem werden kann im Dienst an anderen.

In Sprüche 11,25 (NEÜ) steht: »Wer andern Gutes tut, dem geht es selber gut, wer anderen Erfrischung gibt, wird selbst erfrischt.« Unsere Gesellschaft und Kultur sagen uns das Gegenteil: Wenn du für andere deine Bequemlichkeit hinten anstellst, wirst du etwas verlieren. Du wirst verletzt werden. Du wirst es bereuen.

Gott sagt, wenn du jemandem hilfst, wird er dir helfen. Wenn du jemanden segnest, wird er dich segnen. Wenn du für jemanden in deiner Bequemlichkeit zurücksteckst, wird er dir Trost spenden. Wenn du jemanden erfrischst, wird er dafür sorgen, dass du erfrischt wirst, denn so funktioniert der Kreislauf.

Paulus verstand dieses Prinzip. Das sagte er den Gläubigen in Korinth:

> *Gelobt sei der Gott und Vater unseres Herrn Jesus Christus, der Vater der Barmherzigkeit und Gott alles Trostes, der uns tröstet in all unserer Bedrängnis, damit wir die trösten können, die in allerlei Bedrängnis sind, durch den Trost, mit dem wir selbst von Gott getröstet werden. Denn wie die Leiden des Christus sich reichlich über uns ergießen, so fließt auch durch Christus reichlich unser Trost. Haben wir Bedrängnis, so geschieht es zu eurem Trost und eurer Rettung, die sich wirksam erweist in standhafter Erduldung derselben Leiden, die auch wir erleiden; werden wir getröstet, so geschieht es zu eurem Trost und eurer Rettung; und unsere Hoffnung für euch ist gewiss, da wir wissen:*

Gleichwie ihr Anteil an den Leiden habt, so auch am Trost.
– 2. Korinther 1,3–7 SLT

Ich zähle das Wort *Trost* oder *trösten* zehnmal in fünf Versen. Paulus machte es sehr deutlich: Gott tröstet uns, damit wir andere trösten können, und damit wir andere trösten können, muss es für uns vielleicht unbequem werden.

Gott tröstet uns, damit wir andere trösten können, und damit wir andere trösten können, muss es für uns vielleicht unbequem werden.

Wir müssen den Punkt erreichen, an dem wir uns wohl fühlen, auch wenn es für uns ungemütlich wird. Wir müssen lernen, mit Beschwerlichkeiten zurechtzukommen und gleichzeitig den Geist des Trostes zu bewahren. Mit anderen Worten, wir müssen den Fluss mit Gott am Laufen halten. Er tröstet uns, heilt uns, führt uns und erfrischt uns; und wir drehen uns um und gießen genau das für andere aus.

Warum fällt es uns schwer, aus unserer Komfortzone herauszutreten und anderen zu helfen? Ich bin mir sicher, dass jeder von uns andere Gründe hat, aber hier sind drei Dinge, die ich beobachtet habe und die wir überwinden müssen.

Überwinde die Angst

Es ist keine Schande, von Zeit zu Zeit Angst zu haben. Angst ist eine natürliche Emotion, die uns schützen soll. Sie warnt uns vor

Gefahren und erinnert uns daran, in potenziell gefährlichen Situationen vorsichtig und weise zu sein. Angst wird jedoch zu etwas Negativem, wenn wir zulassen, dass sie uns mehr beeinflusst, als sie sollte.

Es ist beängstigend, unsere Komfortzone zu verlassen. Das ist es ja, was »Komfortzone« bedeutet – es sind die Bereiche oder Situationen, in denen wir uns souverän, sicher und als Herr der Lage fühlen. Das bedeutet, dass alles außerhalb dieser Komfortzone definitionsgemäß die *unkomfortable* Zone ist. Es ist Neuland. Es ist nicht so, dass uns der sichere Tod da draußen erwartet – aber er könnte es. Wer weiß? Wer kann es sagen? Wir waren ja noch nie dort, also gibt es vielleicht Grund zur Angst. Diese Angst vor dem Unbekannten reicht aus, um viele Menschen zurückzuhalten.

Aber seien wir ehrlich. Die Angst vor dem Unbekannten hat niemandem zu etwas verholfen. Was wäre, wenn Abraham Lincoln Angst davor gehabt hätte, wie es Amerika wohl nach der Abschaffung der Sklaverei ergehen würde? Was wäre, wenn Lewis und Clark Angst vor dem unbekannten Westen gehabt hätten? Was wäre, wenn Neil Armstrong Angst vor dem Unbekannten gehabt hätte, das ihn auf dem Mond erwartete? Sie *hatten* wahrscheinlich Angst – aber sie ließen sich nicht davon aufhalten, und die Geschichte wird sich für immer an ihre Namen erinnern.

Wir müssen die Grenzen überschreiten, die uns unsere Ängste auferlegen. Stell dir vor, Neil Armstrong wäre in der Landekapsel geblieben. »Houston, wir haben ein Problem. Ich weiß nicht, was da draußen ist, und offen gesagt, habe ich ein bisschen Angst. Ich würde jetzt gerne nach Hause fliegen. Mission abbrechen. Hey, gibt's einen Kaffeeautomaten in diesem Ding?«

Das wäre doch lächerlich gewesen. Stattdessen schnallte er sich sein Sauerstoffgerät um, trat in die unbekannte Leere und sagte: »Dies ist ein kleiner Schritt für den Menschen, aber ein großer

Schritt für die Menschheit.« Mit anderen Worten, es war ein kleiner Schritt, der sich riesig anfühlte. Körperlich war die Distanz nicht groß, aber emotional und psychisch war sie enorm.

Genau dort stehen einige von uns, wenn es darum geht, mit Freunden und Arbeitskollegen über Jesus zu sprechen. Wir müssen einen kleinen Schritt machen, aber er fühlt sich so groß an. Kann ich dich ermuntern? Sobald du den Schritt zum ersten Mal gemacht hast, wird er sich nie wieder so groß anfühlen. Deine Komfortzone wird sich einfach ausdehnen.

Einige von uns sprechen nicht mit Leuten über Jesus, weil wir uns fragen: *Was ist, wenn ich das Falsche sage?* Jesus sagte zu seinen Jüngern: »Wenn ihr verhaftet werdet, macht euch keine Sorgen, was ihr zu eurer Verteidigung sagen sollt, denn Gott wird euch zur rechten Zeit die rechten Worte in den Mund legen. Nicht ihr seid es, die dann reden – nein, der Geist eures Vaters wird durch euch reden« (Mt 10,19–20).

In diesem Zusammenhang bezog sich Jesus auf religiöse Verfolgung. Die meisten von uns müssen sich dieser nicht allzu oft stellen, zumindest nicht bis zu dem Punkt, dass sie ins Gefängnis geworfen werden. Das Prinzip ist jedoch dasselbe: Wir brauchen keine Angst vor einschüchternden Umständen oder uns feindlich gesinnten Menschen zu haben, denn Gott wird uns helfen, das Richtige zu sagen.

Die Gründung von VOUS Church war für DawnCheré und mich sowie für unser Team eine ebenso aufregende wie furchteinflößende Erfahrung. Wir traten so weit aus unserer Komfortzone heraus, dass wir vergaßen, wo unsere Komfortzone lag. Alles war neu, alles war riskant, alles war unerforscht.

Eine der aufregendsten und zugleich einschüchterndsten Gelegenheiten, die wir hatten, war die, von mehreren großen Fernsehsendern interviewt zu werden. Ich bin mir nicht sicher, warum diese Sender den Eindruck hatten, dass mit VOUS Church eine gute Story zu machen wäre; vielleicht wegen der Reality-Show oder meines vorherigen Buchs oder meines Rufs als Sprecher. Unabhängig davon waren wir begeistert von der Gelegenheit, ein Licht auf Jesus scheinen zu lassen und über nationale Medienkanäle über ihn zu sprechen, doch die Verantwortung, Jesus und das Christsein korrekt darzustellen, belastete unsere Gedanken und Emotionen.

An dem Tag, als wir unsere Gemeinde starteten, kam ABCs *Nightline* und berichtete über die Eröffnung. Eine Gemeinde zu gründen ist schon angsteinflößend genug. Aber die ganze Zeit das Mikro eines Reporters im Gesicht zu haben, der fragt: »Wie läuft's, Rich? Was denkst du gerade?«, fügt eine weitere Schicht von »angsteinflößend« hinzu.

Ich erinnere mich, dass ich extrem nervös war, während ich mich auf ein 45-minütiges Interview vorbereitete, das ich an diesem Abend geben musste. Ich rief meinen Freund Shawn an und sagte: »Ich weiß nicht, ob ich das kann.« Ich hatte keine Angst, über Gott zu sprechen, aber ich hatte Angst, ihn falsch darzustellen, den christlichen Glauben falsch darzustellen.

An diesem Abend gab Gott mir die Worte. Ich sage nicht, dass es perfekt war oder dass uns niemand kritisiert hat. Es gibt immer Kritiker. Aber das Ganze stellte sich als eine unglaublich aufregende Erfahrung heraus, und ich konnte die gute Nachricht von einem anderen Berggipfel in unserer Kultur verkünden.

Immer wieder finde ich mich in Situationen wieder, in denen ich mich frage, ob ich mich gerade dafür in Stellung bringe, verspottet zu werden, kritisiert zu werden oder einen Bock zu schießen. Doch jedes Mal, wenn ich in eine dieser Situationen geraten bin, hat sich Gottes Gnade gezeigt. Wenn mir die richtigen Worte fehlten, dann gab Gott sie mir.

Nochmal: Es geht um die Botschaft, nicht um den Boten. Es heißt, dass Gott nicht die Qualifizierten beruft, sondern er qualifiziert die Berufenen. Manchmal muss man einfach sagen: »Okay, auf geht's. Ich bin nicht qualifiziert, aber es gibt sonst niemanden, der es macht. Gott, das geht jetzt auf deine Kappe!«

Auf den Prozess, auf den Rhythmus kommt es an. Einatmen, ausatmen. Aufgefüllt werden, ausgegossen werden. Dafür wurden wir geschaffen.

Jesaja hat in seiner Botschaft ausdrücklich die Angst angesprochen. In Vers 9 von Jesaja 40 (SLT) heißt es: »Erhebe deine Stimme mit Macht, o Jerusalem, die du frohe Botschaft verkündigst; erhebe sie, fürchte dich nicht.«

Es gibt mehrere Möglichkeiten, mit der Angst umzugehen. Einige Menschen fliehen vor der Angst; sie suchen nach einer Fluchtmöglichkeit, einer Ablenkung, einem Ausweg. Andere Menschen tragen Angst; sie leben belastet und gestresst durch das, was in der Zukunft passieren könnte. Aber der beste und auf lange Sicht einfachste Weg, mit Angst umzugehen, ist der, sich ihr zu stellen. Es ist der, die Realität der Bedrohung anzuerkennen und zu entscheiden, trotzdem voranzugehen. Wenn du dich der Angst stellst, gibt dir Gott die Gnade, durch sie hindurchzugehen.

Ich habe das bereits erwähnt, aber es lohnt sich, es zu wiederholen: Wenn wir eine Leidenschaft für etwas haben, reden wir darüber. Ich habe festgestellt, dass die Angst jedes Mal hinter die Leidenschaft zurücktritt. Wenn wir davon begeistert sind, wie gut Gott ist, wenn wir erkennen, dass Jesus der Freund der Sünder ist, wenn wir uns daran erinnern, wie er unser Leben verändert hat, verflüchtigen sich Ängste und löst sich Schüchternheit auf. Unsere Leidenschaft, darüber zu sprechen, was Gott getan hat, gewinnt die Oberhand.

Überwinde die Scham

Vielleicht hält dich nicht Angst zurück, sondern Verlegenheit. Vielleicht weißt du, dass die Menschen leiden, du weißt, dass Jesus die Antwort ist, und du willst helfen. Aber du willst den Menschen deine Überzeugungen nicht aufdrängen und du willst auch nicht einer »dieser« Christen sein, die pharisäerhaft und selbstgefällig daherkommen. Du hast Angst, dass die Leute dich mit Extremisten und Untergangspropheten in einen Topf werfen, wenn sie dich über Jesus sprechen hören.

Das kann ich verstehen. Es gibt da einige Leute, die zu denken scheinen, dass ihre Glaubensüberzeugungen ihnen das Recht geben, Menschen zu beschämen, Menschen abzulehnen und Menschen zu beleidigen, und sie tun es im Namen von Jesus. Ich bin nicht ihr Richter, aber ich sehe Jesus so nicht leben, und ich lese auch nicht in der Bibel, dass er uns gebeten hat, so zu leben.

Ich glaube nicht, dass von unserem Glauben zu erzählen bedeutet, dass wir unhöflich sein müssen. Wir sind einfach aufgerufen, unsere Hoffnung mit den Menschen zu teilen, während Gott Türen öffnet, und dann zu sehen, was Gott tut.

Leider denken Christen oft, dass sie entweder normale Menschen oder radikale Gläubige sein können, aber nicht beides. So entscheiden sich viele Menschen dafür, zu schweigen, damit sie nicht auffallen, während andere mit ihrem Glauben fast militant werden.

Aber sieh dir mal Jesus an. Er war normal genug, dass Kinder gern mit ihm zusammen waren und Sünder ihn zum Abendessen einluden. Doch er war radikal genug, um den Lauf der Geschichte zu verändern. Warum denken wir, dass wir das eine oder andere wählen müssen? Irgendwie war Jesus radikal normal. Wenn es darum geht, Jesus nachzufolgen und über Jesus zu reden, muss radikal das neue Normal sein, und normal muss das neue Radikal sein.

Wir leben in der echten Welt, nicht in einer Blase; wir müssen echte Menschen sein, nicht irgendeine Subkultur, die nie mit der »normalen« Menschheit interagiert. Manchmal spiegelt sogar unsere Redeweise eine Blasenmentalität wider: »Hey, Bruder, bist du heute gesegnet? Bist du vom Blut des Lammes bedeckt?« Wissen wir überhaupt, was das bedeutet? Selbst wenn *wir* das tun, was ist mit den anderen? Ich bin sicher, es gibt einen besseren Weg, das zu sagen. So vielleicht: »Bro! Wie geht es dir?«

Wir leben in echten Großstädten und echten Kleinstädten, wir arbeiten in echten Jobs, gehen in echte Schulen und leben in echten Nachbarschaften. Lass uns authentisch sein, und zum Authentisch sein gehört auch, unsere Gespräche und unser Handeln von der wichtigsten Nachricht prägen und beeinflussen zu lassen, die wir je gehört oder erlebt haben.

Manchmal rührt die Scham nicht da her, dass wir uns Sorgen machen, was die Leute denken könnten, sondern von etwas Negativem in unserer Vergangenheit oder Gegenwart. Vielleicht ist es eine gescheiterte Ehe, eine geheime Sucht oder eine verborgene Sünde, die unsere Herzen heimsucht und uns mit Scham sabotiert. Gott erfüllt uns mit seiner Gnade, aber irgendwie denken wir, dass es nicht genug ist. Unsere Fehler, unsere Abhängigkeiten, unsere verborgenen Schwachstellen spielen in unseren Augen eine größere Rolle als die Vergebung Gottes.

Gott vergibt uns aber nicht nur. Er nimmt, womit der Feind Böses beabsichtigte, und gebraucht es für das Gute. Unsere Misserfolge können uns tatsächlich dabei helfen, Menschen besser zu erreichen. Ich entschuldige die Sünde nicht, aber ich sage, dass sie nicht todbringend ist. Nicht mehr. Nicht seit Jesus sich um sie am Kreuz gekümmert hat. Unsere Schwächen zusammen mit der

Gnade Jesu sind die perfekte Bühne, um den Menschen zu zeigen, was Gott auch in ihrem Leben tun kann.

Unsere Schwächen zusammen mit der Gnade Jesu sind die perfekte Bühne, um den Menschen zu zeigen, was Gott auch in ihrem Leben tun kann.

Du wärst überrascht, wie viele Menschen sich schneller mit deinen Schwächen identifizieren können als mit deinen Stärken. Sie werden oft stärker von der Gnade Gottes bewegt, die in deinem Versagen zum Vorschein kommt, als von deiner beeindruckenden, aber (in ihren Augen) unerreichbaren Heiligkeit. Nochmal: Das ist keine Rechtfertigung dafür, loszuziehen und etwas Dummes zu tun, nur um zu Menschen Beziehungen aufzubauen. Das ist nicht einmal logisch, wenn man bedenkt, welchen Schmerz und welche Zerstörung die Sünde verursacht. Aber deine Fehler sind kein triftiger Grund, über Jesus zu schweigen. Wenn überhaupt, dann sind sie die Bühne, auf der man steht und von der man spricht.

Der Apostel Paulus schrieb: »Denn ich schäme mich des Evangeliums von Christus nicht; denn es ist Gottes Kraft zur Errettung für jeden, der glaubt« (Röm 1,16 SLT). Später sagte er zu seinem Jünger Timotheus: »Schäme dich also niemals, vor anderen Menschen unseren Herrn zu bezeugen« (2Tim 1,8). Jesus ist die beste Nachricht, die man sich vorstellen kann. Während viele Menschen das vielleicht nicht glauben oder verstehen, ist die Tatsache, dass wir glauben, kein Grund zur Scham.

Manchmal schämen wir uns nicht dafür, wie schlecht wir sind – wir schämen uns dafür, wie gut wir sind. Wir haben das

Gefühl, dass unser Lebensstil und unsere Moral uns von anderen abhebt. Die Leute merken das natürlich, aber ich glaube nicht, dass die Kluft so groß ist, wie wir denken. Wenn überhaupt, wünschen sich viele Menschen, sie könnten unsere Überzeugungen teilen, aber sie wissen nicht, wie.

Ich habe Christen Dinge sagen hören wie: »Ich kann anderen nicht von Jesus erzählen, weil ich kein gutes Zeugnis habe. Ich bin in der Kirche aufgewachsen. Ich habe nie Drogen genommen. Ich bin nie durch die Betten gesprungen. Was habe ich den Leuten schon zu sagen?«

Das ist verrückt. Es gibt keine schlechten oder guten Zeugnisse. Es gibt nur Zeugnisse. Das Wort *Zeugnis* bedeutet einfach, zu bestätigen, dass etwas wahr ist. Offenbarung 12,11 (ELB) spricht von Menschen, die »wegen des Blutes des Lammes und wegen des Wortes ihres Zeugnisses« überwunden haben. Dein Zeugnis ist deine Geschichte von Jesus. Es ist deine persönliche Erfahrung, deine Beobachtung, wie es ist, Jesus zu kennen.

Dein Zeugnis muss nicht dramatisch sein: »Gott hat mich von Krebs geheilt«, oder »Gott hat mich vom Alkoholismus befreit«. Diese gewaltigen Wunder sind großartig und stärken unseren Glauben, aber oft lautet die Geschichte, die bei den Menschen am meisten ankommt: »Gott hat mich getröstet. Gott hat mich geliebt. Gott hat mir Frieden geschenkt.« Das sind Bedürfnisse, die jeder hat; deshalb sind sie oft die besten Verbindungspunkte.

Eine Person mit einer Erfahrung wird immer mehr zu sagen haben als eine Person mit einem Argument. Wie kann jemand gegen eine Erfahrung argumentieren? Deine Geschichte ist deine Geschichte, und niemand kann sie dir wegnehmen. Schäme dich nicht, sie mitzuteilen. Es ist, wie Paulus schrieb: Die Menschen werden getröstet, wenn sie von dem Trost hören, den du in Gott empfangen hast.

Überwinde die Gleichgültigkeit

Einige Menschen kämpfen nicht mit Angst oder Scham, aber sie kämpfen mit Gleichgültigkeit. Eigentlich ist es unwahrscheinlich, dass sie damit kämpfen, denn Gleichgültigkeit bedeutet ja der Definition nach, sich nicht zu kümmern. Also geben sie einfach ihrer Gleichgültigkeit nach.

Gleichgültigkeit kann auch als »Leidenschaftslosigkeit« bezeichnet werden. Sie bedeutet Desinteresse, Kälte, mangelndes Gefühlsempfinden gegenüber etwas. Ich habe dieses Kapitel mit dem Thema Leidenschaft begonnen, das heißt, hier schließt sich der Kreis.

Ohne eine Leidenschaft für Jesus wirst du nicht motiviert sein, mit anderen über ihn zu sprechen. Leidenschaft ist ein Produkt aus Erkenntnis und Erfahrung. Je besser du Jesus kennst, desto mehr verstehst du, was er für dich getan hat, und je mehr du erkennst, wie viel er für leidende Menschen in deiner Umgebung tun kann, desto motivierter wirst du sein, deine Komfortzone zu verlassen, damit andere getröstet werden können.

Es gab einen Fotografen namens Kevin Carter, der 1993 in den Sudan reiste, um den dort stattfindenden Krieg und die Hungersnot zu dokumentieren. Die Schrecken, die er miterlebte, waren unvorstellbar, aber seine Fotos halfen, das Bewusstsein in anderen Ländern zu wecken und die Menschen zum Handeln anzuregen.

Einmal stieß Carter auf ein kleines Kind, das kurz vor dem Verhungern war. Das Kind war abgemagert, wimmerte und versuchte, zu einer Lebensmittelausgabestation zu kriechen. Plötzlich landete ein Geier in der Nähe. Dem Fotografen war gesagt worden, er solle die Opfer wegen der Gefahr von Krankheiten nicht berühren, also fotografierte er einfach die herzzerreißende Szene.

Schließlich verscheuchte er den Vogel und beobachtete, wie das Kind zur Station kroch. Dann zündete er sich eine Zigarette an, betete und weinte.

Die *New York Times* veröffentlichte das Foto. Leser auf der ganzen Welt schrieben und riefen an und fragten, was mit dem Kind passiert sei. Carter musste antworten, dass er es nicht wisse. Er hob das Kind nicht auf. Er brachte das Kind nicht in Sicherheit. Er beobachtete es einfach als unbeteiligter Außenstehender.

Carter gewann für das Foto den Pulitzerpreis. Es wurde zu einem ikonischen Bild der Schrecken der sudanesischen Hungersnot. Aber die Finsternis dieses Moments und anderer wie diesem hat ihn nie verlassen. Drei Monate nach dem Erhalt des Pulitzerpreises beging er Selbstmord. Er schrieb: »Mir gehen die lebhaften Erinnerungen nach, an Morde und Leichen und Wut und Schmerz.«[5]

Carter brachte das Bewusstsein für das Problem, aber keine Hilfe. Ich kann ihn nicht kritisieren. Wir haben uns alle schuldig gemacht, aus der Distanz zu beobachten und nichts zu tun. Wenigstens war Carter an der Front. Zumindest war er engagiert und wusste Bescheid. Aber es war nicht genug, und es verfolgte ihn.

Ich will nicht als Teil einer Generation bekannt sein, die Bewusstsein schafft, aber keine Lösungen. Wir laufen Gefahr, die Generation zu werden, die Instagram-Posts über Probleme erstellt, die über gesellschaftliche Zerrbilder twittert, aber selbst nichts tut, um Abhilfe zu schaffen. Sind wir Reporter oder Retter? Sind wir Aktivisten oder »Slacktivisten«, die meinen, mit einem Klick die Welt verbessert zu haben? Werden wir die Kamera ablegen, das Kind aufheben und ein Leben retten? Ich beziehe mich nicht nur auf politische oder soziale Fragen, obwohl diese wichtig sind. Ich

---

5 Kevin Carter, *Starving Child and Vulture*, *Time* 100 Photos Series, 1993, http://100photos.time.com/photos/kevin-carter-starving-child-vulture.

spreche von unserer Beziehung zur Welt im Allgemeinen. Werden wir unsere Verantwortung als Jesus-Nachfolger wahrnehmen, um den Menschen in jeder erdenklichen Weise zu helfen?

Ich bin dankbar, dass Gott nicht gleichgültig ist. Das ist die eigentliche Aussage dieses Buches. Das meine ich mit »Freund der Sünder«. Gott beobachtet die Notlage der Menschheit nicht passiv, er beteiligt sich aktiv am Geschehen. Er sandte seinen Sohn, um für uns zu sterben. Er hört unsere Gebete. Er leistet uns Hilfe. Er bereitet einen Platz für uns vor. Und eines Tages wird er zurückkehren, um uns in den Himmel zu holen.

Gott beobachtet die Notlage der Menschheit nicht passiv, er beteiligt sich aktiv am Geschehen.

Das Buch Jesaja wurde schon als Bibel im Kleinformat bezeichnet. Es hat sechsundsechzig Kapitel. In den ersten neununddreißig Kapiteln geht es in erster Linie um das Gericht, aber ab Kapitel 40 richtet sich der Fokus auf den Trost und die Erlösung im kommenden Messias. Ebenso hat die Bibel sechsundsechzig Bücher. Die ersten neununddreißig, das Alte Testament, konzentrieren sich auf das Gesetz und das Erbarmen Gottes. Dann, beginnend mit der Geburt Jesu, nimmt das Neue Testament die Erfüllung dieses Gesetzes und die Erlösung durch das Blut Jesu in den Blick. Jesus ist der Messias, der versprochene Tröster, den Gott zu unserer Rettung gesandt hat.

Sieh dir noch einmal an, was Jesaja in 40,11 (SLT) geschrieben hat:

Er wird seine Herde weiden wie ein Hirte;
die Lämmer wird er in seinen Arm nehmen
und im Bausch seines Gewandes tragen;
die Mutterschafe wird er sorgsam führen.

Gottes Liebe für und Anteilnahme an der Menschheit sind klar. Er sehnt sich danach, Menschen, die leiden, zu tragen und zu trösten. Warum sind wir leidenschaftlich an Menschen interessiert? Weil Gott leidenschaftlich an Menschen interessiert ist und weil Gott Leidenschaft für *uns* hegt.

Wirst du in Betracht ziehen, es dir selbst unbequem zu machen, um anderen Trost zu spenden? Wirst du zulassen, dass Gott Angst, Scham oder Gleichgültigkeit durch seine Leidenschaft für Menschen ersetzt? Ich verspreche dir, die Belohnung ist das Risiko wert. Du hast Antworten, du hast Hoffnung, du hast Heilung. Es ist an der Zeit, dies mit der Welt zu teilen.

KAPITEL 10

WIE MAN GRÖSSE ZEIGT

Hast du jemals bemerkt, dass wir alle großartig sein wollen? Wir haben vielleicht unterschiedliche Definitionen von Größe oder Großartigkeit und wir haben vielleicht unterschiedliche Ziele und Träume, aber keiner von uns will durchschnittlich oder Zweitbeste/r sein. Wir wollen wichtig sein. Wir wollen, dass unser Leben von Bedeutung ist.

Das Streben nach Größe ist ein normaler Teil der menschlichen Existenz. Wenn man shoppen geht, sucht man nicht nach durchschnittlicher Kleidung. Du suchst das Beste: die angesagteste Mode, das beste Preis-Leistungs-Verhältnis, die höchste Qualität. Wenn du in einem Restaurant isst, fragst du den Kellner nicht: »Könnten Sie ein wirklich durchschnittliches Gericht empfehlen? Ich habe Lust auf etwas Langweiliges.« Du fragst, welches Gericht das beste ist, weil du auf ein tolles Genusserlebnis aus bist. Wenn du ins Kino gehen willst, schaust du nicht nach Rezensionen und suchst den mittelmäßigsten Film, der gerade läuft. Du suchst nach dem Film, von dem die Kritiker schwärmen und den die Leute lieben! Wir suchen nach dem Besten, was wir bekommen können, weil wir Großartigkeit begehren.

Ich bin als Kind eines Predigers aufgewachsen, wie ich bereits erwähnte. Mein Vater ist mein Held, aber er ist einer dieser unheimlichen Prediger. Er hat ein Herz aus Gold, aber er hat Augen, die in deine Seele blicken. Wenn er dich ansieht, ist es, als ob er wüsste, was du Freitagabend getan hast.

Als ich in Tacoma, Washington, aufwuchs, war mein Vater eine bekannte Persönlichkeit in der Stadt, und das nicht nur wegen seiner Predigten, sondern auch deshalb, weil er während der Sportveranstaltungen seiner Kinder sehr viel Leidenschaft zeigte. Es war, als würde er sich in einen anderen Menschen verwandeln. Eine verborgene Seite seiner Persönlichkeit brach bei solchen Gelegenheiten durch, wie bei Dr. Jekyll und Mr. Hyde. Er war diese »spezielle« Sorte von Elternteil, nämlich die, die beim Anfeuern (oder je nach Punktezahl beim Brüllen) jeden anderen Elternteil übertönte.

Ich erinnere mich an ein bestimmtes Basketballspiel. Ich glaube, ich war in der siebten Klasse und Teil der Schul-Nachwuchsmannschaft. Ich spielte gerade ein furchtbares Spiel. Ich verfehlte Würfe und Rebounds und wurde immer wieder wegen Fouls ausgerufen. Ich hatte vier Fouls gesammelt und war gerade noch ein Foul davon entfernt, aus dem Spiel zu fliegen. Ein kurzer Blick zu meinem Vater reichte, um zu erkennen, dass er gleich die Nerven verlieren würde.

Dann passierte es. Ich versuchte, einen Wurf zu blocken, und der Schiedsrichter blies in seine Pfeife und zeigte ein Foul gegen mich an. In dem Moment tickte mein Dad aus. Es war, als würde er von einem gerechten Zorn befallen. Ich wusste nicht, ob es der Geist Gottes oder etwas anderes war – es war schwer zu sagen.

»*Schieri!*«, schrie er. »Sind Sie *blind*? Das war ein fürchterlicher Call! Sie sind ein echt mieser Schiedsrichter.« Alle auf der Tribüne sahen meinen Vater an. Sie alle hörten ihn klar und deutlich. Der Schiedsrichter auch.

Ich werde nie vergessen, was als Nächstes geschah. Es hat sich in mein jugendliches Gehirn eingebrannt. Der Schiedsrichter sah meinen Vater an und schrie: »Pastor! Sie sind raus!« Mein Vater, Reverend Wilkerson, wurde von der Tribüne verbannt.

Es war mir zwar peinlich, aber es war auch irgendwie toll. Ich erinnere mich, dass ich dachte: *Warum interessiert sich mein Vater so sehr dafür? Warum brennt er so für ein Schulmannschaftsspiel der Siebtklässler?*

Vor ein paar Jahren bin ich hinter die Antwort gekommen. Ich war wieder im Bundesstaat Washington und besuchte meinen älteren Bruder Jonfulton. Er hat eine Tochter namens Israel, die damals zwei Jahre alt war.

Eines Nachmittags fragte mich Jonfulton: »Rich, willst du mit mir zu Israels Schwimmunterricht gehen?«

»Unbedingt«, sagte ich.

Wir kamen zum Schwimmunterricht und Israel stieg mit etwa fünfzehn anderen Kindern ins Wasser. Plötzlich kam etwas über mich. Es war derselbe Geist, der in meinen Vater gefahren war. Ich flippte aus und schrie: »Komm schon, Israel! Du kannst es schaffen! Du bist die Auserwählte Gottes. Du bist die nächste Olympiasiegerin!«

Mein Bruder sah mich an und sagte: »Rich, was ist los mit dir? Das ist bloß eine Schwimmstunde.«

Ich sagte: »Schwimmstunde? Komm schon, Mann! Sie ist im Wasser und da sind noch andere Kinder. Das ist ein Wettkampf und sie muss die Erste sein. Sie muss die Beste sein. Sie muss großartig sein!« Inmitten meines Anfalls traf es mich wie ein Schlag: *Ich bin zu meinem Vater geworden.*

Ob wir es zugeben wollen oder nicht, tief im Inneren wollen wir alle auf den ersten Platz. Wir alle wollen großartig sein. Selbst bei unserem Leben mit Gott und auf unserer geistlichen Reise betet keiner von uns: »Gott, mach mich durchschnittlich.«

Das Problem ist jedoch, dass wir oft nicht den richtigen Weg zur Größe kennen. Wir versuchen, Größe auf die falsche Weise zu erreichen.

Das ist nicht nur ein Problem des 21. Jahrhunderts. Sogar die Jünger Jesu hatten falsche Vorstellungen von Größe. Das Markusevangelium hält ein Gespräch fest, in dem Jesus ihr Eifern nach Größe ansprach, und was er ihnen sagte, kann uns heute viel lehren.

> *Und sie kamen nach Kapernaum, und als er im Hause war, fragte er sie: Was habt ihr unterwegs besprochen? Sie aber schwiegen; denn sie hatten sich auf dem Weg untereinander besprochen, wer der Größte sei.*
> *Und er setzte sich, rief die Zwölf, und er spricht zu ihnen: Wenn jemand der Erste sein will, soll er der Letzte von allen und aller Diener sein.*
> *Und er nahm ein Kind und stellte es in ihre Mitte; und er nahm es in seine Arme und sprach zu ihnen: Wer eins von solchen Kindern aufnehmen wird in meinem Namen, nimmt mich auf; und wer mich aufnehmen wird, nimmt nicht mich auf, sondern den, der mich gesandt hat. – Markus 9,33–37* ELB

Roadtrips

Jesus und seine Jünger waren auf einer Art Roadtrip. Roadtrips, besonders wenn das Auto voll ist, sind zweierlei – ganz toll und gleichzeitig eine Qual. Sie haben eine einzigartige Wirkung auf deine Psyche. Wenn du als Kind jemals solche Trips unternommen hast, weißt du wahrscheinlich, was ich meine. Wir haben viele davon gemacht, immer im klischeehaften Mini-Van, und die Narben trage ich bis heute.

Wenn man längere Zeit auf engem Raum mit denselben Menschen zusammen ist, bringt das oft unreife Verhaltensweisen und Unsicherheiten ans Licht, von denen man nicht wusste, dass man sie hat. Die Reise beginnt immer großartig – man hat jede Menge Snacks, jemand macht eine coole Playlist an, die Scheiben sind runtergelassen und die Stimmung ist fantastisch. Was könnte da schief gehen?

Etwa 800 Kilometer, das geht schief. Irgendwann, mitten im Nirgendwo, wenn die Klimaanlage nicht funktioniert, du nicht gut geschlafen hast und schon seit Stunden keine Toilette zu finden ist, hat die gefallene menschliche Natur ihren Auftritt. Es beginnt mit Ungeduld und Meckern.

»Sind wir schon da?«

»Nein!«

»Wie weit noch?«

»Stunden. Viele Stunden. Hör auf zu fragen.«

Wenn du begreifst, dass die Reise noch lange nicht zu Ende ist, wendet sich deine Aufmerksamkeit von der Straße draußen zur Gesellschaft drinnen. Du fängst an, mit deinen Geschwistern zu streiten. Deine Freunde fangen an, dich zu nerven. Du fragst dich, wessen Idee es war, diesen Roadtrip aus der Hölle zu machen.

Aber dann, irgendwann, schafft man es zu einem Stückchen Zivilisation. Tank und Magen werden gefüllt, die Blase wird entleert und die Fahrt macht langsam wieder Spaß. Dann wiederholt sich der Kreislauf.

Das ist mehr oder weniger die Situation mit den Jüngern. Irgendwo auf der heißen, staubigen Straße fingen sie einen Streit darüber an, wer der Größte sei. Vielleicht begann es damit, dass sich Simon der Zelot von einem willkürlichen Kommentar von Petrus dem Großmaul beleidigt fühlte. Dann ergriffen die Leute Partei und das Ganze schaukelte sich zu einem Zusammenprall von Meinungen und Persönlichkeiten hoch. Von da an begann jeder, über sich selbst zu sprechen: über die Menschen, denen sie geholfen hatten, die Wunder, die sie getan hatten, die Zeit, die sie mit Jesus verbracht hatten, und so weiter, um zu beweisen, wie wichtig sie waren.

Es ist leicht, diese zwölf Jungs zu kritisieren, aber wir tun auf unserer geistlichen Reise dasselbe. Der Weg ist lang, der Prozess ist beschwerlich, und irgendwann fragen wir Gott: »Sind wir schon da? Wie weit noch, bis ich meine Bestimmung erreicht habe? Wann werde ich Bedeutung und Anerkennung finden? Wann werde ich groß sein?«

Wir wollen sofortige Größe, aber wir wollen nicht den Prozess. Und trotzdem geht es bei Größe mehr um die Reise als um das Ziel, und es geht mehr um die Menschen, mit denen man reist, als um den Ort, zu dem man reist.

Größe ist übrigens nichts, was du irgendwann erreichst. Es ist kein greifbares, messbares Ziel: ein sechsstelliges Gehalt, eine Million Twitter-Follower, ein Haus am Strand. Größe ist, wer du bist, und nicht, was du tust, und die Reise ist das, was dem den Feinschliff gibt und es vervollkommnet.

Wir sind auf einer Reise mit Jesus. Es ist eine lebenslange Reise, die ihre Höhen und Tiefen hat. Wir neigen dazu, von den Höhepunkten völlig gefesselt zu sein. Wir lieben ESPN, weil dieser Sender uns nur die Sport-Highlights, die besten Momente zeigt. Man zeigt nie die Stunden des Trainings, obwohl es die Stunden in der Anonymität sind, die diese Sekunden im Rampenlicht hervorbringen. Bei unserer Reise mit Jesus geht es nicht um die Höhepunkte, sondern um seine Gegenwart im Prozess. Das ist wichtiger als die Frage, wo wir waren oder was wir getan haben.

Auf der Reise des Lebens beklagen wir uns nicht nur darüber, dass wir »noch nicht da sind«. Wir neigen auch dazu, mit anderen Leuten über Kleinigkeiten zu streiten. Wir wollen, dass unsere Stimmen gehört, unsere Gefühle bestätigt, unsere Meinungen respektiert werden.

Können wir uns alle darüber verständigen, dass die Diskussion der Jünger über Größe angesichts der Umstände etwas lächerlich war? Die Jünger hatten Jesus an ihrer Seite. Jesus ist der Messias, das Alpha und Omega, der Anfang und das Ende, der Anfänger und Vollender ihres Glaubens, der König der Könige. Ich könnte fortfahren, aber du verstehst schon. Doch sie zankten sich darüber, wer von ihnen der Größte sei. Im Vergleich zu Jesus war das ein irrelevanter Punkt.

Christen sind berüchtigt dafür, über dumme Dinge zu streiten. Dafür, sich über Dinge zu ärgern, über die sich Jesus nie ärgerte. Dafür, Zeit mit Dingen zu verbringen, für die Jesus nie Zeit aufwendete. Dafür, sich durch Dinge beleidigt zu fühlen, durch die sich Jesus nie beleidigt fühlte.

Wir sind auf einer Reise; wir haben Jesus im Auto. Er ist der Held der Helden, die Legende der Legenden. Er hauchte Sterne in Existenz. Kannst du das auch? Und trotzdem schauen wir einander an und fangen an zu diskutieren, wer der Größte ist. »Was machst du beruflich? Wohin fährst du in den Urlaub? Was für ein Auto fährst du? Welchen Dienst hast du? Wie groß ist deine Gemeinde? Wie wichtig bist du für Gott?« Wir verlieren uns in Bezeichnungen und Kategorien, die im Vergleich zu Jesus bedeutungslos sind.

Vor nicht allzu langer Zeit kam auf einer Konferenz ein Pastor zu mir. Er war wirklich besorgt. Er sagte: »Rich, was glaubt VOUS Church bezüglich der Endzeit?«

Ich sagte: »Was meinst du damit? Wir glauben, dass Jesus wiederkommt.«

Er sagte: »Ja, aber was glaubt ihr in Bezug auf den Zeitpunkt der Entrückung? Seid ihr Prätribulationisten, Midtribulationisten oder Posttribulationisten?«

Ich wusste nicht, wie ich antworten sollte. Ich wollte seine Gefühle nicht verletzen, aber ich war nicht daran interessiert, wohin dieses Gespräch führen würde. Es hat wenig Nutzen, über die Chronologie von Ereignissen zu diskutieren, die wir nicht wirklich verstehen und die noch nicht geschehen sind. Ich spreche lieber darüber, wie Jesus kam, um Sünder zu suchen, sie sich zum Freund zu machen und zu retten. Ich spreche lieber über Gottes Gnade und Liebe. Ich arbeite lieber mit anderen zusammen, um unsere Städte für Jesus zu erreichen. Das reizt mich weitaus mehr, als über die Tiere der Apokalypse zu diskutieren. Warum ist es uns so wichtig, dass unsere Meinungen gehört werden? Dass die Leute zustimmen, dass wir Recht haben?

Ich stelle fest, dass es mein Ego in Schach hält, wenn ich mich auf Jesus konzentriere. Die Jünger wichen davon ab und der Streit über ihre Größe war lächerlich. Das war er damals und das ist er heute noch. Das Streben und Ringen darum, in den Augen anderer groß zu sein, ist sinnlos, weil wir Jesus bei uns haben. Wir müssen ihn im Blick behalten. Seine Gegenwart, seine Liebe und seine Gnade sind viel wichtiger als unsere Egos.

Wenn ich versucht bin, mich mit anderen zu vergleichen, mit anderen zu konkurrieren oder Unsicherheit in meinem Herzen aufkommen zu lassen, ist das beste Gegenmittel, auf Jesus zu schauen. Die Größe, die Jesus vorgelebt hat, rückt unser Leben und unsere Wünsche in die richtige Perspektive.

Jesus mischte sich nicht ein. Er ließ sie unterwegs streiten und zanken, aber als sie nach Kapernaum kamen, rief er sie zu einem kleinen Gespräch zusammen.

Es ist wichtig zu bemerken, dass Jesus ihren Wunsch nach Größe nicht kritisierte. Er tadelte sie nicht, weil sie groß sein wollten. Das ist von Bedeutung, weil wir manchmal denken, dass unser Wunsch nach Größe an sich falsch ist; dass er stolz, egoistisch oder oberflächlich ist.

Wir sehnen uns nach Größe, weil wir für Größe geschaffen wurden. Es ist ein gottgegebener Wunsch, kein sündiger Wunsch. Er gehört zum Menschsein, wie ich bereits ausführte. Gott hat uns den Trieb eingepflanzt, das Beste zu sein, was wir sein können, und das Beste zu erreichen, was wir erreichen können. Wir wurden dazu geschaffen, unser Potenzial auszuschöpfen. Wir wurden nach dem Bild eines großen Gottes geschaffen, also ist es nur logisch, Größe in uns selbst zu verspüren.

Wir wurden nach dem Bild eines großen Gottes geschaffen, also ist es nur logisch, Größe in uns selbst zu verspüren.

Jesus kritisierte nicht ihren Wunsch, groß zu sein. Vielmehr hat er den Weg zur Größe völlig neu definiert. Groß zu sein ist nicht falsch, aber falsch ist, auf die verkehrte Weise Größe erreichen zu wollen.

Die Jünger waren – so wie viele von uns es sind – verwirrt über den Weg zur Größe. Das ist verständlich, denn wir leben in einer gefallenen, verwirrten Welt. Die Sünde ist in die Gleichung hineingekommen und der Feind, der Teufel, versucht, alles Gute zu stehlen, zu töten und zu verderben. Er ist kein Schöpfer – er ist ein Zerstörer. Um gottgegebene Wünsche zum Entgleisen zu bringen, kann er also nichts weiter tun, als den Weg zu manipulieren, der zu ihrer Erfüllung führt. Unser positiver, gesunder Wunsch nach Größe kann in etwas verwandelt werden, was uns und andere verletzt, wenn wir Gottes Definition von Größe und seinen Weg dahin nicht verstehen.

Wie definieren wir groß zu sein? Was bedeutet es und wie erreichen wir es? Ich sehe zwei häufige Missverständnisse, die wir ausräumen müssen.

Sag mir, dass ich großartig bin

Es ist nicht falsch, großartig sein zu wollen. Das Problem entsteht, wenn wir als großartig bekannt werden wollen. Wir denken, dass *Größe bedeutet, als großartig bekannt zu sein.* Das ist das erste Missverständnis, das wir aufdecken müssen.

Wir neigen zu der Vorstellung, dass unsere Größe mit denjenigen verbunden ist, die uns anerkennen, die uns gratulieren, die uns danken. Wir werden Opfer der Bestätigung anderer. Wir glauben, dass wir nichts Großes tun, es sei denn, wir sind beliebt oder beachtet. Wir sind wetteifernd, unzufrieden und auf der Suche nach Frieden.

Anstatt zu denken: *Ich will der Beste sein, der ich sein kann*, beginnen wir zu denken: *Die Leute müssen wissen, wie großartig ich bin.* Je bekannter wir sind, für umso größer halten wir uns. Deshalb sind wir von Instagram besessen. Wer hat mein Foto gelikt? Wie viele Follower habe ich? Wer kennt mich?

VOUS Church bekam mit der Zeit ein Problem. Wir konnten nicht genügend Freiwillige für die Parkplatzaufsicht finden. Wir hatten viele Leute, die in verschiedenen Bereichen helfen wollten, aber niemand war vom Parkplatz begeistert. Warum? Weil auf dem Parkplatz kein Ruhm zu finden ist. Es ist heiß auf dem Parkplatz. Du wirst auf dem Parkplatz angeschrien. Dämonen manifestieren sich auf dem Parkplatz. Leute zeigen dir den Mittelfinger auf dem Parkplatz. Niemand kennt deinen Namen, niemand nimmt Notiz von dir, niemand dankt dir; man ignoriert dich entweder oder versucht, dich zu überfahren.

Du erhältst vielleicht nie die Anerkennung, die du auf Erden verdienst, aber der Gott des Himmels kennt dich, liebt dich und glaubt an dich.

Es gibt nie einen Mangel an Menschen, die bereit sind, auf der Bühne zu dienen, aber der eigentliche Test eines Dienerherzens besteht darin, ob man dienen kann, wenn einen keiner kennt. Wenn der Dienst im Verborgenen unter deiner Würde ist, liegt eine Leitungsposition in der Öffentlichkeit in weiter Ferne für dich.

Bei Größe geht es nicht darum, wer dich kennt. Du kannst dein Leben nicht für andere Menschen leben. Du lebst für ein Publikum, das aus einer Person besteht, und deren Name ist Jesus Christus. Du erhältst vielleicht nie die Anerkennung, die du auf Erden verdienst, aber der Gott des Himmels kennt dich, liebt dich und glaubt an dich.

Ich bin größer als du

Das zweite Missverständnis ist, dass *Größe bedeutet, besser zu sein als jeder um uns herum*. Anstatt unser eigenes Rennen zu laufen, schauen wir nach links und rechts. Solange wir denen in unserer Nähe voraus sind, glauben wir, großartig zu sein. Es ist die Vergleichsfalle. Wir machen Größe relativ: Sie ist abhängig von der Leistung anderer Menschen.

Das Problem ist, dass du vielleicht manchmal der Beste bist, aber eben nicht immer der Beste sein wirst. Wenn du andere Menschen zu deinem Maßstab machst, bist du zum Scheitern bestimmt. Es ist nicht tragfähig, es ist nicht objektiv und es ist nicht gesund.

Der Vergleich ist ein Dieb. Es stiehlt deine Zufriedenheit und deine Motivation. Der Vergleich funktioniert wie eine Zähltafel beim Sport: Wenn wir einen guten Lauf haben, denken wir, dass Gott uns mehr liebt und akzeptiert; wenn es schlecht bei uns läuft, denken wir, dass er uns weniger liebt. So beurteilen wir uns selbst und andere Menschen ständig und versuchen, in Gottes Augen besser als andere zu sein.

Der Vergleich ist ein Dieb. Es stiehlt deine Zufriedenheit und deine Motivation.

So denkt Gott aber nicht und so funktioniert auch Gnade nicht. Wir sind bereits angenommen und geliebt und berufen, und nichts kann das ändern.

Wir alle haben unser eigenes Leben zu leben, unsere eigenen Rennen zu laufen. Gott gibt uns keine Gnade, das zu tun, wozu andere Menschen berufen sind, und wenn wir versuchen, ihre Rennen zu laufen, werden wir uns nur selbst entmutigen. Wenn du dich im Leben gelähmt fühlst, bist du vielleicht mehr auf die Läufer um dich herum konzentriert als auf das Geschehen vor dir.

Es gibt eine Geschichte in der Bibel über einen Hirtenjungen namens David, der zum berühmtesten König der hebräischen Geschichte wurde. Einmal, bevor er König wurde, versuchte er, Sauls Rüstung im Zweikampf gegen einen Riesen namens Goliat zu tragen, einem Elitesoldaten einer eindringenden Armee. Die Rüstung war jedoch nicht für David angefertigt worden und sie passte ihm nicht. Er konnte sich nicht einmal bewegen, während er sie trug. Die Sache, die ihn schützen sollte, lähmte ihn nur. Am Ende zog er sie aus und stellte sich dem Riesen mit nichts weiter als der Schlinge und den Steinen, die er als Hirte benutzte – und er errang einen überwältigenden Sieg. David sollte sich seinen Kämpfen nicht so stellen, wie andere um ihn herum sich ihren stellten. Er hatte seine eigenen Fähigkeiten, seinen eigenen Weg, seine eigenen Siege zu verfolgen.

Der Vergleich ist der Feind des Fortschritts. Er ist ein Rezept für Stolz, Mittelmäßigkeit und Frustration. Im Leben geht es nicht darum, andere Menschen zu übertrumpfen. Es geht darum, das Beste zu sein, was wir sein können. Wir brauchen von Gott eine Vision davon, wer wir sind und was wir erreichen können, und dann müssen wir unser eigenes Rennen laufen und dürfen unsere Augen nur auf Jesus gerichtet halten.

Letzter ist das neue Erster

Die Jünger stritten über Größe, aber was sie wirklich wollten, war eine Bestimmung. Darauf laufen unsere Auseinandersetzungen und unser Streben in der Regel hinaus: Wir versuchen, unseren Platz, unsere Berufung, unsere Rolle zu finden. Unser wirkliches Bedürfnis ist nicht Bekanntheit, sondern Bedeutsamkeit.

Jesus wusste etwas, was seine zwölf Nachfolger erst noch verstehen mussten: Die Art und Weise, wie sie mit anderen Menschen umgingen, würde sie zu ihrer Bestimmung finden lassen. Sie würden die Größe, nach der sie suchten, nicht finden, indem sie als groß bekannt würden oder indem sie größer als andere wären, sondern indem sie anderen dienten.

Denk daran, Jesus war der Freund der Sünder. Das war, was ihn motivierte; das war, was ihn begeisterte. Er wollte, dass seine Jünger die Verbindung zwischen Größe und Liebe verstehen. Sie mussten erkennen, dass es bei wahrer Größe immer um andere Menschen geht. Sobald wir dem Freund der Sünder begegnen, sind wir aufgerufen, Freunde der Sünder zu sein. Und der beste Weg, ein Freund zu sein, ist zu dienen.

Er sagte ihnen: »Wenn jemand der Erste sein will, so sei er von allen der Letzte und aller Diener!« (Mk 9,35 SLT). Jesus sagte, dass in Gottes Ökonomie Letzter das neue Erster ist. Der Weg nach oben führt nach unten. Der Weg an die Spitze bedeutet, unten zu sein. Der Diener ist der Leiter und der Leiter ist der Diener. Das ist das Paradoxon des Evangeliums: Wenn man der Erste sein will, muss man bereit sein, der Letzte zu sein.

Mir hat der Spruch »Unten ist noch Platz« immer sehr gefallen. Vielleicht denkst du: *Um mich herum gibt es zu viel Wettbewerb. Ich fühle mich von allen Seiten bedrängt. Niemand weiß, was ich tue. Ich schaffe es nicht, auf mich aufmerksam zu machen, voranzukommen, eine Gelegenheit zu erwischen.* Glaub mir, unten ist jede Menge Platz. Wenn es dein Ziel ist, zu dienen, zu lieben und zu helfen, gibt es reichlich Möglichkeiten für dich. Du wirst immer einen Platz haben, weil nur wenige Leute so denken.

Die Letzten werden zu den Ersten, weil Gottes Wege nicht die Wege der Welt sind. Eine Weile lang scheinen die Leute, die drängeln und kämpfen, die sich hervortun und auf die Kleinen treten, um selbst voranzukommen, dem Rudel weit voraus zu sein. Aber Jesus hat diese Art an sich, alles auf den Kopf zu stellen. Irgendwann erkennen wir, dass die Menschen, die scheinbar so große Fortschritte machen, in die falsche Richtung laufen. Gott geht in eine andere Richtung, er hat andere Prioritäten und einen anderen Weg. Früher oder später bekommen die Menschen, die im Hintergrund zu sein schienen, also die Menschen, die dienten und gaben und liebten, genau das, was alle von Anfang an wollten: Bedeutung, Erfüllung, Wert, Frieden.

Wenn wir verstehen, dass wir berufen sind, anderen zu dienen, finden wir Sinn und Bedeutung.

Anstatt uns auf das Nutzen von Chancen zu fokussieren, konzentrieren wir uns darauf, Menschen zu dienen.

Anstatt uns nach Dinge umzusehen, die wir für uns ergattern können, schauen wir uns nach Menschen um, denen wir helfen können.

Anstatt an unserem Leben festzuhalten, geben wir es auf und wissen dabei, dass der Gott, dem wir alles anvertraut haben, treu ist.

Anstatt Zufriedenheit in Leistungen oder Titeln zu suchen, finden wir sie in einer Person – in Jesus – und im Dienst an den Menschen, die er liebt.

Wenn wir bereitwillig dienen wollen, macht auch unser Schmerz Sinn. Wir erkennen, dass unsere Wunden zur Weisheit eines anderen werden können; unsere Verletzungen können zur Heilung eines anderen werden; unser Zusammenbruch kann zum Durchbruch eines anderen werden.

Wenn wir großartig sein wollen, müssen wir bereit sein, die Geringsten zu sein. Wir müssen bereit sein, unbekannt zu sein. Das ist schwer, denn Ruhm und Auszeichnungen sind aufregend. Sie sprechen unseren Stolz an, sie streicheln unser Ego und sie stützen unsere Unsicherheiten. Aber letzten Endes sind sie ein launischer Freund und eine falsche Hoffnung.

Wahre Größe wird nicht daran gemessen, wer unseren Namen kennt oder wem wir voraus sind. Sie wird an den Auswirkungen gemessen, die wir auf das Leben anderer haben. Bei Größe geht es um Geben und nicht um Empfangen. Es geht um andere, nicht um uns.

Wahre Größe wird nicht daran gemessen, wer unseren Namen kennt oder wem wir voraus sind. Sie wird an den Auswirkungen gemessen, die wir auf das Leben anderer haben.

Das Tolle an Größe ist, dass sie für jeden erreichbar ist. Wenn Größe bedeutete, bekannt oder der Beste zu sein, dann könnten sie nur wenige Menschen erlangen. Doch wenn Größe das Ergebnis von Dienen ist, dann liegt Größe in jedem von uns. Dr. Martin Luther King jr. fasste es perfekt zusammen, als er sagte: »Jeder kann großartig sein, weil jeder dienen kann.«

Dienende Leiterschaft ist unsere Berufung und Identität als Jesus-Nachfolger. Jesus sagte über sich selbst: »Denn auch der Sohn des Menschen ist nicht gekommen, um sich dienen zu lassen, sondern um zu dienen und sein Leben zu geben als Lösegeld für viele« (Mk 10,45 SLT).

Jesus erteilte seinen Jüngern Anschauungsunterricht, um seinen Standpunkt bezüglich dienender Leiterschaft deutlich zu machen. Er rief ein Kind herbei, ließ es in ihre Mitte treten und schloss es in die Arme. Dann sagte er: »Wer solch ein kleines Kind um meinetwillen aufnimmt, nimmt mich auf, und wer mich aufnimmt, nimmt meinen Vater auf, der mich gesandt hat« (Mk 9,37).

Worauf wollte er hinaus? Dass sie Kinder willkommen heißen mussten, wenn sie groß sein wollten. Sie mussten Kindern dienen. Solange sie kein Kind aufnehmen würden, hätten sie auch Jesus nicht wirklich aufgenommen.

Kürzlich setzte ich mich zum Studieren und Schreiben an den Pool. Hass mich nicht, so machen wir das in Miami. Die beste Stadt der Welt.

Während ich da so saß und studierte, kam ich nicht umhin, einen Vater zu bemerken, der seine drei kleinen Jungs mit zum Pool genommen hatte. Der älteste Junge war vielleicht vier Jahre alt und die anderen beiden waren Zwillinge und waren etwa drei. Keiner der Jungs wusste, wie man schwimmt. Der Kerl hatte alle Hände voll zu tun, um es vorsichtig auszudrücken. Er schien total gestresst zu sein.

Als es für sie Zeit war zu gehen, war mir klar, dass er sich auf eine ausgedehnte Nervenprobe gefasst machte. Er begann mit dem Ältesten. »Cody, Zeit, aus dem Becken herauszukommen.«

»Nein, Dad! Ich will schwimmen!«

»Nein, Zeit zum Rauskommen. Na los, Kumpel. Komm her. Eins … zwei … «

Also kletterte Cody heraus und war überhaupt nicht glücklich über die Situation. Sein Vater setzte ihn auf einen Stuhl, wickelte ihn in ein Handtuch und sagte ihm, er solle dort bleiben. Ich konnte förmlich sehen, wie der Vater die Kinder in seinem Kopf abhakte. *Einer fertig, noch zwei übrig.*

Er rief das nächste Kind. »Tommy, Zeit zum Rauskommen.«

»Aber, Dad«, sagte Tommy, »ich will noch drinbleiben!«

Genau in dem Augenblick schoss Cody an seinem Vater vorbei. Er hatte ein Spielzeug in der Hand und er warf es in den tiefen Teil des Beckens und sah dabei so aus, als wolle er hinterherspringen.

»Cody, du kannst nicht schwimmen!« Der Vater packte ihn. »Geh weg vom Beckenrand. Geh und setz dich hin.« Er kehrte zum Pool zurück. »Tommy. Raus. Jetzt.«

Tommy kam heraus, ebenfalls unglücklich.

»Okay, Tommy, setz dich zu Cody da drüben auf den Stu– Cody? Geh wieder auf den Stuhl, Cody. Tommy, setz dich zu Cody.« Sie setzten sich beide hin. *Zwei fertig, noch einer übrig.*

Er rief seinem letzten Kind zu. »Zach, komm schon, komm aus dem Wasser. Tommy, hör auf! Cody, setz dich hin! Zach, los, komm, sagte ich. Tommy, setz dich da hin! Cody, zieh deine Badesachen wieder an. Wir sind in der Öffentlichkeit. Zach, *sofort*!«

Der Vater musste sämtliche Arme und Beine benutzen, um alle drei Kinder einzukesseln. Die ganze Tortur dauerte fünfundzwanzig Minuten. Ich hätte wahrscheinlich für ihn beten oder ihm zumindest ein paar Ermutigungen zurufen sollen, aber ich war zu fasziniert. Und verängstigt. Schließlich bugsierte er sie in Handtücher gewickelt aus dem Tor.

Mir wurde schlagartig etwas klar, während ich sie beobachtete: Dieser Vater rettete seinen Kindern mindestens siebzehn Mal das Leben. Er beschützte sie, rettete sie und diente ihnen. Und sie sagten nie »Danke«. Nicht ein einziges Mal. Ganz im Gegenteil. Sie wurden sogar sauer. Sie hatten Wutanfälle. Sie warfen ihr Spielzeug zurück in den Pool, nur um aufsässig zu sein. Sie gehorchten nicht.

Ich glaube, Jesus bezog ein Kind in die Geschichte mit ein, um den Jüngern – und uns – ein anschauliches Beispiel für dienende

Leiterschaft zu vermitteln. Ein Kind kann dir nichts zurückzahlen. Ein Kind wird dir nicht danken. Ein Kind wird dich nie auf Instagram erwähnen. Ein Kind kann deine Hilfe nicht erwidern. Wenn du einem Kind dienst, widersetzt es sich dir oftmals.

Was hat Jesus gesagt? Dass wahre Größe vom Dienst an Menschen kommt, die dich nie bemerken, dir nie danken, dich nie ehren und dir nie etwas zurückgeben werden. Sie könnten sich dir widersetzen und dich kritisieren. Vielleicht werden sie auch wütend auf dich.

Als ich an diesem Pool saß, hatte ich den Eindruck, dass der Heilige Geist zu mir sprach. »Rich, so siehst du manchmal aus. Du bist wie diese Jungs.« Ich dachte nach: Wie oft bin ich zum Pool zurückgelaufen, entschlossen und krampfhaft bemüht, meinem eigenen Willen zu folgen? Wie oft hat Jesus mich gerettet, beschützt, mir geholfen? Und für gewöhnlich sage ich auch nicht Danke. Wenn überhaupt, dann widersetze ich mich seinen Grenzen und nehme ihm seine Anweisungen übel.

Ist das nicht das Bild des Evangeliums? Jesus liebte uns schon und starb für uns, als wir noch seine Feinde waren. Er ist der Freund der Sünder und der Diener der Sünder.

Jesus bittet uns nicht, etwas zu tun, was auch er nicht getan hat. Er ist der größte Mensch, der je gelebt hat, und doch ist er der Diener aller. Jetzt ruft er uns auf, denen zu dienen, die er so sehr liebt. Er ruft uns auf, denen zu helfen, die sich unserer Hilfe widersetzen, uns verärgern und wahrscheinlich nie unsere Freundlichkeit erwidern werden. Er bittet uns, unsere Fixierung auf wechselhafte, vorübergehende, unbedeutende Ziele aufzugeben und stattdessen unser Leben in das zu investieren, was wirklich wichtig ist: Menschen.

Help Desk

Vor einigen Jahren waren meine Frau und ich am Flughafen in Bali, Indonesien. Wir versuchten, unser Gate zu finden, aber niemand sprach Englisch. Ich geriet ein wenig in Panik. Dann ein kleines Wunder: Wir stießen auf einen Stand, an dem »Help Desk« auf Englisch stand. Hinter der Theke saß eine adrett gekleidete Frau.

Ich rannte zum Tresen. »Entschuldigung, können Sie mir helfen?«

Sie sah mich an. Dann sah sie an mir vorbei. Aber sie sagte kein Wort.

Ich war etwas verwirrt, aber ich gebe nicht so leicht auf. Ich sagte es noch einmal, diesmal lauter. »Könnten Sie mir bitte helfen?«

Sie sah mich an. Dann sah sie wieder an mir vorbei. Ich konnte es nicht glauben. Sie ignorierte mich völlig. Zu diesem Zeitpunkt war ich etwas verärgert. »Hören Sie, ich habe mich verirrt. Ich bin verzweifelt. Könnte ich bitte Hilfe bekommen?«

Keine Antwort. Sie starrte nur ausdruckslos in die Ferne. Jetzt war ich wirklich sauer.

DawnCheré sagte: »Babe, beruhige dich.«

Ich antwortete mit gerechtem Zorn und heiligem Eifer: »Sie sitzt am Help Desk! Das ist ihr *Job*!«

Eine Frau, die vorbeikam, sah die Aufregung und kam zu uns herüber. »Verzeihung, brauchen Sie Hilfe?«

Sie spricht meine Sprache! Es gibt einen Gott, dachte ich.

»Ja!«, sagte ich. »Ich brauche *Hilfe* dabei, mein Gate zu finden, also kam ich zum *Help* Desk, aber anscheinend kann ich keine *Hilfe* bekommen.« Ich betonte das Wort *Hilfe*, weil jemand ganz offensichtlich nicht seine Arbeit tat.

Die Frau, die mich angesprochen hatte, begann mit der Frau hinter dem Tresen in einer anderen Sprache zu sprechen. Dann drehte sie sich zu mir um. »Diese Frau spricht kein Englisch. Und, mein Herr, sie arbeitet hier nicht. Sie sitzt hier einfach nur.«

Ich erinnere mich, dass ich dachte: *Das ist nicht okay! Warum sitzt jemand hinter einem Tresen, auf dem »Help Desk« steht, wenn er mir nicht helfen kann?*

Dann ging mir plötzlich etwas auf. Wie viele Christen nehmen den Titel des Jesus-Nachfolgers an, aber wenn die Welt nach Hilfe sucht, sprechen wir nicht ihre Sprache und sind nicht im Dienst? Zu oft werden wir von unserem Streben nach Größe so sehr abgelenkt, dass wir vergessen, dass wahre Größe einfach nur darauf hinausläuft, Menschen zu helfen. Sie stehen vor uns, verloren und leidend, und sehnen sich nach Hilfe. Sie erwarten sich Antworten von uns.

Nachdem Jesus in den Himmel zurückgekehrt war und in den Jahren, bevor Christen als Christen bekannt wurden, wurden die Nachfolger Jesu einfach als Teil von »Der Weg« bezeichnet. Jesus sagte, er sei der Weg, die Wahrheit und das Leben (Joh 14,6). Der Weg zu was? Zu wahrer Freude, Erfüllung, Frieden, Größe, Erlösung.

Wir müssen uns als Menschen des Weges verstehen. Wir sind Nachfolger Jesu, und wir kennen den Weg zu ihm. Wir sind berufen, die Gebrochenen, die Verletzten und die Entrechteten zu finden. Wir sind berufen, ihre Freunde zu sein. Wir sind berufen, ihnen zu dienen und sie so zu lieben, wie Jesus uns dient und liebt.

Der Pfad zur Größe ist der Dienst. Wir können niemanden retten, aber wir können jedem dienen. Und wenn wir ihnen dienen, wird Jesus sie retten. Wenn wir sie lieben, wird Jesus sie heilen. Wenn wir sie segnen, wird Jesus sie aufbauen.

Wir sind nicht die Antwort, aber wir kennen die Antwort. Unsere Berufung ist es, den Menschen zu dienen, indem wir ihnen den Weg zu Jesus zeigen. Wir alle können großartig sein, weil wir alle dienen können.

EPILOG

VERRATENE LIEBE

Vor Jahren verlieh mir American Airlines den Smaragd-Status. Ich schätze, es war ihre Art, mir dafür zu danken, dass ich große Teile meines Lebens in 9000 Metern Höhe in einer Röhre eingeschlossen verbracht habe. Damals hatte ich keine Ahnung, was der Smaragd-Status bedeutet. Ich nahm einfach an, dass ich mehr Vielfliegermeilen bekommen würde oder etwas in der Art.

Dann sagte mal jemand, der davon hörte: »Hey, wenn du je in Melbourne bist, solltest du dir mal die Qantas First Class Lounge ansehen.«

Ich bin schon einige Male in Melbourne umgestiegen, aber ich hatte noch nie von dieser Lounge gehört. Ich sagte: »Ich fliege normalerweise nicht First Class, also glaube ich nicht, dass ich Zugang dazu habe. Man würde mich nicht reinlassen.«

Mein Freund versicherte mir: »Doch, das werden sie. Du bist Smaragd-Status, Junge. Du hast Zugang.«

Ein paar Monate später flog ich zufällig mit meinem Freund Phil über Melbourne. Ich sagte: »Phil! Mir fiel gerade etwas ein. Hier gibt es etwas, das sich Qantas First Class Lounge nennt. Lass uns mal sehen, ob wir reinkommen. Das könnte Spaß machen!«

Phil sagte: »Ich weiß nicht … wir sind nicht in der ersten Klasse. Aber ja, lass es uns versuchen.«

Wir begannen, diesen kleinen, diskreten Schildern durch den Flughafen zu folgen. Es war wie ein Labyrinth: Es ging über Treppen, in Aufzüge und über Flure. Schließlich kamen wir zu einer Reihe von unscheinbaren, verschlossenen Türen. Auf einem winzigen Schild oben stand »Qantas First Class Lounge«.

Wir fühlten uns ein wenig eingeschüchtert, aber als wir uns den Türen näherten, schwangen sie plötzlich auf. Wir gingen in eine schöne Lobby hinein, so weit vom Flughafen entfernt wie der Himmel von der Hölle. Da war ein Mann hinter einem Tresen mit einem makellosen Lächeln und perfekt frisierten Haaren. Er sah derart durchgestylt aus, dass er künstlich wirkte.

Ich sagte: »Verzeihung, mir wurde gesagt, dass wir Zugang zu dieser Lounge hätten.«

Er sagte: »Zeigen Sie mir bitte Ihr Ticket.« Er überprüfte mein Ticket. Er tippte etwas in seinen Computer. Er blickte auf mein Gesicht, dann zurück auf seinen Bildschirm, dann wieder auf mich. Dann lächelte er und sagte: »Lieber Mr. Wilkerson! Wir haben Sie schon erwartet! Treten Sie ein, wann immer es Ihnen beliebt!« Und er bat uns mit einer Geste hinein.

Phil und ich gingen in den nächsten Raum, und es war wirklich der Himmel auf Erden. Es gab weiße Ledersofas. Es gab Stimmungslicht. Kunst hing an den Wänden. Es gab kostenloses Internet. Wir fanden sogar ein Restaurant darin mit einer üppigen Frühstückskarte. Ich überflog sie und mir lief das Wasser im Mund zusammen: Eier Benedict, belgische Waffeln, Speck. Ich versuchte, die Preise zu finden, aber seltsamerweise waren keine aufgelistet. Dann ging es mir auf: Es war alles *kostenlos*. Dieser Ort war unglaublich!

Ich sah Phil an und sagte: »Phil, ist das nicht verrückt? Die ganzen Jahre, die ich schon nach Melbourne komme, die ganze Zeit, in der ich auf diesem Flughafen war, hätte ich Zugang zu diesem

Raum gehabt. Ich hätte Speck umsonst bekommen können. Ich hatte keine Ahnung.«

Sofort spürte ich, wie Gott zu mir sprach. »Rich, so geht es vielen Christen. Sie haben Zugang zum Thron des Himmels. Aber einige von ihnen wissen das nicht und andere glauben es nicht, also bleiben sie draußen. Sie sind alle willkommen. Sie können eintreten, wann immer es ihnen beliebt, denn Jesus ist der Weg zu mir.«

So oft versuchen Menschen, das Leben alleine zu meistern. Sie glauben an Gott und sie mögen sogar zu Gott beten, aber aus irgendeinem Grund denken sie, dass er nicht auf ihrer Seite sei. Sie können sich nicht vorstellen, dass Gott ihr Freund sein könnte.

Mein Gebet über die Seiten dieses Buches hinweg war, dir zeigen zu können, wie sehr Jesus dich liebt und wie sehr er die Welt liebt. Aber bis du dich entscheidest, zu glauben und seine Liebe zu empfangen, wirst du versuchen, dich dem Leben alleine zu stellen. Jesus ist der Freund der Sünder. Er ist der Freund von absolut jedem, der sein Angebot der Freundschaft annimmt. Und denen, die es annehmen, gibt er Zugang zum Vater und zum Himmel.

Es ist eine Sache, gedanklich zuzustimmen, dass Jesus der Freund der Sünder sein will, aber ich denke, viele von uns erklären sich für untauglich, bevor wir diese Freundschaft überhaupt anfangen. Wir gehen davon aus, dass sich die Freundschaft Jesu auf alle anderen erstreckt, wir selbst aber ausgeschlossen sind, denn schließlich kennen wir über uns selbst alle schmutzigen Details.

Vielleicht machen wir das nicht mit uns selbst, sondern mit anderen. Wie schon gesagt, ich habe versucht, in diesem Buch ein Bild vom Herzen Jesu zu malen; er will alle Menschen zu sich ziehen, unabhängig von ihrer Vergangenheit, Gegenwart oder Zukunft. Wir müssen glauben, dass Gott auch die Menschen, die am weitesten von ihm entfernt zu sein scheinen, zutiefst liebt und sie für sich gewinnen will. Und vielleicht sind wir diejenigen, die sie zu ihm führen werden, wenn wir bereit sind, ebenfalls Freunde der Sünder zu sein.

Wir müssen glauben, dass Gott auch die Menschen, die am weitesten von ihm entfernt zu sein scheinen, zutiefst liebt und sie für sich gewinnen will.

Ich möchte mit einer letzten Geschichte aus der Bibel schließen, die Jesu leidenschaftlichen Wunsch nach Freundschaft mit der Welt veranschaulicht. Nirgendwo ist dieser Wunsch deutlicher sichtbar als bei den Ereignissen um seine Verhaftung und Kreuzigung.

Johannes 13 hält Jesu letzte Mahlzeit mit seinen Jüngern fest. Es war ein schöner, bewegender Moment, eine Zeit, in der sich seine Jünger von ihm verabschieden konnten. Bis heute gedenken Christen überall des Abschiedsmahls, wenn wir am Abendmahl teilnehmen.

Am Ende des Mahls passierte jedoch etwas Unerwartetes und scheinbar Ungewöhnliches. Jesus bestand darauf, allen die Füße zu waschen. In dieser Kultur galt die Fußwaschung als eine einfache, niedere Aufgabe. Es war völlig unlogisch, dass Jesus sich auf eine solche Ebene herablassen würde.

Petrus lehnte es schlichtweg ab: »Auf keinen Fall sollst du mir dic Füße waschen!«

Jesus erwiderte energisch: »Wenn ich dich nicht wasche, so hast du keine Gemeinschaft mit mir« (V. 8 SLT).

Er ging im Kreis herum und diente jeder Person im Raum. Dann sagte er zu ihnen: »Wenn nun ich, der Herr und Meister, euch die Füße gewaschen habe, so sollt auch ihr einander die Füße waschen; denn ein Vorbild habe ich euch gegeben, damit auch ihr so handelt, wie ich an euch gehandelt habe« (V. 14–15 SLT).

Wie wir im letzten Kapitel gesehen haben, ist Jesus der größte Diener von allen, und er bittet uns, einander ebenso zu dienen. Er war der Freund der Sünder, also diente er den Sündern; jetzt bittet er uns, dasselbe zu tun.

Das ist aber nicht die ganze Geschichte. Hast du jemals innegehalten und gemerkt, dass Jesus sogar die Füße von Judas wusch? Judas ist der berühmteste Verräter der Menschheitsgeschichte. An dieser Stelle des Berichts plante er bereits, Jesus zu verraten. Er wartete nur auf den richtigen Moment. Jesus wusste das natürlich. Er erwähnte es während des Essens mehrfach. Aber er wusch Judas trotzdem die Füße.

Ich kann mir nicht vorstellen, das zu tun. Ich glaube, ich hätte Judas die Füße gebrochen, statt sie zu waschen. Ich hätte gesagt: »Deine Füße stinken, genau wie deine Seele.« Ich hätte ihn mit ein paar deutlichen Worten aus dem Raum geworfen.

Jesus wirkt nicht nur Liebe, Jesus ist Liebe.

Doch nicht Jesus. Egal, wer wir sind, was wir getan haben oder was wir vorhaben, Jesus hat sich uns verschrieben. Er ist leidenschaftlich daran interessiert, uns nachzugehen, unsere Herzen zu erobern.

Aber Judas war böse!, denkst du wahrscheinlich. *Er war ein schlechter Mensch.*

Ja, aber Jesus bleibt derselbe. Seine Liebe kennt kein Ende. Jesus *wirkt* nicht nur Liebe, Jesus *ist* Liebe. Er kann nicht aufhören zu lieben, weil er sich selbst nicht verleugnen kann. Er geht uns nach, auch wenn seine Liebe verraten wurde.

Die Höhe des Bösen von Judas beweist nur die Tiefe der Liebe von Jesus. Judas' skandalöser Verrat verdeutlicht nur die skandalöse Gnade Jesu.

Die Bibel ist voll von Beispielen dafür, wie Gott Menschen nachging, die seine Liebe nicht verdienten. Er jagte Leuten nach, die die schlimmsten Fehler begangen hatten, die man sich vorstellen kann, denn er ist der Freund der Sünder, und das tut er nun mal.

Er verfolgte Mose mit einem brennenden Busch, auch nachdem er einen Mann ermordet hatte.

Er verfolgte Rahab mit einer scharlachroten Schnur, auch wenn sie eine Prostituierte gewesen war.

Er verfolgte Gideon mit einem Engel, auch nachdem er erschrocken gewesen war.

Er verfolgte David mit einem Propheten von Gott, auch nachdem er Ehebruch und Mord begangen hatte.

Er verfolgte Jona mit einem Fisch, auch nachdem er dem Wort des Herrn ungehorsam gewesen war.

Er verfolgte Lazarus mit Auferstehungskraft, auch nachdem er vier Tage lang im Grab gelegen hatte.

Er verfolgte Petrus mit einem Strandfrühstück, auch nachdem er ihn dreimal verleugnet hatte.

Er verfolgte Thomas mit von Nägeln vernarbten Händen, auch nachdem er an ihm gezweifelt hatte.

Er verfolgte Paulus mit einem gleißenden Licht vom Himmel, auch nachdem er die Anhänger Jesu getötet hatte.

Und er verfolgte Judas, indem er seine Füße wusch, während seine Liebe verraten wurde.

Erkennst du das Ausmaß der Liebe Jesu zu dir? Kannst du seine Liebe zu den Sündern, zur Welt, zur Menschheit erkennen und glauben? Oder glaubst du, dass du von seiner Liebe ausgenommen bist? Dass deine Sünden zu groß sind, deine Liebe zu schwach oder deine Fehler zu zahlreich sind, als dass Jesus dich will? Jesus ist deinem Herzen dicht auf den Fersen. Er jagt dir nach. Nichts, was du tun könntest, könnte seine Leidenschaft für dich ändern.

Ebenso ist er leidenschaftlich an anderen interessiert. Sogar an den Menschen, die wir eher ignorieren oder ausschließen würden. Jesus liebt sie, und er will, dass du und ich sie erreichen, sie annehmen, uns mit ihnen anfreunden.

Wenige Stunden nach dem letzten Abendmahl war Jesus mit seinen Jüngern im Garten von Gethsemane. Er wusste, dass seine Zeit gekommen war, um festgenommen zu werden. In der Ferne sah er Judas und eine Schar von Soldaten und Schlägern auf ihn zukommen.

Judas trat vor, um Jesus zu begrüßen. Er küsste ihn, was in dieser Kultur ein Zeichen von Freundschaft sein sollte – aber diesmal nicht. Judas hatte zuvor den Männern, die mit ihm kamen, gesagt: »Der, den ich küssen werde, der ist's, den ergreift!« (Mt 26,48 SLT).

In diesem Moment sagte Jesus etwas, was ich immer noch nicht begreifen kann: »Mein Freund, tu, wozu du gekommen bist« (V. 50). Warte, was? Freund? Warum sollte Jesus diesen Begriff gebrauchen? Er wusste, was los war. Er kannte die Ablehnung, die Gier, den Hass in Judas' Herzen. Er kannte den Schmerz, der als Folge dieses Verrats vor ihm lag. Und doch nannte er Judas *Freund.*

Kannst du dir vorstellen, was Judas empfand, als er das hörte? *Jesus, du nennst mich Freund? Weißt du nicht, dass ich dich verrate? Weißt du nicht, dass ich dich ablehne? Das ergibt keinen Sinn. Du solltest mich hassen.*

Es würde das Letzte sein, was Jesus zu Judas sagte. Weniger als vierundzwanzig Stunden später und von Schuldgefühlen verzehrt brachte Judas sich um. In der Zwischenzeit wurde Jesus zum Kreuz geführt, um für die Sünden der Menschheit zu sterben, der ultimative Beweis für seine Freundschaft mit den Sündern.

Jesus liebte Judas bis ganz zum Ende, und er liebt uns mit der gleichen Leidenschaft, der gleichen Beständigkeit, der gleichen Hingabe. Seine Botschaft der bedingungslosen Freundschaft mit den Sündern ist die Grundlage für unseren Lebensweg mit ihm.

Seine Botschaft der bedingungslosen Freundschaft mit den Sündern ist die Grundlage für unseren Lebensweg mit ihm.

Ich bin so froh, dass unsere Liebe zu Gott nicht seine Liebe zu uns bestimmt. Unsere Liebe ist launisch, aber seine Liebe ist treu. Jesus ging uns nach, als wir in unseren Sünden tot waren. Er kam zu uns. Er überzeugte uns von seiner Liebe. Er reinigte uns und stellte uns wieder her.

Er wird uns nie aufgeben. Er wird nie aufhören, uns zu lieben. Er ist der Freund der Sünder, und wenn wir seine Freundschaft, seine Liebe und seine Gnade annehmen, werden wir Freunde für alle Ewigkeit.

Sandburgenkönige

Rich Wilkerson jr. zeigt in vier Begebenheiten aus dem Lukasevangelium, dass die tiefsten Sehnsüchte nie dort gestillt werden, wo wir die Erfüllung oft suchen: in uns, in anderen, in materiellen Dingen oder gar in Religion! Nur in Jesus kann unser tiefstes Verlangen gestillt werden. Wenn wir auf ihn schauen, werden wir finden, was unser Herz sucht.

251 Seiten, Paperback, ISBN 978-3-95933-060-2
Auch als E-Book erhältlich.